全国职业院校智能网联汽车新形态工作手册式教材
全国技工院校智能网联汽车工学一体化教材

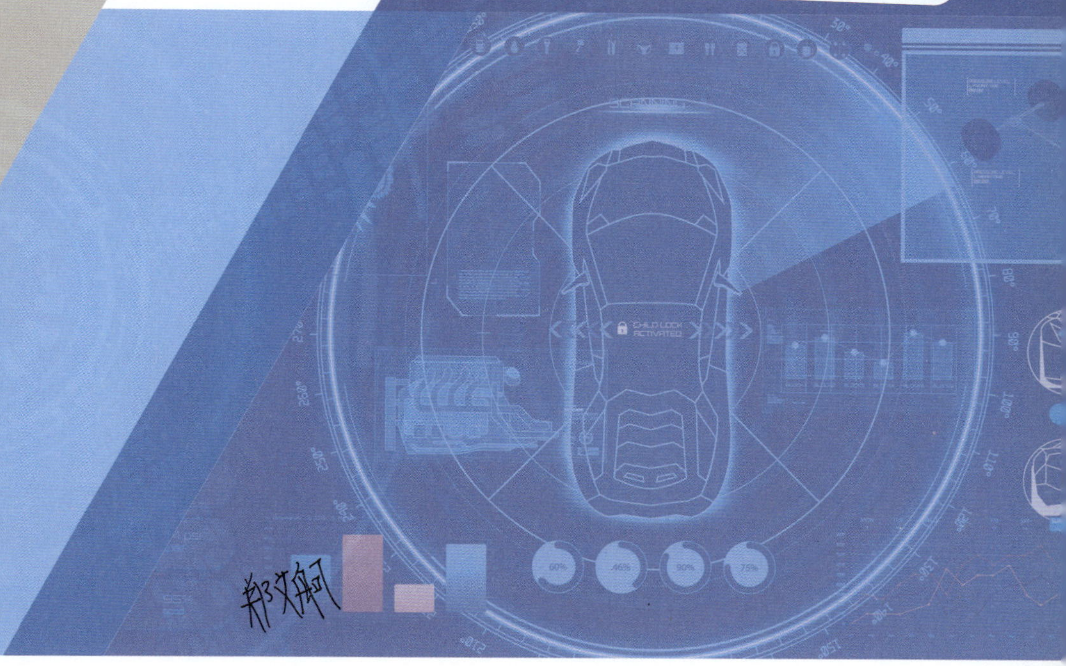

汽车智能传感器装调与测试

中德诺浩汽车职业教育研究院　组织编写

主　编　黄经元　吕丕华
副主编　蔚佳彤　陈锦霞　赵彦斌
参　编　许　言　袁永文　王丽娜　万英宾

中国劳动社会保障出版社

内容简介

本书以新一代汽车企业岗位（群）任职要求、职业标准、典型工作任务为主体内容，以“教、学、做”合一的形式编写而成，具有工作手册和教材的共同特征。全书共有 5 个情境、16 个任务，内容主要包括前视摄像头安装与调试、视觉传感器标定、激光雷达安装与调试、激光雷达标定、激光雷达系统检修与维护、毫米波雷达装调与标定、视觉传感器与毫米波雷达融合标定、超声波雷达调试、导航定位系统调试与测试等。

本书可作为职业院校与技工院校智能网联汽车相关专业教学用书，也可作为汽车企业相关技术人员与社会人士培训参考用书。

图书在版编目（CIP）数据

汽车智能传感器装调与测试 / 黄经元，吕丕华主编 . -- 北京：中国劳动社会保障出版社，2023

全国职业院校智能网联汽车新形态工作手册式教材　全国技工院校智能网联汽车工学一体化教材

ISBN 978-7-5167-5899-1

Ⅰ. ①汽…　Ⅱ. ①黄…②吕…　Ⅲ. ①汽车 - 智能通信网 - 传感器 - 设备安装 - 技工学校 - 教材②汽车 - 智能通信网 - 传感器 - 调试方法 - 技工学校 - 教材　Ⅳ. ①U463.67

中国国家版本馆 CIP 数据核字（2023）第 182043 号

中国劳动社会保障出版社出版发行

（北京市惠新东街 1 号　邮政编码：100029）

*

三河市华骏印务包装有限公司印刷装订　　新华书店经销

880 毫米 ×1230 毫米　16 开本　15.25 印张　330 千字

2023 年 10 月第 1 版　　2023 年 10 月第 1 次印刷

定价：54.00 元

营销中心电话：400-606-6496

出版社网址：http://www.class.com.cn

http://jg.class.com.cn

前言

近年来，我国汽车产销总量连续位居全球第一，汽车产业已发展成为我国国民经济重要的战略性、支柱性产业。伴随新一轮科技革命和产业变革，智能网联汽车已成为全球汽车产业发展的战略方向。

党的二十大报告指出，“坚持把发展经济的着力点放在实体经济上，推进新型工业化，加快建设制造强国、质量强国、航天强国、交通强国、网络强国、数字中国”。国家发展和改革委员会等部门印发的《智能汽车创新发展战略》提出，“发展智能汽车，有利于提升产业基础能力，突破关键技术瓶颈，增强新一轮科技革命和产业变革引领能力，培育产业发展新优势”，具有重要的战略意义。与之呼应，汽车产业对于高素质技术技能型人才的需求越来越紧迫。

根据中共中央办公厅、国务院办公厅印发的《关于加强新时代高技能人才队伍建设的意见》，为贯彻落实全国职业教育大会精神，为我国汽车产业提供有力的人才和技能支撑，编者团队以岗位职业技能为核心，以优化课程结构、加强实践教学、突出能力培养和提高教材质量为突破口，编写了这套职业院校智能网联汽车新形态工作手册式教材。

本套教材融入企业新知识、新技术、新工艺、新方法，根据汽车产业链典型岗位工作标准，将智能网联汽车理论知识与实践应用有机结合，综合培养学生的专业知识、技术技能、职业道德等职业综合素质和行动能力，具有以下特点：

（1）产教融合，内容前瞻。集合职业院校与龙头企业等多方力量，依据职业教育国家专业教学标准，按照生产实际和岗位需求，将新技术、新工艺、新规范、典型生产案例纳入教材内容，对接职业标准和岗位（群）能力要求。

（2）理实结合，工学一体。以真实生产项目、典型工作任务等为载体，把握学生认知规律，体现先进职业教育理念，将工作过程和学习过程融为一体，培养学生的综合职业能力。

（3）模式先进，编排合理。采取行动导向教学模式，按照结构化、模块化、系统化的要求精心编排教材内容，满足项目学习、案例学习、模块化学习等不同学习方式的需求。

（4）形态创新，数字引领。采用工作手册式教材形式，图、文、表并茂，“岗课赛证”融通，配套数字资源形式多样、信息技术应用充分，附有专属二维码便于使用者浏览和学习，有效激发学生的学习兴趣和创新潜能。

（5）课程思政，导向明确。内容编写坚持正确的政治方向和价值导向，落实课程思政要求，弘扬劳动光荣、技能宝贵、创造伟大的时代风尚，培育劳模精神、劳动精神和工匠精神。

（6）彩色印刷，制作精良。全书采用彩色印刷，版面清晰，主题明确，满足理论及实训等多种教学场景。

本套教材可作为职业院校智能网联汽车相关专业核心教材，也可作为其他汽车类专业的专业课教材和拓展课教材使用，同时还可供从事汽车研究、设计、制造、使用和维修的工程技术人员学习和参考。

智能网联汽车技术是传统汽车技术与信息技术、人工智能、通信技术、传感器技术等新技术的深度融合，整个行业还在不断地创新探索技术和服务的内容、模式，加之编写团队水平有限，使本书在一些具体问题的处理上难免有不尽如人意之处，敬请广大读者批评指正！

《汽车智能传感器装调与测试》由九江职业技术学院黄经元、中德诺浩（北京）教育科技股份有限公司吕丕华任主编，吉林交通职业技术学院蔚佳彤、浙江农业商贸职业学院陈锦霞、中德诺浩（北京）教育科技股份有限公司赵彦斌任副主编，吉林交通职业技术学院许言、东营市技师学院袁永文、王丽娜、万英宾参与编写。

此外，本教材在编写过程中还得到了相关行业、企业，以及职业院校产、学、研各方面的专家和技术骨干的参与和支持，在此致以诚挚的谢意。

编　者

2023 年 8 月

Contents 目录

情境一
视觉传感器装调与测试

情境介绍

视觉传感器是智能网联汽车用于驾驶环境感知最主要的智能传感器之一。视觉传感器接收物体表面反射光线，通过高性能图像传感器形成清晰且易于计算平台处理的数字图像，具有硬件系统性价比高、软件系统功能丰富、便于安装布置等突出优点。

本情境包含前视摄像头安装与调试、视觉传感器标定、前视摄像头目标识别测试、全景影像系统装调与影像拼接四个任务，具体内容包括前视摄像头的安装、视觉传感器静态标定、YOLO 神经网络检测等。

情境目标

▸ 能根据图纸和装调手册正确使用工具，完成前视摄像头的安装与调试。

▸ 能根据装调手册正确使用标定板，操作标定系统完成前视摄像头系统的静态标定。

▸ 能根据装调手册正确运用 YOLO 目标检测算法，完成前视摄像头系统的车道线识别，以及对交通标志神经网络的训练与测试。

任务一
前视摄像头安装与调试

任务导入

场景：某国产自主品牌汽车试制车间

人物：车间班组长王师傅、实习试制装调技师小刘

情节：为了使我国成为安全、高效、绿色、文明的智能网联和新能源汽车强国，某国产品牌汽车企业努力把握发展机遇，开启了新一轮的产品研发项目。今天，在车间班组长王师傅的安排下，本次新一轮装车试制工作正在进行，其中，工程样车的前视摄像头安装与调试工作交给实习试制装调技师小刘完成。小刘对于汽车的视觉传感器系统还不太熟悉，如果你是小刘，你将如何开展工作？

任务目标

▸ 能根据图纸和装调手册区分不同类型的视觉传感器，正确使用工具完成前视摄像头的安装。

▸ 能根据图纸和装调手册独立操作系统，完成前视摄像头系统的调试。

任务实施

一、前视摄像头的安装

1. 知识学习

（1）车用视觉传感器

车用视觉传感器通常又称车载摄像头（automotive camera）或简称为摄像头，是一种专门利用视觉

功能检测汽车驾驶环境中的可见光、红外线等光线，并进行图像信息采集、转换和扩展等信息处理，为车辆及驾驶员提供真实、多级、多内容、可视化的视觉图像信息的智能传感器。视觉传感器是智能网联汽车的“眼睛”，传感器所获得的图像和视频数据通过机器视觉技术处理完成后供驾驶员及整车控制单元使用。

视觉传感器在智能网联汽车上主要用于车辆先进驾驶辅助系统（ADAS）及自动驾驶系统的车外环境感知、驾驶员视野扩展与座舱内驾驶员状态监测三个方面。此外，车辆行驶记录仪也采用视觉传感器录制行驶画面图像来记录行驶过程。

车用视觉传感器根据用途不同可分为前视摄像头、环视摄像头、后视摄像头、车内摄像头四种类型，它们的功能及安装位置如下：

- 前视摄像头安装于前风窗玻璃后方，主要用于车辆前方的车外环境感知。
- 环视摄像头与后视摄像头分别安装于车辆 B 柱、翼子板和后保险杠附近，与座舱内屏幕组成辅助驾驶影像系统，如倒车后视系统，供驾驶员观察后视镜之外的盲区。随着自动驾驶技术的发展，环视摄像头与后视摄像头也逐渐被用于自动泊车、车道线识别等驾驶辅助系统的车外环境感知。
- 车内摄像头通常安装于仪表台、A 柱内侧或车内后视镜附近，用于驾驶员状态监测，如通过采集驾驶员图像向驾驶员发出疲劳驾驶提醒。

智能网联汽车典型的视觉传感器布置方案如图 1-1 所示，应注意不同车型所采用的视觉传感器类型与安装位置的差别。

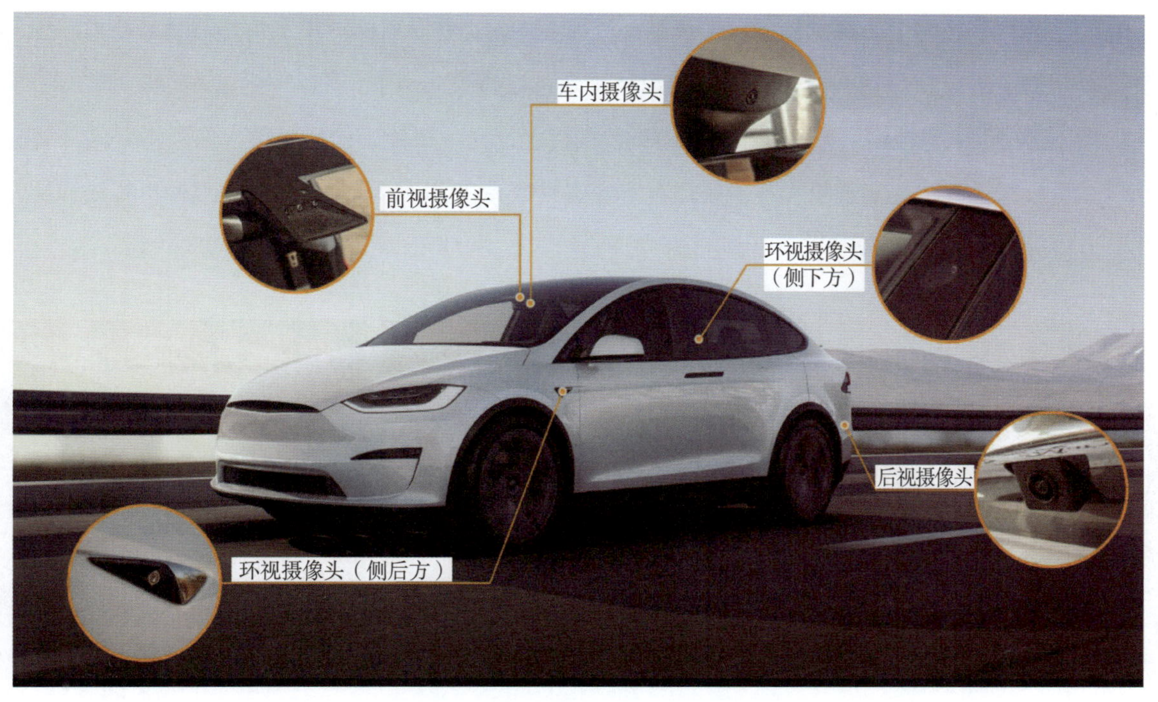

图 1-1　智能网联汽车典型的视觉传感器布置方案

车用视觉传感器在 ADAS 中的作用见表 1-1。

表 1-1　车用视觉传感器在 ADAS 中的作用

ADAS 功能	视觉传感器	作用
车道保持辅助（LKA）	前视摄像头	前视摄像头持续检测车道线或车道边缘相对车辆的位置，当发现车辆即将偏离车道线时，系统报警并控制车辆以保证行车安全
自动紧急制动（AEB）	前视摄像头	前视摄像头持续测量本车与前车之间的距离，当检测到与前车过近，存在追尾事故风险时，系统报警并进行紧急制动
交通标志识别（TSR）	前视摄像头	识别前方道路两侧的交通标志和交通信号灯
行人碰撞预警（PCW）	前视摄像头、环视摄像头	前视摄像头与环视摄像头标记车辆周围道路、行人相对车辆的位置，并在可能发生碰撞时及时向驾驶员报警
盲点监测（BSD）	环视摄像头	利用环视摄像头，将驾驶员和后视镜盲区内的影像显示在座舱中控屏上，并提示车辆必要时减速或制动
全景泊车（SVP）	前视摄像头、环视摄像头、后视摄像头	利用车辆前、后、左、右摄像头获取的影像和图像拼接技术，输出车辆周边全景图，并实现安全泊车
泊车辅助（PA）	后视摄像头	泊车时，将车尾的影像显示在驾驶舱内，预测并标记倒车轨迹，辅助驾驶员泊车
疲劳驾驶监测	车内摄像头	安装在车内，用于监测驾驶员是否疲劳、闭眼等信息，对驾驶员注意力分散或打盹行为进行提醒

在新一代汽车技术中，视觉传感器不仅类型更加多样化，并且广泛应用多传感器融合技术。用于车辆夜间行车安全的夜视摄像头采用红外热成像技术，可以在夜间清晰识别车辆周围物体，如图 1-2a 所示。如图 1-2b 所示，电子后视镜用外置摄像头替代传统反光后视镜，使后视镜成像范围变大从而有效减小驾驶员盲区。汽车数字透视 A 柱系统通过车外多摄像头图像融合与车内摄像头驾驶员视线捕捉，使 A 柱变为“透明”，彻底消除驾驶员 A 柱视野盲区，如图 1-2c 所示。

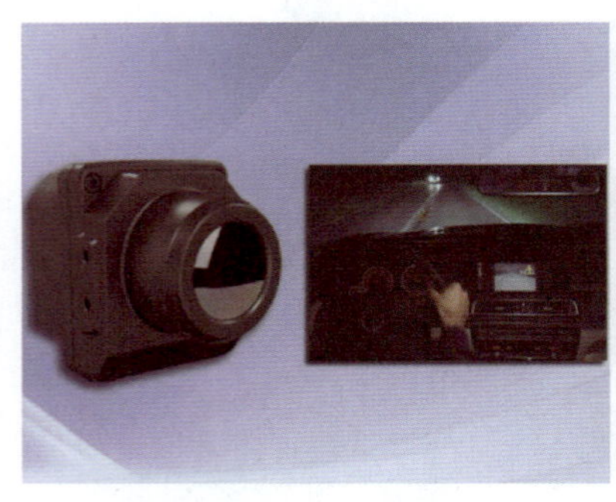

a）

b）

c）

图 1-2　视觉传感器的新型应用

a）夜视摄像头　b）电子后视镜　c）数字透视 A 柱

（2）智能传感器

汽车广泛采用的视觉传感器特别是前视摄像头是一类典型的智能传感器。传感器（sensor）是能感受被测量并按照一定的规律转换成可用输出信号的电子器件或装置。传感器通常将物理或化学参量（大多为非电量）转换为电量，工作过程中存在内部和外部多种干扰参量。传感器的基本功能如图 1–3 所示。以视觉传感器为例，传感器采用光电效应将物理光转换为电信号，传感器内部工作温度、外界光照条件都会对转换效果产生干扰。

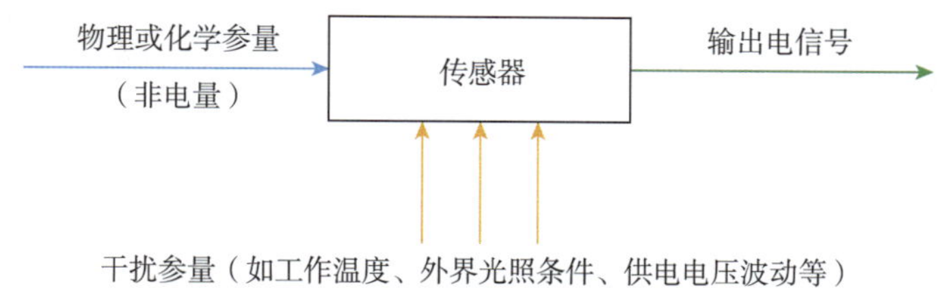

图 1–3　传感器的基本功能

智能传感器（intelligent sensor 或 smart sensor）是具有与外部系统双向通信手段，用于发送测量、状态信息，接收和处理外部命令的传感器。智能传感器相对于常规传感器具有更高的动态和静态精度；智能传感器电路具有信息压缩功能，比常规传感器具有更大的信息容量，可在无须外部数据连接的情况下存储更多信息。

智能传感器通常运用微电子技术（通常是数字式微电子技术），具有专用的集成电路，其功能通过集成信号预处理器、模 / 数转换器等部件实现，传感器的集成度与智能化程度相对应，集成度越高，智能化水平越高。智能传感器的集成级如图 1–4 所示，高度智能的车用传感器通常由传感器基本部件、信号预处理器、模 / 数转换器与微型计算机组成，且原先电控单元的很多功能在传感器中即可完成，可极大减轻电控单元的运算负荷，只要通过统一、柔性和总线兼容的通信连接就可以实现智能传感器的应用。

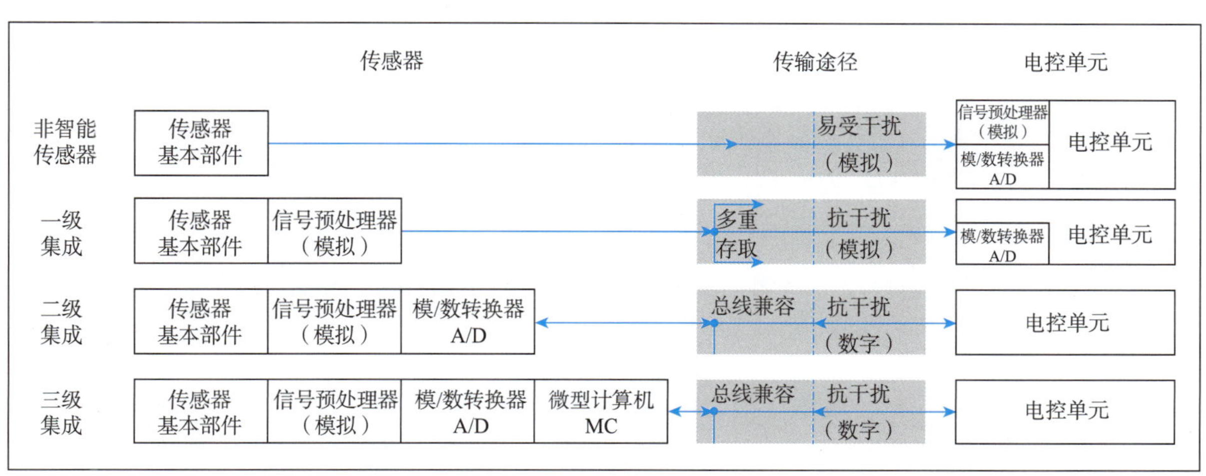

图 1–4　智能传感器的集成级

车用前视摄像头在工作时，拍摄到的画面会经过专门的计算机视觉程序进行车辆、行人、交通标志和道路等交通要素的识别，在摄像头未集成处理器的应用中，上述视觉识别运算一般会由整车上的处理器或者单独的计算主机完成。随着英特尔等公司将高精尖芯片技术运用于汽车产品中，一些视觉传感器将原先整车上的处理器集成到了传感器内部，构成了嵌入式（system-on-a-chip，SOC）系统。该系统具备强大的计算能力（峰值算力可达每秒几十万亿次），并安装了多种基于人工智能的机器视觉程序，因而具备更快的信息处理速度。目前，集成处理器的视觉传感器多配装于中高端量产车型中。

（3）前视摄像头

前视摄像头是车辆前向行驶中利用视觉探测的方式感知车辆前方物体和道路环境的车用视觉传感器，如图 1-5 所示。在不同的车企技术文档中，前视摄像头还被称为多功能摄像头（multi-purpose camera）、安全摄像头（safe camera）、智能前视摄像头（intelligent forward view camera，IFV）等。

图 1-5　前视摄像头

作为汽车智能驾驶系统数据流的起点，前视摄像头是目前汽车自动驾驶中最成熟和商业化程度最高的远距离前向物体探测技术方案之一。随着汽车智能驾驶功能的升级，前视摄像头逐渐向多传感器融合，集成化、智能化、高性能演进，因此前视摄像头是车用视觉传感器最复杂的类型之一。

目前在先进的智能网联汽车中，前视摄像头主要具有三个功能：

1）视觉识别

通过图像匹配等方式对所拍摄画面中各进行视觉识别，区分出行人、周围车辆、车道线、交通标志及交通信号灯等。

2）视觉测距

通过采用各种视觉深度探测算法或者利用多角度拍摄所构成的几何关系等方式估算物体与自车的相对距离和相对移动速度。

3）基于视觉的导航定位

利用视觉同步定位与建图技术，自动驾驶系统将前视摄像头实时拍摄到的画面与预先创建的高精地图中的元素（如巨大的方形广告牌）进行对比，以获取当前汽车的位置。该项功能目前属于较为前沿的技术，尚未大规模普及。

前视摄像头根据镜头数量可分为单目摄像头、双目摄像头和三目摄像头，如图 1–6 所示。

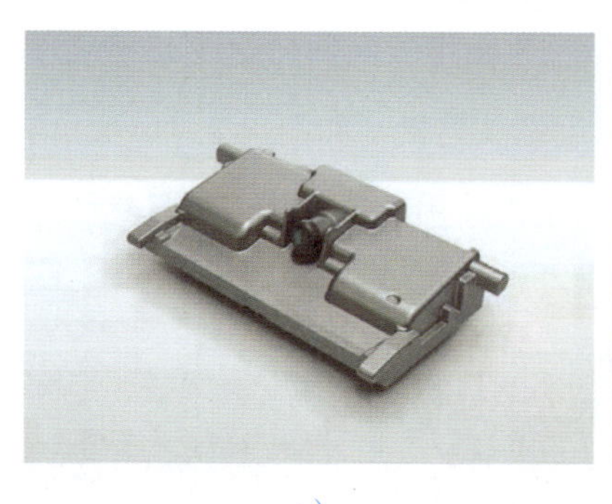
a）

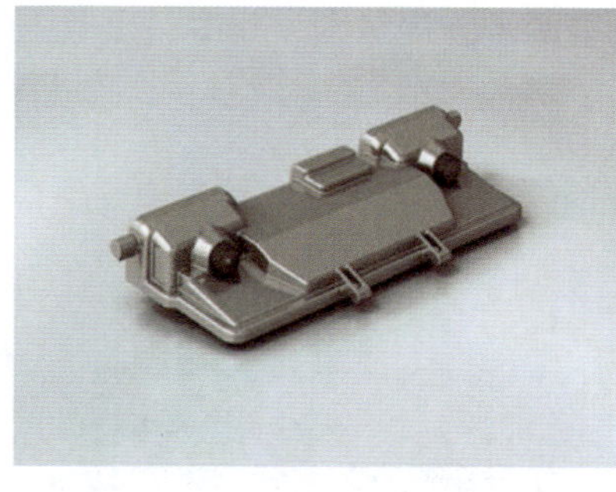
b）

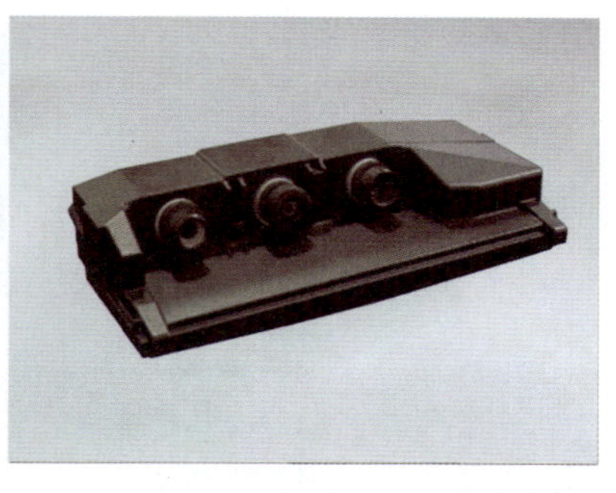
c）

图 1–6　前视摄像头根据镜头数量的分类
a）单目摄像头　b）双目摄像头　c）三目摄像头

1）单目摄像头

单目摄像头通过单个镜头拍摄的图像实现三维空间的重建，其工作方式是先识别后测距，也就是首先通过图像匹配对图像进行识别，然后根据图像的大小和高度进一步估计障碍物和车辆的移动时间。

单目摄像头的优点是结构简单、成本低；相比于双目测距，由于单目存在几何模型约束的优势，测距不易受到干扰因素影响；具有更大的有效视场，其定位空间还可以通过多个相机进行扩展而不发生视场范围损失等。

2）双目摄像头

双目摄像头具有两个镜头，其工作方式是先测距后识别，也就是首先对物体与自车距离进行测量，然后对物体进行识别。在目标识别阶段，双目摄像头使用与单目摄像头相同的特征提取方法来识别目标。

双目摄像头的优点是测距过程简单，测距精度高；双目摄像头不需要知道障碍物是什么，只要通过计算就可以测距，简化障碍物测距过程；在测距精度上，基于双目视觉的测距方法比基于单目视觉的测距方法精度高。

3）三目摄像头

三目摄像头由三个单目摄像头集合而成，目前在智能网联汽车领域得到了广泛的应用。通过不同焦距的多个单目摄像头，可以检测和识别不同位置的道路交通标志和交通信号灯。长焦摄像头和短焦摄像头组合的方式可以提供远距离精确探测和近距离大范围探测的综合探测。

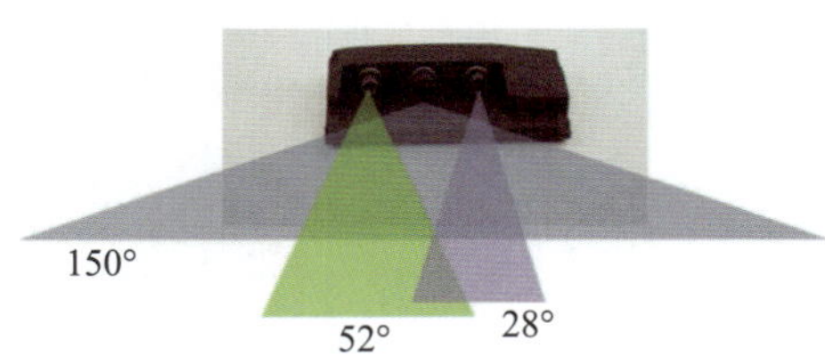

图 1–7　典型三目摄像头不同视场角的探测范围

三目摄像头通过三个镜头角度、探测范围和精度不同的摄像头实现复杂的环境检测。如图 1–7 所示，典型的三目摄像头具有不同的视场角，28° 视场角为长焦，最远探测距离为 250 m，用于检测前车道线和远处交通信号灯；52° 视场角最远探测距离为 150 m，用于检测一般的道路状况和交通信号灯；150° 视场角探测范围广，但探测距离最短，用于检测平行车道、行人和非机动车的行驶状况。

（4）车规级前视摄像头安装

量产智能网联汽车所安装的零部件为车规级摄像头。车规级前视摄像头通常分为摄像头零件（见图 1–8a）和摄像头组件（见图 1–8b）两个装配级别，其中，摄像头组件是由摄像头与铸铝支架螺纹连接构成的。摄像头组件通过工程塑料支架与前风窗玻璃侧固定支架采用螺纹连接，如图 1–8c 所示。内饰罩采用塑料卡扣与前风窗玻璃侧固定支架连接。车内后视镜与摄像头组件采用金属卡扣连接。具体车型前视摄像头装配级别及连接方式需查阅手册。

a）

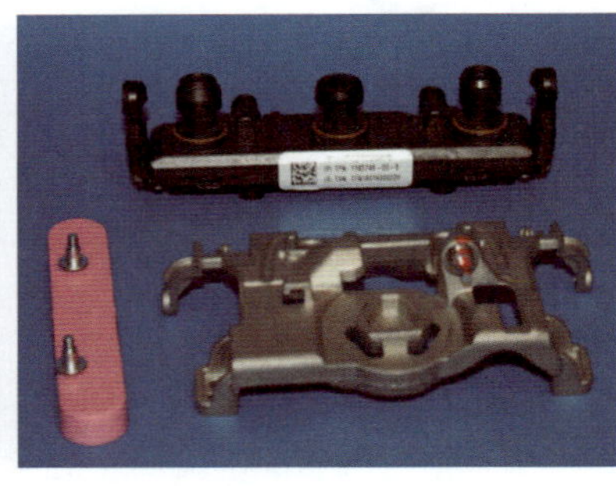

b）

c）

图 1–8 车规级前视摄像头的装配

a）摄像头零件 b）摄像头组件 c）摄像头组件的安装

车规级前视摄像头的安装步骤如图 1–9 所示。

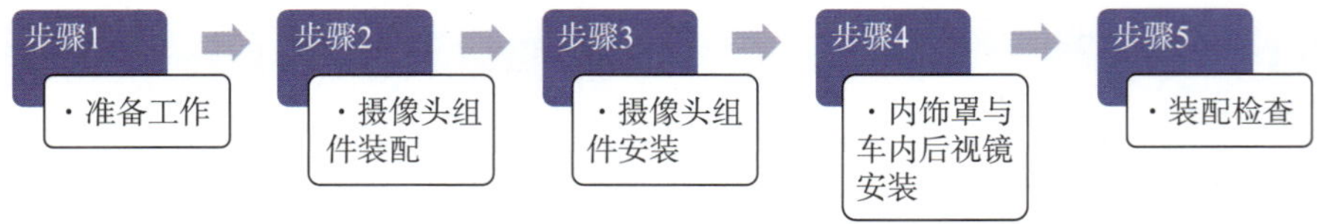

图 1–9 车规级前视摄像头的安装步骤

车规级前视摄像头安装的工作内容与要求见表 1–2。

表 1–2 车规级前视摄像头安装的工作内容与要求

工作步骤	工作内容与要求	参考图片
准备工作	1. 检查零部件。前视摄像头的外表面应光洁、平整，无凹痕、划伤、裂纹、变形、毛刺、霉斑等缺陷；金属件表面防护层均匀、牢靠，无起泡、龟裂、脱落、腐蚀和机械损伤；镜头无气泡、划痕、裂纹、污物等；标志与零件编号正确 2. 用玻璃清洁剂与软布清洁前风窗玻璃内表面，并确保安装前玻璃表面充分干燥	—

续表

工作步骤	工作内容与要求	参考图片
摄像头组件装配	1. 采用先安装后紧固的两步工作流程。先安装全部螺钉，完成后用扭力扳手依次进行紧固，参考紧固力矩为 3 N · m 2. 以三个固定点的零部件形式为例，如右图所示。螺钉安装顺序应为先中间后两边，紧固顺序应为先两边后中间	
摄像头组件安装	1. 连接摄像头与车身线束，要求插接牢固，走线规范 2. 使用扭力扳手安装摄像头组件，参考紧固力矩为 3 N · m	
内饰罩与车内后视镜安装	1. 用手轻推安装覆盖前视摄像头的内饰罩，安装塑料卡扣连接的内饰罩时要注意不得损坏卡扣，不得用工具刮伤内饰件表面 2. 根据工艺文件连接车内后视镜与车身线束，安装车内后视镜	
装配检查	1. 检查车内后视镜是否可以按照设计转动顺畅，整体安装牢靠，无晃动 2. 检查内饰罩安装连接处是否有超出工艺文件规定尺寸的缝隙 3. 检查前视摄像头与前风窗玻璃之间是否清洁，无异物	—

装配注意事项如下：

1）装配全程不得触碰摄像头镜头，避免污损与划伤镜头玻璃表面。

2）摄像头组件装配要求严格按照工艺文件完成，不当装配可能引起摄像头零件壳体断裂。

3）摄像头及组件安装扭矩需满足工艺文件要求，否则可能引起车辆在颠簸路面行驶过程中摄像头松动移位，对系统视觉识别功能造成不良影响。

（5）工业相机

1）工业相机的用途与接口

工业相机（industrial camera）是一种广泛用于自动驾驶汽车、智能交通、工业检测等工业领域的高分辨率彩色数字视觉传感器。工业相机在汽车开发试验阶段常安装于车辆上，用来进行前视摄像头技术方案验证，在一些小型的无人驾驶配送车上直接被用来作为前视摄像头，工业相机的外观如图 1–10 所示。工业相机具备传输速度快、色彩还原度高、成像清晰等特点，适用于物体图像识别、基于视觉的参数测量等应用场合。工业相机具有工业级别的防尘和防水性能（如 IP67 防护等级），工作温度范围广且由自动电压控制，适用于复杂的工业环境。相机可以适配多种接口，可根据需要进行组合搭配，并支持 Windows、Linux 和 ARM 等多种计算平台。

工业相机主体由镜头、相机本体和用于连接两者的接圈组成，此外工业相机的周边附件还包括安装支架、连接线缆、开发套件（SDK）、第三方软件等，如图 1-11 所示。

工业相机具有多种类型的数据接口，包括 GigE 千兆网接口、USB、IEEE-1394 接口、Camera-Link 接口和同轴电缆等，如图 1-12 所示。

图 1-10　工业相机的外观

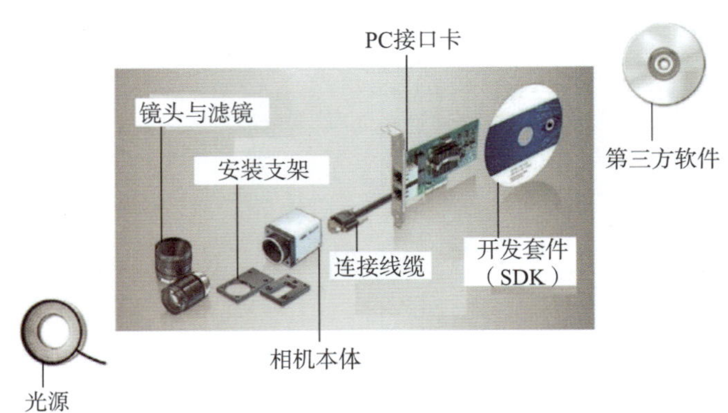

图 1-11　工业相机的组成及附件

图 1-12　工业相机数据接口的类型

① 圆形 I/O 接口

典型的工业相机 I/O 接口采用 Hirose 的 8-pin 圆形公头插座，接口的定义见表 1-3。

表 1-3　典型的圆形 I/O 接口的定义

示意图（母头）	序号	定义	说明
	1	Line0+	光耦输入正
	2	GND	相机电源接地、GPIO 接地
	3	Line0−	光耦输入负
	4	POWER_IN	相机外接电源，DC 12~24 V
	5	Line2	GPIO 输入 / 输出
	6	Line3	GPIO 输入 / 输出
	7	Line1−	光耦输出负
	8	Line1+	光耦输出正

② USB 接口

通用串行总线（universal serial bus，USB）是一种串口总线标准，也是一种输入 / 输出接口的技术规范。USB 是电子仪器之间的常用接口。鼠标与计算机连接的 USB 接口为 Type A 型，智能传感器设备与主机连接的 USB 接口一般采用 Type B（俗称"方口"）型。USB 同时具有传输数据和为设备供电两个功能。

Type B–USB 接口外观特征为内正方形、外梯形，其中，USB 2.0 接口的引脚定义见表 1–4。

表 1–4　USB 2.0 接口的引脚定义

示意图（公头）	序号	定义	说明
1 2 4 3 Type B	1	S+	电源线正
	2	D−	数据线负
	3	D+	数据线正
	4	S−	电源线负

2）工业相机的安装

工业相机的安装主要有镜头与相机组装、相机安装固定、电气连接、安装检查四个步骤，如图 1–13 所示。

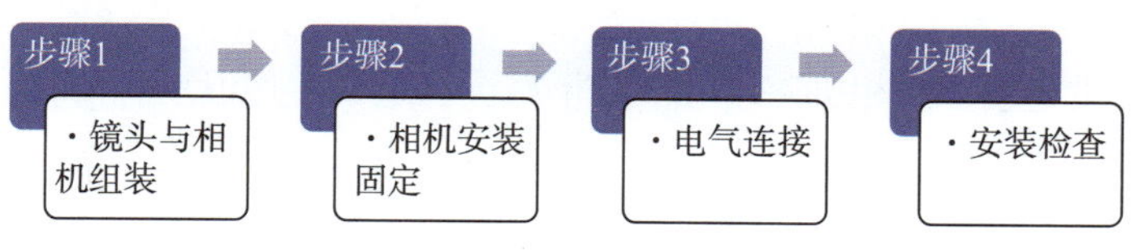

图 1–13　工业相机的安装步骤

① 镜头与相机组装

首先，将部件从包装中取出，对镜头和相机进行外观检查。检查部件结构是否完整；外观是否有凹痕、划痕、裂缝、变形、毛刺等缺陷；表面涂层是否有起泡、龟裂、脱落等缺陷；镜头是否有气泡、划痕、裂纹、污物等；线束是否有脏污、起泡、划伤、变形、露铜等。

将镜头、接圈与相机连接，操作时需缓慢旋紧，要求连接牢固，如图 1–14 所示。组装全过程需在最大程度无尘环境下进行。操作全程不得用手直接接触碰传感器表面与镜头表面，避免污损设备。组装完毕，应盖好镜头盖，并对组件进行防尘保护，如用塑料护罩遮盖等。

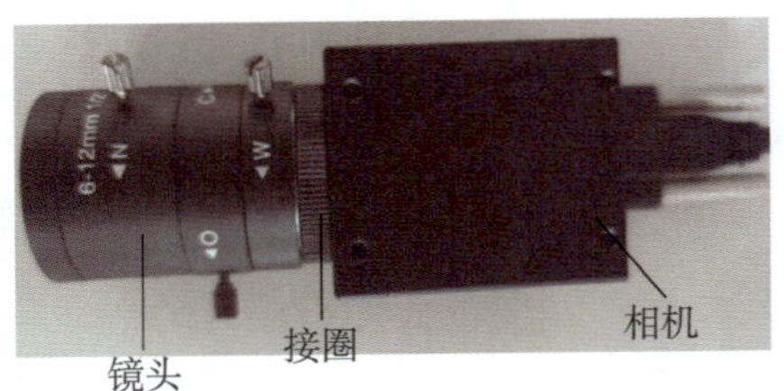

图 1–14 镜头与相机的组装

② 相机安装固定

工业相机用于前视摄像头时，安装位置位于车辆正前方，离地高度与角度根据前向探测范围进行设计，安装前需从技术资料中查阅具体参数。可以使用卷尺等工具测量安装后的相机离地高度是否满足要求，如图 1–15 所示。

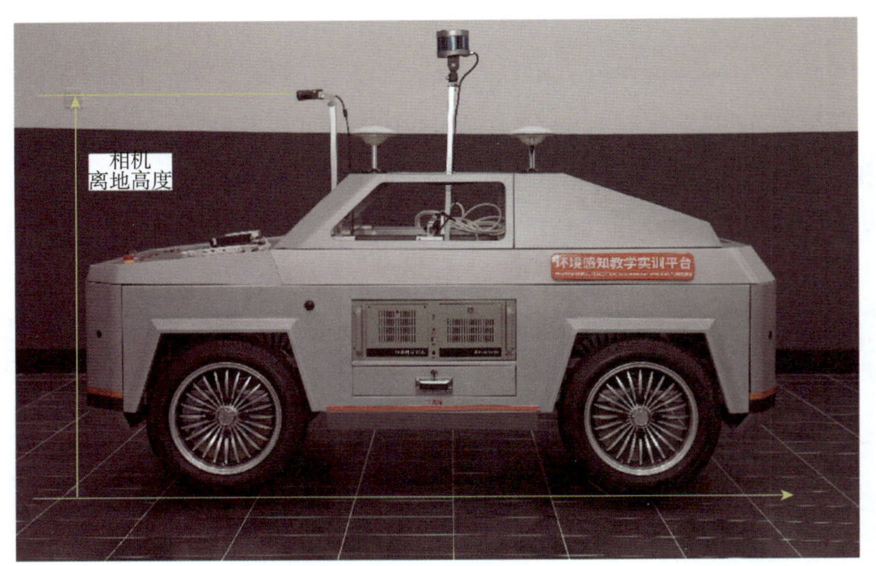

图 1–15 安装后的相机离地高度

确认相机安装螺钉与相机的旋合长度满足规范要求，一般建议值为 2.5~2.7 mm，具体数值参见手册。旋合长度不足容易造成使用中相机松旷，固定点改变。装配力矩需满足规范要求，一般建议值小于 1 N·m。若螺钉装配扭矩过大，可能会造成相机螺纹滑丝。

若相机与车辆安装支架之间需要加装垫板（过渡件），需严格选用图纸规定的配件。可以不得采用导热功能不佳的塑料材质垫板。若相机工作时散热不好，将造成工作温度过高，会严重损坏部件。可以利用红外非接触式电子测温仪从测温点量取温度，在相机工作全过程中，相机测温点温度应低于规定数值，最高温度一般为 65 ℃，具体数值参见手册。相机测温点一般位于相机本体上表面靠近镜头的位置，

如图 1-16 所示。

图 1-16　相机测温点

③ 电气连接

工业相机的典型接线方式如图 1-17 所示，相机分别通过线缆连接外部电源和计算机主机。

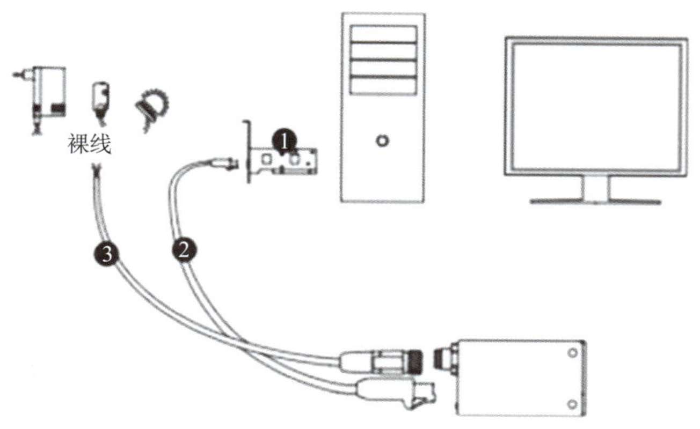

图 1-17　工业相机的典型接线方式

工业相机有 POE 供电和外部直流电源供电两种供电方式，一些机型只采用外部直流电源供电，还有一些机型具有两种供电方式。

POE（power over ethernet）供电是将网线插入 RJ45 插座，使用符合 IEEE802.3af 标准的 PSE（power sourcing equipment）为相机供电。外部直流电源供电是将外部直流电源通过 I/O 线连接到 I/O 接口即可为相机供电。电源使用 DC 12~14 V 直流电源。

当设备具有两种供电方式时，外部直流电源供电优先，若拔出外部直流电源供电线，相机会切换到 POE 供电，切换后，一些相机需要重新启动系统。

在进行相机的电气连接时，需要注意电压值和接口型号，超出规定电压范围的供电会使系统工作异常或损坏相机；插入与 I/O 口不匹配的连接器会损坏相机。在进行安装前需对电压和接口进行检查。

④ 安装检查

a. 电磁干扰（EMI）与静电释放（ESD）及安装注意事项

电磁干扰（electromagnetic interference，EMI）是干扰电缆信号并降低信号完好性的电子噪声，EMI

通常由电磁辐射发生源如电动机和机器产生。相机工作时，应尽量远离高压、高电流等强干扰设备，如电动机、变频器、继电器等。连接相机时，应尽量选择带有屏蔽作用的线缆，防止电磁干扰。线缆的屏蔽层应就近接地，不能甩出很长才接地。有多个设备需要接地时，应采用单点接地方式，防止形成地环路。线缆盘成一盘会更容易受到干扰，因此，如果线缆过长，可以将其扎成束状的捆，避免盘成一盘进行捆扎，同时，所有线缆严禁扭曲缠绕。线束需要根据图纸要求铺设，尽量避免斜拉现象，保持横平竖直的走向，用卡扣固定线束。

静电释放（electro-static discharge，ESD）保护简称静电保护。人手在干燥或者发生摩擦时容易产生电子，从而使人手带有正电荷。当携带正电荷的人手接触到外部的导体时，导体的电子会向人手转移，从而产生电流，这个过程中产生的电压可以达到上千伏。如果携带正电荷的手接触到电路元件或者设备上的 USB 接口、HDMI 接口等，会在接触瞬间产生极大的电压和电流，从而损伤电路元件。相机和其他智能传感器设备中存在大量电路元件，因此在进行视觉传感器及其他智能传感器装调前，需先接触金属机架释放静电，以免对传感器造成损坏。

b. 热源检查与干涉检查

智能传感器安装须进行线束与热源的检查。检查线束与发动机、电池、排气管、电动机、空调系统等之间的距离，一般要求不小于 120 mm，与油路、燃气管等易燃部件之间的距离一般不小于 150 mm。具体数值需参见安装手册。智能传感器安装后需进行线束与运动部件的干涉检查。线束需要远离各运动部件，如雨刮连杆、减振器等。

2. 技能操作

（1）操作准备

准备技能操作所需的物料，见表 1–5。

表 1–5　物料准备

类别	所需物料
教学整车 / 实训平台	智能网联传感器装调平台
仪器、设备、工具	安全防护用品、记号笔、尺子、车用视觉传感器、螺母、绝缘工具箱等

（2）前视摄像头的安装

对前视摄像头进行安装，将工作内容记录在表 1–6 中。

表 1–6　前视摄像头安装记录表

序号	类别	内容	结果
1	安全准备	摘掉首饰，挽起长发，换上实训服，穿戴好安全防护用品	已完成□　未完成□
2		将实训车熄火且将电源负极断开，将装调平台电源断开	已完成□　未完成□

续表

序号	类别	内容	结果
3	装配前零件外观检查	结构是否完整	是□　否□
4		外观是否有凹痕、划痕、裂缝、变形、毛刺等缺陷	是□　否□
5		表面涂层是否有起泡、龟裂、脱落等缺陷	是□　否□
6		镜头是否有起泡、划痕、裂纹、污物等	是□　否□
7		线束是否有脏污、起泡、划伤、变形、露铜等	是□　否□
8		USB 接头是否松动，金属引脚与外壳是否接合良好	是□　否□
9	前视摄像头装配定位	使用工具找到车辆的中轴线，做好标记	已完成□　未完成□
10		确定相机的安装高度，做好标记	已完成□　未完成□
11	前视摄像头装配	使用工具将前视摄像头安装在定位好的位置	已完成□　未完成□ 工具：
12		采用扭力扳手拧紧螺母	已完成□　未完成□ 扭矩：
13		将前视摄像头与测试平台的接口连接	已完成□　未完成□
14	前视摄像头线路检查	检查线束与发动机／电池、排气管、电动机、空调系统等之间的距离是否满足要求	是□　否□
15		检查线束与油路、燃气管等易燃部件之间的距离是否满足要求	是□　否□
16		线束是否远离各运动部件，如雨刮连杆、减振器等部件	是□　否□
17		为避免线束斜拉现象，保持其横平竖直的走向，是否用卡扣固定线束	是□　否□
18		线束铺设后是否平顺	是□　否□

二、前视摄像头的调试

1. 知识学习

前视摄像头的调试包括主机端准备、相机驱动安装、相机 IP 配置、图像采集与调试、相机工作状态检查。

（1）主机端准备

主机端准备包括主机操作系统检查和第三方软件安装两项工作。工业相机安装包适配的主机操作系统与版本见表 1-7，在进行调试前需点选查看系统信息进行确认。

表 1-7　工业相机安装包适配的主机操作系统与版本

操作系统	适配版本
Windows	Windows XP（32 位，64 位） Windows 7（32 位，64 位） Windows 8（32 位，64 位） Windows 8.1（32 位，64 位） Windows 10（32 位，64 位）
Linux	Ubuntu 12.04 及以上，内核版本 3.5.0.23 及以上
Android	Android 6 及以上
Mac OS	Mac OS 10.12 及以上

在应用工业相机时，通常需要使用第三方软件，常见的软件有 Halcon、Labview、Digimizer、Image Pro Plus、Scope Photo 等。以 Halcon 为例，该软件是工业界公认具有最佳效能的 Machine Vision 软件之一。Halcon 是一套完善、标准的机器视觉算法包，是应用广泛的机器视觉集成开发环境。通过 Halcon 的使用可以节约产品成本，缩短开发周期。

（2）相机驱动安装

相机驱动安装包通常称为 SDK，即软件开发工具包（software development kit，SDK），是智能传感器随硬件提供的一套软件。SDK 一般为一个可执行文件，文件名以 .exe 结尾，名称中包含版本号。注意，在进行相机驱动安装前，应关闭杀毒软件、即时通信软件应用程序，这些软件可能会误报、误删相机安装组件，导致相机无法正常启动。

相机驱动安装步骤为下载或打开安装包，跟随安装向导运行安装程序。在安装驱动程序时，需选择相机接口（又称相机内核驱动），一般通过勾选的方式选择 USB2.0、USB3.0 Vision、GigE Vision 等，图 1-18 所示为某工业相机安装界面，该相机厂家有 USB 接口和 GigE 接口组件可供选择。

相机驱动安装文件夹一般包含驱动包、接口库、演示程序、IP 配置工具、示例程序和软件开发说明书等文件。驱动包（driver）提供相机的驱动程序，如相机的过滤驱动；接口库（API）包括相机控制接口库和图像处理接口库，支持用户进行二次开发；演示程序用于展示相机的控制、采集和图像处理功能，用户可以直接通过演示程序来控制相机，也可以基于相机的接口库开发自己的控制程序；IP 配置工具（GxGigeIPConfig.exe）用于配置相机的 IP 信息，以及相机上电时的 IP 启动方式；示例（sample）程序是演示相机功能的示例源码，用户可以方便地使用这些示例程序来进行简单控制，也可以参考这些示例程序来开发自己的控制程序；软件开发说明书是用户的编程指引，用于指导用户如何配置编程环境，如何通过相机的接口库来实现相机的控制和采集。

相机驱动一般为用户提供三种编程接口，即 API 接口、GenTL 接口和 GigE Vision 接口。API 接口支持 C/C++/C#/Python 等语言；GenTL 接口与 GigE Vision 接口可用于一些支持相应协议的第三方软件来控制相机，如 Halcon。

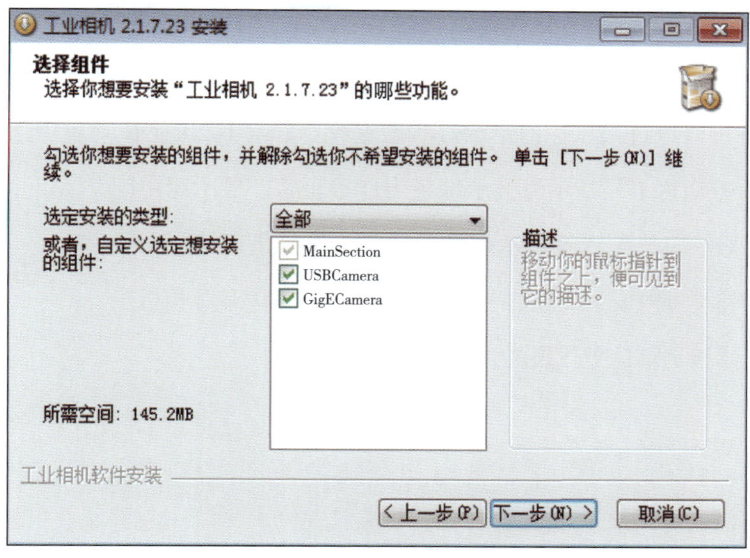

图 1-18　某工业相机安装界面

（3）相机 IP 配置

为了建立相机与主机的通信联系，需对相机进行 IP 配置。目前工业相机支持“一键配置 IP”，具体步骤一般为将相机连接到当前主机的网口下，打开“IP Configurator”程序，单击程序右侧的“自动配置 IP”按钮即可实现对 IP 的自动配置。

（4）图像采集与调试

图像采集一般通过双击演示程序启动软件完成，软件启动后自动搜索相机并进行初始化工作。功能正常时会出现图 1-19 所示的界面。

图 1-19　图像采集界面

调整相机光圈与焦距，使画面达到最清晰状态，至此完成前视摄像头的调试。

（5）相机工作状态检查

相机的工作状态可以通过接口边的指示灯状态查看。如图 1–20 所示，一种典型的信号表示方法为 1 号指示灯显示绿色为连接正常，显示绿色闪烁为正在接收数据（receiving）；2 号指示灯显示黄色为系统出现错误，显示黄色闪烁为正在传递数据（transmitting）。根据相机指示灯状态对相机工作状态进行检查，具体指示灯信号代表的含义需查看手册。

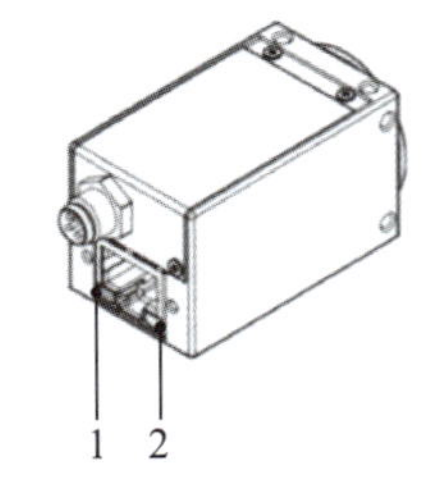

图 1–20　相机工作状态指示灯

1—1 号指示灯　2—2 号指示灯

2. 技能操作

（1）操作准备

准备技能操作所需的物料，见表 1–8。

表 1–8　物料准备

类别	所需物料
教学整车 / 实训平台	智能网联传感器装调平台
仪器、设备、工具	安全防护用品、车用视觉传感器等

（2）前视摄像头的调试

对前视摄像头进行调试，将工作内容记录在表 1–9 中。

表 1–9　前视摄像头（工业相机）调试记录表

序号	类别	内容	结果
1	主机端准备	主机系统类型是否符合相机要求	是□　否□
2		主机系统版本	
3		第三方软件名称	
4	相机驱动安装	SDK 文件名称	
5		相机接口勾选选项	
6		安装文件夹内容检查：是否包含 IP 配置工具	是□　否□
7		安装文件夹内容检查：是否包含软件说明书	是□　否□
8	相机 IP 配置	是否进行自动配置	是□　否□
9	图像采集与调试	光圈数值	
10		焦距数值	

续表

序号	类别	内容	结果
11	相机工作状态检查	相机是否有指示灯	是□　　否□
12		如果有指示灯，指示灯状态	1 号指示灯状态： 2 号指示灯状态：

检查评估

对本任务的学习情况进行检查，并将相关内容填写在表 1-10 中。

表 1-10　检查表

检查项目	检查结果	结果点评
前视摄像头的安装		
是否对零件外观进行检查	是□　否□	
是否完成前视摄像头线路检查	是□　否□	
前视摄像头安装高度是否符合要求	是□　否□	
前视摄像头安装角度是否符合要求	是□　否□	
前视摄像头的调试		
是否将相机驱动安装在指定路径	是□　否□	
是否正常启动相机演示程序	是□　否□	
相机呈现画面是否清晰	是□　否□	
整理及恢复		
工具、设备是否整理恢复	是□　否□	
实训工位是否打扫干净	是□　否□	
工作页是否填写完整	是□　否□	

任务小结

本任务小结如图 1-21 所示。

前视摄像头
安装与调试
车用视觉
传感器
前视摄像头、环视摄像头、后视摄像头、车内摄像头
智能传感器
定义
智能传感器集成
传感器基本部件
信号预处理器
模/数转换器
微型计算机
前视摄像头
类型：单目、双目、三目
安装：5步法
前视摄像头
（工业相机）
安装
镜头与相机组装、相机安装固定、电气连接、安装检查
调试
主机端准备、相机驱动安装、相机IP配置、图像采集与调试、相机工作状态检查

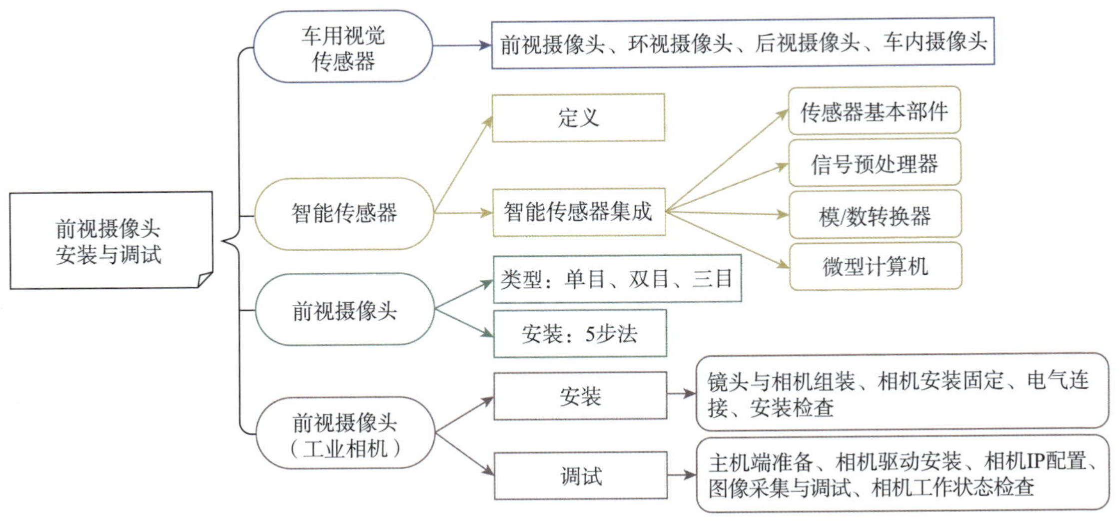

图 1-21　任务小结

任务二
视觉传感器标定

任务导入

场景：某国产自主品牌汽车试制车间

人物：车间班组长王师傅、实习试制装调技师小刘

情节：在本轮装车任务中，实习试制装调技师小刘在王师傅的指导下完成了前视摄像头的安装与调试后，王师傅安排小刘对装调好的前视摄像头进行标定，王师傅比喻说："我们要让汽车的眼睛适应一下自己的身体和周围的环境"。小刘对于"视觉传感器标定"这个概念还比较陌生，如果你是小刘，你将如何开始工作？

任务目标

- 能根据装调手册独立操作系统，完成前视摄像头系统的设置。
- 能根据装调手册正确使用标定板及标定系统，完成前视摄像头系统的静态标定。

任务实施

一、视觉传感器系统设置

1. 知识学习

（1）视觉传感器的组成与工作原理

视觉传感器由镜头模组、图像传感器、图像信号处理器、镜头壳体等部分组成，如图 2-1 所示。

镜头模组由若干片叠放的玻璃透镜组成，相当于人眼的晶状体的作用，是专门用于接收光信号并将其汇聚在图像传感器上的装置。图像传感器上有许多感光单元，它们可以将光线转换成电荷，从而形成对应于景物的电子图像。图像信号处理器（image signal processor，ISP）通过一系列复杂的数学算法运

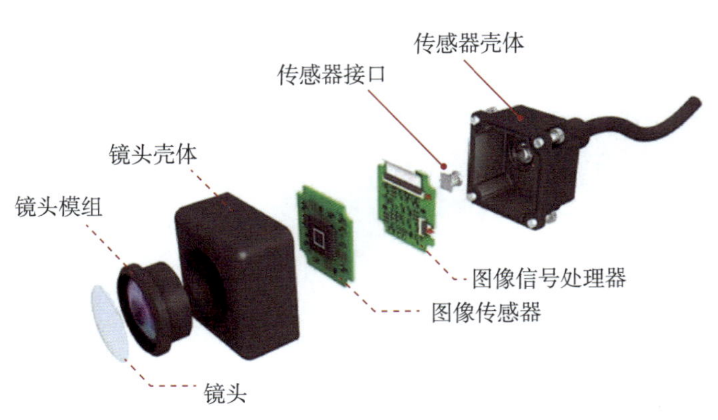

图 2-1　视觉传感器的组成

算，对数字图像信号参数进行优化处理，并把处理后的信号传到 PC 等设备。相机的后端有电源接口与数据接口，其中数据接口向外部计算机或处理器输出经过处理的图像信号。相机外壳体一般有光孔或螺纹孔，在与车身等部件固定时使用。此外，较大型的视觉传感器壳体上一般可加装散热片或有专门的散热设计，用于避免传感器在工作时部件温度过高而损坏电子器件。前视摄像头是车载视觉传感器中最复杂的部件。目前智能网联汽车主要车型的前视摄像头包含以上全部的结构部件，其他视觉传感器如后视摄像头等，因为对其功能要求较低，所以内部一般不包含处理器和存储单元等元器件。

视觉传感器的工作原理如图 2-2 所示，镜头模组与图像传感器为图像采集部分，图像信号处理器与传感器集成电路为图像处理部分。图像信号处理器通过 DC-DC/ 电源管理集成电路由传感器外部供电，通过 CAN 总线、以太网等方式将处理后的图像信号传输给整车控制器或 ADAS 控制单元。

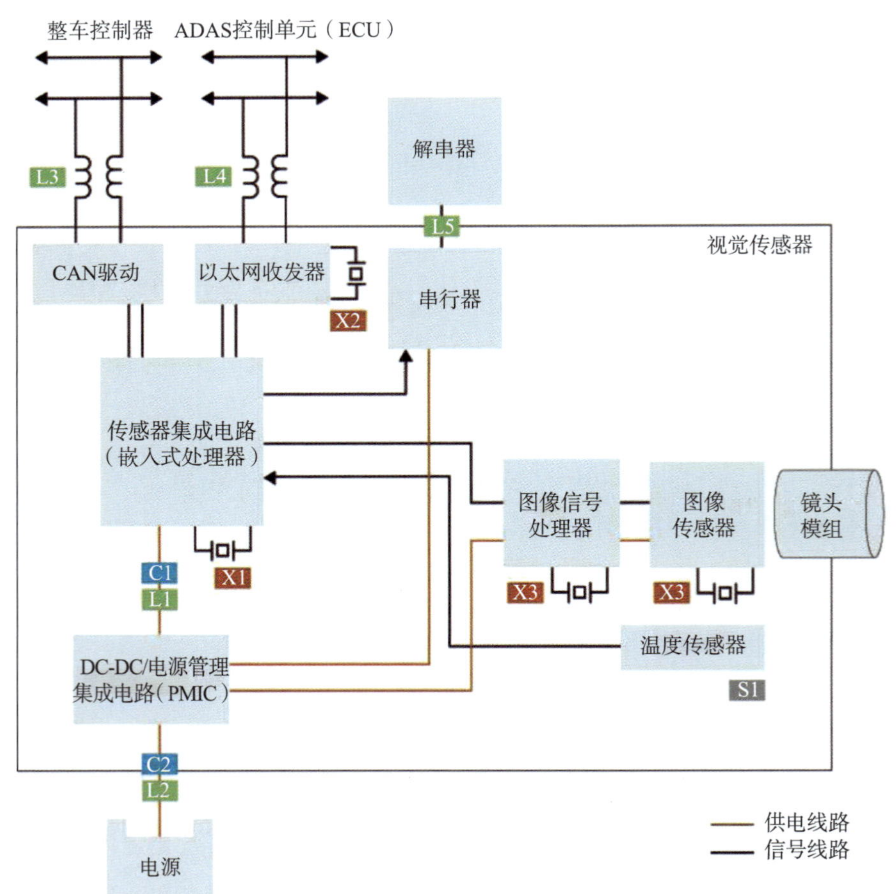

图 2-2　视觉传感器的工作原理

（2）图像传感器

图像传感器是视觉传感器的核心部件，它的作用是将镜头所成的图像转变为数字信号或模拟信号输出。视觉传感器有感光耦合器件（charge coupled device，CCD）传感器和互补金属氧化物半导体（complementary metal oxide semiconductor，CMOS）传感器两种类型，如图 2-3 所示。

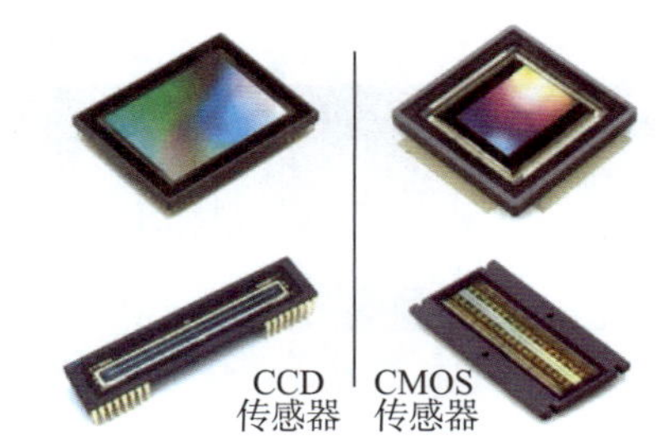

图 2-3　CCD 传感器和 CMOS 传感器的外观与接口

CCD 传感器成像原理是当光线与图像透过镜头投射到 CCD 传感器表面时，CCD 传感器上有许多排列整齐的光电二极管感应光线，将光信号转换成电信号，经放大器放大后转换成数字图像信号。CMOS 传感器成像原理是利用硅和锗这两种元素所做成的半导体，使其在 CMOS 传感器上共存着带负电的 N 级和带正电的 P 级半导体，这两个互补效应所产生的电流即可被处理芯片记录并解读成影像。

CCD 传感器与 CMOS 传感器的工作原理示意图如图 2-4 所示，在 CCD 传感器中，每一行的每一个像素的电荷数据都会依次传送到下一个像素中，由最底端部分输出，经过传感器边缘的放大器进行放大输出；在 CMOS 传感器中，每个像素都会邻接一个放大器及 A/D 转换电路，用类似内存电路的方式将数据输出。

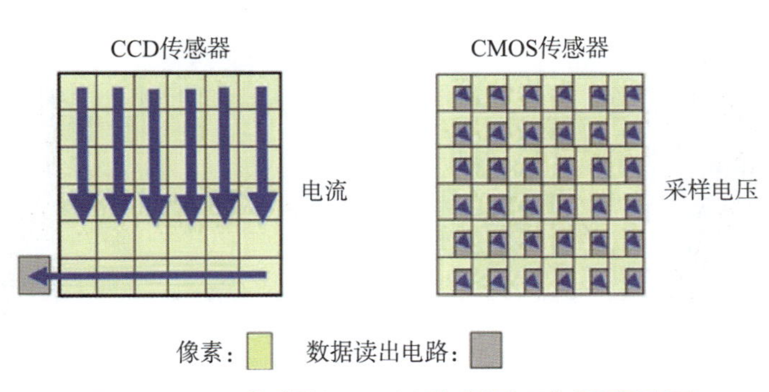

图 2-4　CCD 传感器和 CMOS 传感器的工作原理示意图

CCD 传感器诞生于 20 世纪 60 年代，具有结构简单、噪声小、灵敏度高等优点，21 世纪后，CMOS 传感器凭借体积小、能耗低、生产成本低的优势在多个应用领域逐渐取代 CCD 传感器。由于 CMOS 传感器每个像素点都有一个电信号放大器，因此每个像元有效感光面积会小于同尺寸的 CCD 传感器的像无有效感光面积，从成像效果来说，与 CCD 传感器有一定差距，在低照度环境下，CMOS 传感器表现为噪声大，但是其工作效率比较高，价格也比较低廉。由于智能网联汽车视觉传感器的使用环境多为交通道路环境，对传感器在噪声和灵敏度方面的性能要求不高，因此较多采用 CMOS 传感器。

（3）视觉感知系统技术参数

视觉感知系统是以相机为核心的环境感知系统，其技术参数主要有色彩、传感器类型、分辨率、帧率、光学尺寸（靶面尺寸）、像元尺寸等，表 2-1 为某工业相机主要性能技术参数。此外，在应用中，工业相机还有感光度、信噪比、电子快门、动态范围、曝光控制、数据接口、镜头接口等参数。

表 2-1　某工业相机主要性能技术参数

项目	色彩（黑白 / 彩色）	传感器类型	分辨率 /px	帧率 /fps	光学尺寸	像元尺寸 / μm
参数	彩色	CMOS	1 280 × 1 024	146	1/2″	4.8 × 4.8

1）分辨率

分辨率（resolution）对于数字工业相机一般是直接与光电传感器的有效像元数对应，对于模拟相机则是取决于视频制式。图像传感器由许多像素点按照矩形点阵进行排列，分辨率用来描述像素点的分布情况，由横向像素点数（H）× 竖向像素点数（V），其乘积接近于相机的像素值。常用工业相机像素值为 130 万、200 万、500 万等，分辨率越高，相机成像越清晰，如图 2-5 所示。

a）

b）

图 2-5　不同分辨率的图片效果

a）578 像素 x770 像素　b）640 像素 x855 像素

2）帧率

帧率指相机采集传输图像的速率，即每秒采集或曝光的帧数，单位为（fps，Frames/Sec）。该参数一般为该相机支持的最大曝光次数。

3）光学尺寸（靶面尺寸）

光学尺寸表示图像传感器感光部分的大小，数值为其对角线长度，一般用英寸（in，1 in=2.54 cm）作为单位。靶面越大则传感器通光量越好，靶面越小则比较容易获得更大的景深。例如，1/2 in 可以有比较大的通光量，而 1/4 in 比较容易获得较大的景深。常见光学尺寸型号的形状和对角线尺寸见表 2-2。

表 2-2 常见光学尺寸型号的形状和对角线尺寸

光学尺寸 /in	靶面宽度 /mm	靶面高度 /mm	对角线尺寸 /mm
1	12.7	9.6	16
2/3	8.8	6.6	11
1/2	6.4	4.8	8
1/3	4.8	3.6	6

4）像元尺寸

像元，即影像单元，是组成数字化影像的最小单元。像元尺寸，即一个像元的大小。像元尺寸和分辨率共同决定了传感器靶面尺寸的大小。像元尺寸决定了数字影像的分辨率和信息量，像元尺寸小，影像分辨率高，信息量大；反之，分辨率低，信息量小。

5）感光度

感光度代表入射光线通过 CCD 传感器或 CMOS 传感器等电子电路的强弱。感光度越高，感光面对光的敏感度就越强，快门速度就越高，这在拍摄运动车辆、夜间监控时显得尤其重要。

6）信噪比

信噪比是指信号电压与噪声电压的比值，单位为 dB。信噪比的典型值为 45~55 dB，若为 50 dB，则图像有少量噪声，但图像质量良好；若为 60 dB，则图像质量优良，不出现噪声。信噪比越大，说明相机对噪声的控制越好。

7）电子快门

电子快门用来控制图像传感器的感光时间。由于图像传感器的感光值就是信号电荷的积累，因而感光时间越长，信号电荷积累时间也越长，输出信号电流的幅值也越大。电子快门越快，感光度越低，因此适合在强光下拍摄。

（4）视觉传感器系统设置

视觉传感器系统中传感器类型、传感器光学尺寸及最大分辨率等参数是在产品设计时选型确定的，要在工作前根据任务需要对视觉传感器系统可调参数进行设置。

在进行视觉传感器系统设置时，主要对输出分辨率、触发模式、曝光设置、颜色处理、速度模式等可调参数进行设置。视觉传感器系统设置的步骤如图 2-6 所示。

图 2-6 视觉传感器系统设置的步骤

1）启动车辆和系统

启动设备及车辆，确保供电正常。

2）启动系统软件，调取摄像头

系统启动后，选择摄像头模块，如图 2–7 所示。

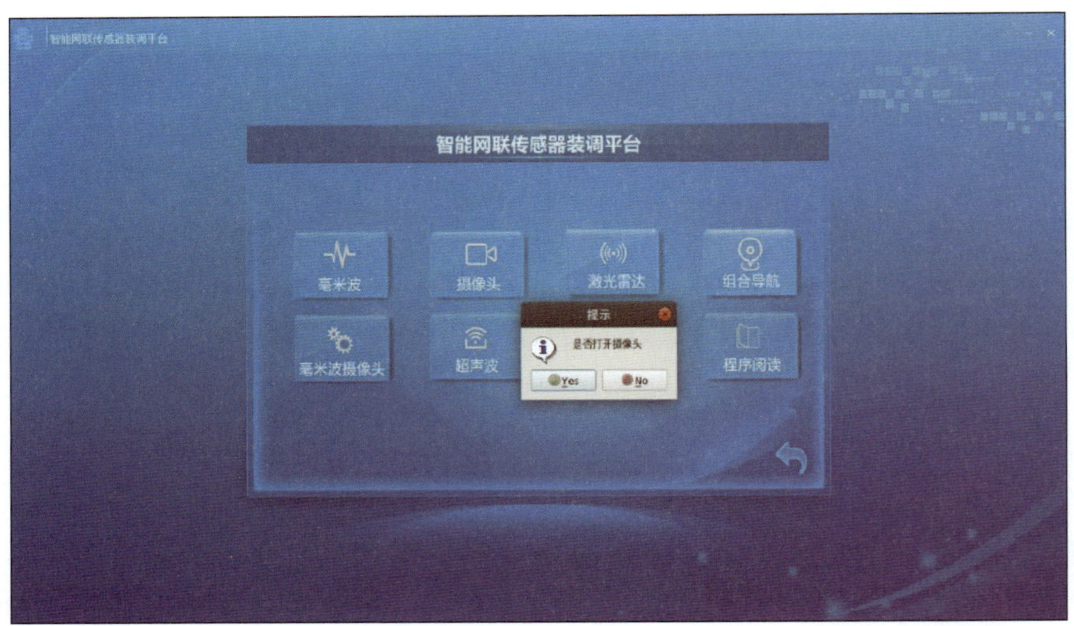

图 2–7　启动系统软件，调取摄像头的界面

3）相机对焦

将光圈向“O”的方向调整到底，使焦距调整为最小值。对准车辆前方物体旋转光圈调整焦距，调整到画面最清晰的状态。

4）打开参数设置界面

打开参数设置界面，如图 2–8 所示。

图 2–8　打开参数设置界面

5）设置参数

通过系统设置操作界面右侧的参数设置界面进行操作，如图 2–9 所示。调整后，查看左侧画面图像效果。

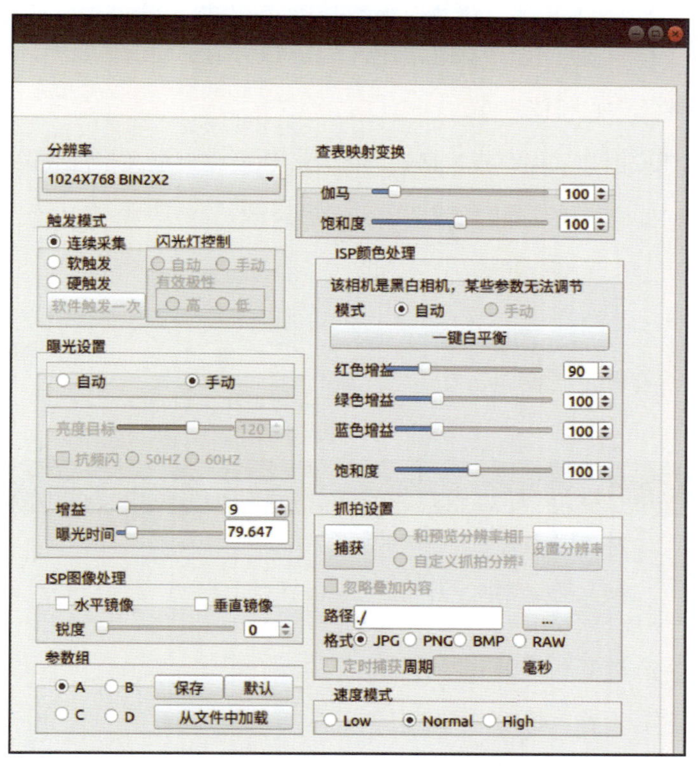

图 2–9 参数设置界面

相机输出分辨率需根据应用场景进行选择。分辨率高可以输出高画质图像，但是会增大图像数据量，导致后期算法处理难度大，对计算平台的算力要求高，计算耗时。此外，分辨率与帧率需要权衡，一般分辨率大帧率就不会太高。

相机的触发模式分为内触发与外触发两种，其中内触发包含连续采集、单帧采集两种模式；外触发包含软触发、硬触发两种模式。连续采集模式为相机连续曝光输出实时图像；单帧采集模式为相机只输出一张实时图像；外触发模式为相机处于待机状态，不进行曝光，只有在相机通过 I/O 口接收到相机规定的单个脉冲（方波）信号后，传感器曝光一次，部分相机支持脉冲信号的上升沿、下降沿、高电平、低电平触发；软触发模式为相机进入外触发模式后，处于待机状态，不进行曝光，只有在相机接收软件发出的指令后，传感器曝光一次；硬触发模式需要有硬触发接口，当收到外部的触发信号，相机拍照，然后输出图像，输出图像的反应时间按照帧速计算。

曝光设置可以选择自动或手动。手动曝光可以设置增益和曝光时间。其中，曝光时间直接影响摄像机采图频率。曝光时间越长，摄像机采图越慢、延迟越高、成像越亮。

工业相机通常包含一个对传感器信号进行放大的视频放大器，其放大倍数称为增益。增益可以调节成像亮度，增益越大、成像越亮。

ISP 图像处理可以水平翻转图像、垂直翻转图像和更改成像颜色。锐度可以增加成像清晰度。

白平衡的主要功能是实现相机图像对实际景物的精确反映。白平衡就是无论环境光线如何，仍然把“白”定义为“白”的一种功能。由于传感器本身没有这种功能，因此就有必要对它输出的信号进行一定的修正，通过调节红、绿、蓝三色得到真实的色彩。一般分为手动白平衡和自动白平衡两种方式，自动白平衡功能一般分为连续方式和按钮方式。

抓拍设置可以定时抓取图片、保存指定格式的图片。速度模式定义相机成像速度、工作频率、采样频率。参数组可以保存和读取相机参数配置。

2. 技能操作

（1）操作准备

准备技能操作所需的物料，见表 2-3。

表 2-3　物料准备

类别	所需物料
教学整车 / 实训平台	智能网联传感器装调平台
仪器、设备、工具	安全防护用品、视觉传感器等

（2）视觉传感器系统设置

对视觉传感器系统进行设置，将工作内容记录在表 2-4 中。

表 2-4　视觉传感器系统设置记录表

序号	类别	内容	结果	
1	系统与传感器启动	连接车辆电源负极，启动车辆，连接实训平台电源	已完成□	未完成□
2		打开智能网联传感器装调平台软件，选择摄像头模块，画面显示在平台软件界面上	已完成□	未完成□
3		是否将光圈向“O”的方向调整到底	是□	否□
4		对准想要观看的物体，旋转镜头，调整焦距，调整到画面最清晰的状态	已完成□	未完成□
5	系统设置	单击平台软件左上角的“摄像头参数设置”，进入该模块	已完成□	未完成□
6		（1）调节不同的分辨率，观察图像的清晰度并记录 （2）调试后，保持最大分辨率的设置	最清晰图像的分辨率： 最模糊图像的分辨率：	
7		分别选择连续采集、软触发和硬触发三种模式，测试不同触发模式是如何开始捕获图像的	已完成□	未完成□

续表

序号	类别	内容	结果
8	系统设置	（1）测试自动曝光和手动曝光两种模式，观察区别 （2）在手动曝光模式下设置增益和曝光时间 （3）调试后，设置为自动曝光或根据测试环境设置合适的手动曝光参数	增益越大，成像越<u>亮／暗</u> 曝光时间越长，成像越<u>亮／暗</u>
9		（1）对图像进行水平、垂直镜像处理，观察图像的变化 （2）调节锐度，并记录图像细节的变化 （3）调试后，取消勾选镜像功能，调节为合适的锐度	锐度越大，图像边缘和细节的对比度越<u>高／低</u>
10		（1）更改伽马值，观察图片的色调变化 （2）更改饱和度，观察图片色彩的变化 （3）调试后，调节为合适的伽马值和饱和度	伽马值越高，图像细节色调越<u>丰富／单调</u> 饱和度越高，图像色彩越<u>鲜艳／暗淡</u>
11		（1）测试 ISP 颜色处理的自动和手动两种模式，观察区别 （2）更改白平衡中红、绿、蓝三基色的增益，观察图像色彩的变化	红色增益越高，图像色彩颜色偏____色 绿色增益越高，图像色彩颜色偏____色 蓝色增益越高，图像色彩颜色偏____色
12		（1）设定照片的分辨率，观察不同分辨率下图片的清晰度 （2）设置抓拍后的文件路径，并记录	抓拍文件路径：____________
13		测试 Low、Normal、High 三种速度模式，了解不同模式下的相机工作频率，并记录	Low 模式下 10 s 内抓拍照片____________张 Normal 模式下 10 s 内抓拍照片____________张 High 模式下 10 s 内抓拍照片____________张
14		（1）将设置好的参数配置保存并记录完成情况 （2）读取以往保存的相机参数配置，单击“从文件中加载”按钮	已完成□　　未完成□

二、视觉传感器静态标定

1. 知识学习

（1）传感器标定的概念

传感器标定（calibration）是一种通过比较预先设定的标准与实际感知结果来获取传感器特性参数，从而保证传感器的精度和一致性，以及通过获取传感器的坐标与整车坐标的关系信息，统一传感器与整车空间坐标的智能网联汽车装调工作。标定工作的目的是使包括视觉传感器等在内的整个智能网联汽车环境感知系统的性能处于汽车生产厂要求的允许误差范围，并使多种传感器感知结果能够在统一的空间下融合。实际上，近年来，在智能网联汽车以及装配有高级电控系统（如发动机电控系统）的传统车辆上，标定工作日益成为常见的工作任务，标定的对象并不局限于传感器，还有各电控系统控制器内的参数。智能网联汽车传感器标定工作的典型工作场景如图 2-10 所示。

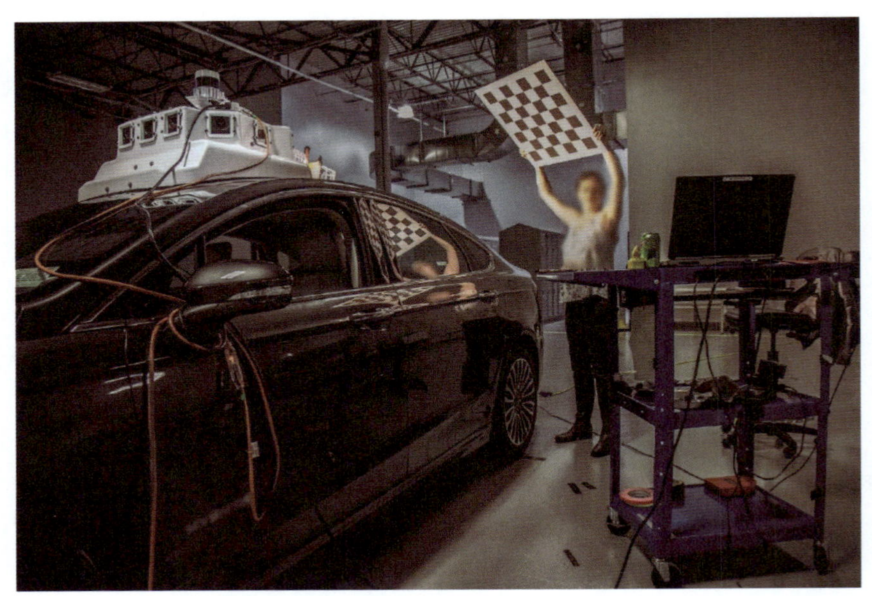

图 2-10　智能网联汽车传感器标定工作的典型工作场景

在汽车企业的技术文件中，标定一词有时也会被代称为扫描、校准和调整等，需在阅读相关手册时注意。

（2）传感器需要标定的原因

智能网联汽车传感器实际感知结果与预先设定的标准产生偏差的原因具有多样性，包括以下各种情况：

1）传感器的生产制造过程存在工艺误差，产品性能表现不一致。

2）摄像头作为 ADAS 常用传感器，其感知方式在类型上属于间接测量，需要利用计算机视觉技术进行系统参数估计。利用这些参数可消除图像失真并提取图像信息。

3）传感器单元与其安装部件（如车内后视镜模块）在维修过程中被移动，造成传感器感知结果的空间坐标系变化。

4）传感器因为交通事故而损坏，维修更换后，需要对传感器进行设定。

5）车辆尺寸改变、悬架调整与底盘高度变化，造成传感器空间转换关系变化。

6）传感器元器件会随着频繁使用出现磨损与安装位置变化。

7）传感器工作环境温度变化、颠簸振动、湿度过大、进水都会对传感器造成影响，造成参考零点

（reference zero）漂移等后果。

8）ADAS 通过多个传感器协同工作来感知环境，即需要通过传感器融合进行工作，因此必须将多个传感器测量结果转换到统一的时空坐标系。

在智能网联汽车产品生命周期内，不同阶段都有不同的传感器标定工作，因此标定可根据以上情况分为开发与生产标定、日常维护标定和维修后标定三个工作类型。表 2-5 中包含了不同智能网联汽车企业规定需要标定工作的应用场景。

表 2-5　企业规定需要标定工作的应用场景

信息来源	应用场景
某汽车运维服务公司	前风窗玻璃更换后、仪表 ADAS 故障灯亮、车辆失去摄像头信号、悬架更换和维修之后、车辆重新完成四轮定位后（更换轮胎后）
英国汽车保险研究机构	维修、拆卸、重装、校准或更换 ADAS 传感器周边零部件后；车辆任何的几何变化、车辆悬架与离地高度变化后；重新校准、更换、重装 ADAS 传感器与相关汽车部件后
某车辆诊断设备公司	传感器更换、交通事故车辆维修、四轮定位、风窗玻璃更换、故障诊断之后
世界主要汽车零部件公司	交通故障车辆维修、车辆小修、四轮定位、故障诊断、运行维护、风窗玻璃更换、悬架调校、传感器更换之后

（3）视觉传感器标定的原理

视觉传感器在智能网联汽车上通过拍摄车辆周边的图像进行环境感知。以前视摄像头为例，在传感器工作时，前车的尾部或者人行道上的行人等车辆前方物体所反射的光线通过摄像头的镜头模组，在图像传感器上转换为表示前方物体信息的图像信号，传感器处理器或者 ADAS 控制单元对信号进行处理后，通过算法识别前方物体，并根据前视摄像头在车上的安装位置，测算物体与自车前保险杠的距离和移动速度。从技术角度出发，作为计算机视觉技术的典型应用，智能网联汽车 ADAS 或自动驾驶系统依据摄像头获取的图像信息计算三维空间中物体的几何、颜色、相对位置关系等信息，在计算机系统中重建和识别物体。

智能网联汽车行驶过程中，传感器正常工作的前提是摄像头必须时刻如实拍摄记录前方物体，所生成的图像不得有变形，同时还要求传感器与车辆前端的相对位置必须严格固定，特别是镜头相对水平面的俯仰角度。

摄像头标定（camera calibration）的全称为摄像头几何学标定（camera geometric calibration），是一种计算机测量视觉技术，通过计算机测量视觉物体实现汽车自动驾驶与 3D 场景重建，用于纠正镜头畸变或者通过图片测量物体在真实世界的尺寸。如图 2-11 所示，外部真实世界到相机的位置（坐标）转换之间所包含的参数称为外部参数（extrinsic parameters），相机的位置坐标与像素点的坐标转换之间所包含的参数称为内部参数（intrinsic parameters）。

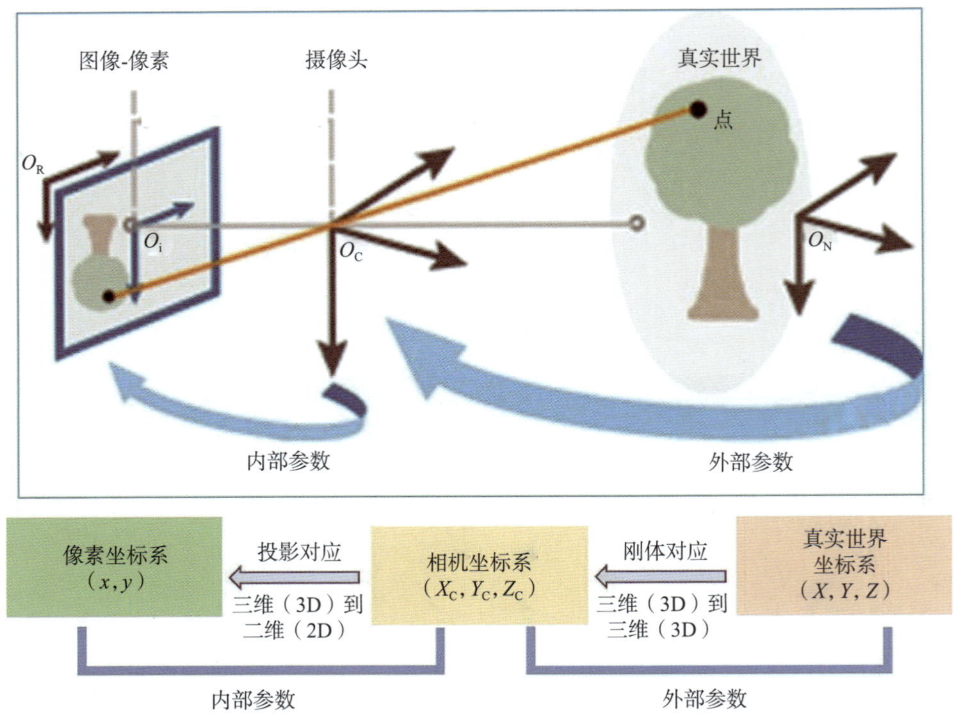

图 2-11　智能网联汽车传感器内部参数与外部参数

摄像头的标定工作是根据内部参数和外部参数的校准与软件补偿的过程。标定工作通过拍摄目标物体的图像信息获取相机参数，通过系统进行图片效果优化。视觉传感器标定参数列表见表 2-6。

表 2-6　视觉传感器标定参数列表

<table>
<tr><th>参数类别</th><th>参数性质</th><th>参数名称</th><th>标定用途</th></tr>
<tr><td rowspan="5">内部参数</td><td rowspan="5">定义摄像头内部特性，其中镜头系数定义镜头特性</td><td>镜头焦距（focal length of the lens）</td><td rowspan="5">纠正镜头畸变，提升图片品质，将真实世界映射到像素之上</td></tr>
<tr><td>光学中心（optical center）</td></tr>
<tr><td>倾斜系数（skew coefficient）</td></tr>
<tr><td>镜头畸变系数（lens distortion coefficients）–径向畸变系数</td></tr>
<tr><td>镜头畸变系数（lens distortion coefficients）–切向畸变系数</td></tr>
<tr><td rowspan="2">外部参数</td><td rowspan="2">定义摄像头与真实空间固定物体的相对关系</td><td>位移参数（displacement parameters）</td><td rowspan="2">补偿安装微小误差带来的坐标转换偏差，同时可用于进行单目、全景（立体）视觉感知和对象动作捕捉</td></tr>
<tr><td>旋转参数（rotation parameters）</td></tr>
</table>

视觉传感器标定的主要内部参数之一为镜头畸变系数，简称畸变系数，又分为径向畸变系数和切向畸变系数。径向畸变发生在相机坐标系转为图像物理坐标系的过程中，是沿着透镜半径方向分布的畸

变，产生原因是光线在远离透镜中心的地方比靠近中心的地方更加弯曲，这种畸变在普通廉价的镜头中表现得更加明显，径向畸变主要包括桶形畸变（正向放射型畸变）和枕形畸变（负向放射型畸变）两种，如图 2-12 所示。

图 2-12　视觉传感器径向畸变

切向畸变是摄像头的制造偏差导致透镜本身与摄像头传感器平面或图像平面不平行而产生的，例如，在图 2-13 中，某型号摄像头在生产制造时，镜头壳体与相机之间的装配胶水涂抹不均匀，造成镜头平面与成像平面之间存在微小角度偏差，由此造成的图像切向畸变如图 2-14 右侧画面所示。

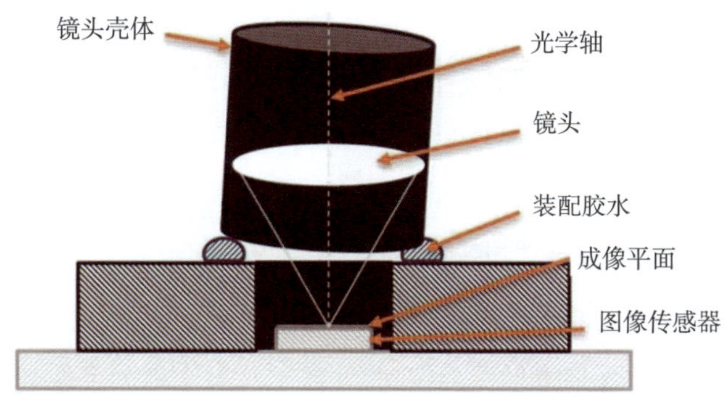

图 2-13　摄像头制造偏差示意图

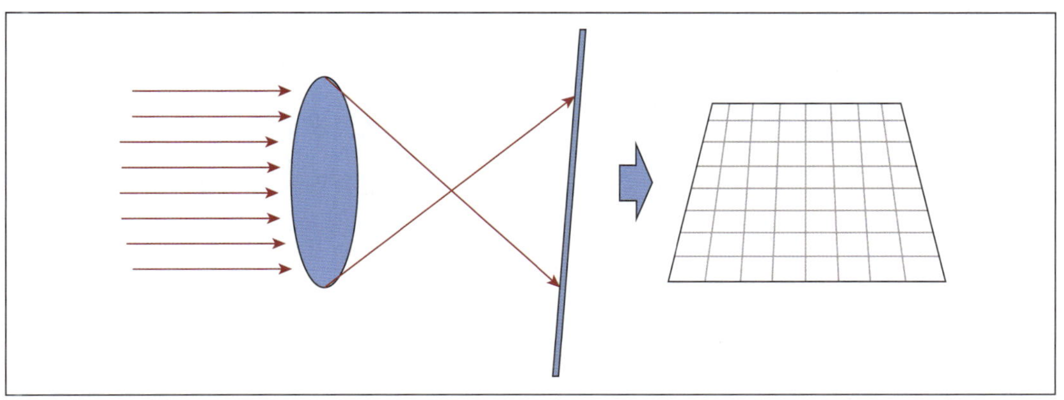

图 2-14　视觉传感器切向畸变

视觉传感器外部参数是与传感器安装位置有关的参数，如摄像头离地高度、相对于车辆坐标系的旋转角度等。摄像头离地高度为相对于车身参考点的 x、y、z 三个方向上的距离值。相对于车辆坐标系的旋转角度有俯仰角、偏航角和横滚角三个参数。俯仰角（pitch）是指摄像头绕车辆坐标系 y 轴（绿色）的转动角度，偏航角（yaw）是指摄像头绕车辆坐标系 z 轴（蓝色）的转动角度，横滚角（roll）是指摄像头绕车辆坐标系 x 轴（红色）的转动角度，如图 2–15 所示。

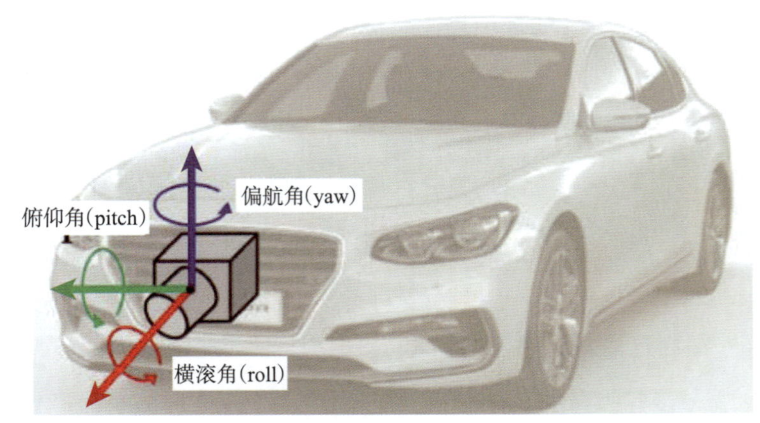

图 2–15　视觉传感器外部角度参数

（4）视觉传感器静态标定

根据工作方式的不同，智能网联汽车视觉传感器标定分为静态标定和动态标定两类。

静态（stationary）标定又称固定（fixed/in–shop）标定或离线标定，是在装配下线工位或者维修车间内，操作人员通过固定架设或手举目标物的方式对传感器进行标定工作。

静态标定使用的目标物为黑白两色，具有圆形、方形等特定形状的标定板，如图 2–16 所示，其中最简单且最常用的是黑白棋盘格标定板。根据所标定的视觉传感器的拍摄方位，标定时，标定板以竖立、地面平放等姿态被置于车辆各个方位，如图 2–17 所示。为了提高工作效率，在汽车开发和技术服务中，采用上述“集中式”的标定方式在车辆全方位架设标定目标物（即标定板），实现“通过一次标定准备与车辆定位完成全部车辆环境感知传感器标定”的目的。

在仅需要对车辆视觉传感器中的单个摄像头进行标定时，一般采用简单架设标定板或者手持标定板的方式进行。标定板一般为长方形黑白棋盘格，不同型号的标定板具有不同数量和大小的黑白方格，准备标定板时需根据手册进行选取。标定过程中，摄像头通过对标定板内部图形顶点的拍摄进行顶点之间的图像测量，系统将测量结果与棋盘格本身的顶点距离进行对比，校准和软件补偿内外参数对图像的影响，实现图像测距结果与现实世界真实距离的一致性，完成系统标定。

视觉传感器静态标定的步骤如图 2–18 所示。

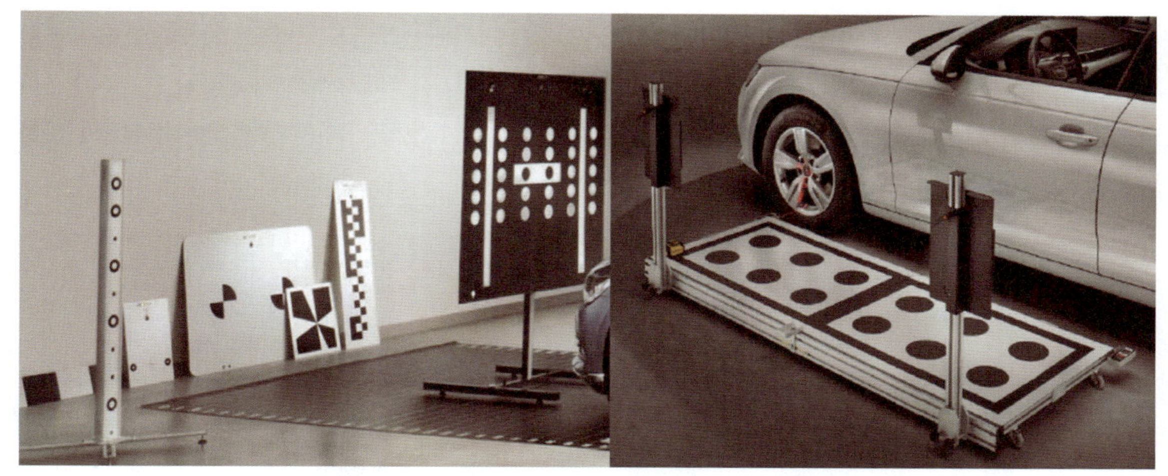

图 2-16　视觉传感器标定板

图 2-17　视觉传感器标定板的放置

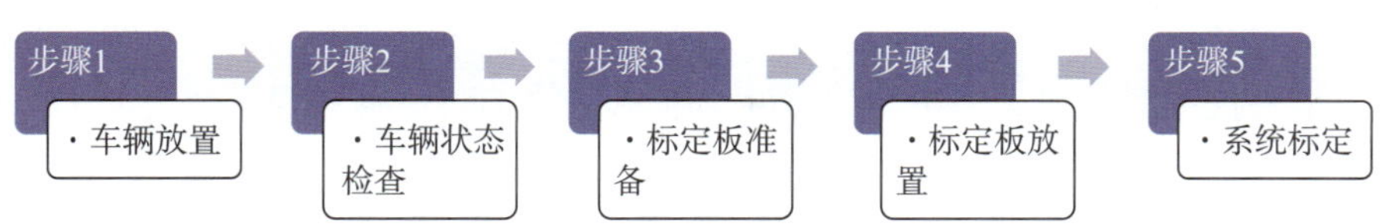

图 2-18　视觉传感器静态标定的步骤

1）车辆放置

将车辆停放在平整场地，车辆前方要求有 2 m 左右的场地空间，具体数值参见标定相关手册。

场地要求具有良好照明条件并且不得有灯光闪烁。

2）车辆状态检查

检查车辆车身是否处于正常高度。若车辆具有可调整车身高度的空气悬架系统，空气悬架应设置为“标准”挡。

将转向盘角度调至零度，保证车辆朝向正前方、车轮摆正、车辆空载、车门关闭、轮胎胎压正常，保证前视摄像头前方的风窗玻璃清洁，无任何遮挡。

3）标定板准备

根据手册选取相应型号的标定板。根据标定场地和用途，智能网联汽车一般会配备不同大小尺寸的标定板供使用，场地面积较大时，一般选用大尺寸标定板。图 2–19 所示为 7×5 棋盘格标定板，该标定板采用 6×4 个内部顶点对视觉传感器进行标定。

图 2–19　7×5 棋盘格标定板

4）标定板放置

放置标定板前，须首先通过手册确定标定板放置方式与位置点的数量。标定板放置有手持和支架两种形式，手持式多用于开发和试制阶段，支架式一般用于对量产车的标定。

手持式标定板放置时对标定板相对摄像头的位置与距离没有严格要求，但要保证标定板位于摄像头画面正中附近。

支架式标定板放置时须根据手册要求将标定板与三脚支架连接，调整标定板离地高度至规定数值；将支架按照规定距离放置在车辆正前方；通过支架上的条式气泡水平仪对支架及标定板进行调整与检查，使气泡位于水平仪中间位置。采用支架式标定板标定的车型，通常需要确定远、近两个标定位置点。位置点可通过胶带标记法获得，具体方法是：通常车辆手册会规定三角支架中的两个支脚紧贴车头，为第 1 个标定位置点。用胶带在地面上标记支架远离车身的支脚与地面的接触位置，利用卷尺从地面上的胶带出发向外取以一定距离（通常为 90 cm），用胶带贴出新的标记。移动三脚支架使其远离车身的支脚位于新标记时，标定板到达第 2 个位置点。

根据车型不同，标定位置点的获取有时还采用激光瞄准及激光反射装置来完成。注意放置支架时应小心慢放，不得磕损车漆。标定时，标定板上不得有场地因素造成的光反射。

5）系统标定

连接计算机，首先检查标定系统软件是否为最新版本。进入标定界面，在标定界面输入标定板的型号或者规格。其中规格为长、宽两个方向的格子数量与单位格子的边长尺寸。通常量产车型的标定系统已经预设了标定板参数，无须专门设置。

单击“开启标定程序”按钮，采用手持式标定板进行标定，须两人操作，一个人手持标定板并慢速小角度转动标定板，另一个人在计算机前观察标定窗口并进行计算机操作。采用支架式标定板进行标定时，可由一个人根据标定系统指示完成标定支架在位置 1 和位置 2 的放置，以及计算机的操作。注意标定架摆放顺序不可颠倒。

标定过程中，正常状态下图像中标定板的顶点被标记为不同颜色，如图 2-20 所示。界面右侧三条绿色进度条随着标定板的移动而增长。三条绿色进度条分别表示系统正在采集标定板顶点位置、标定格大小和顶点对角线距离三类数据。当“CALIBRATE”（标定）标识亮起时，说明图像数据采集完成。单击“COMMIT”（计算），系统进行运算，系统输出相机矩阵（camera matrix）和相机畸变系数（camera distortion coefficients）两组计算结果，表明前视摄像头标定完成。系统标定完成后弹窗提示，单击“Finish”（完成），关闭界面退出系统，标定作业结束。标定系统画面和提示方式随车型而不同，具体界面参见相关手册。

图 2-20　视觉传感器标定界面

视觉传感器采用光学探测的方式进行环境感知，因此标定不成功的原因主要包括标定板污损、摄像头镜面污损、环境光源太强或太弱导致标定板无法被摄像头正确识别等。此外，标定失败的常见原因还有标定板位置与高度未按规定放置、车辆前视摄像头安装不当导致摄像头朝向相关误差过大和标定软件版本过低等。

（5）视觉传感器动态标定

动态（dynamic）标定又称移动（mobile/on-road）标定、在线标定或驾驶循环校准。动态标定不需要设定目标物，是将车辆驾驶到室外交通道路，通过在一段包含弯道、交通标志等特定道路上的行驶，由智能网联汽车的 ADAS 或自动驾驶系统通过自学习进行标定的作业方式。动态标定主要用于前视摄像头。

动态标定需要使用专门的移动标定工具，通常为装有标定系统的笔记本电脑，与车辆进行连接；在系统中选择“摄像头标定”，单击“开始”，给系统设定一个标定学习过程，开始前视摄像头的标定。测试路段要求有清晰的车道线与道路交通标志，以供视觉传感器进行适应性标定。标定完成后，移动设备会将数据上传给汽车厂家。动态标定形式为按照厂家规范进行 5~30 min 的道路行驶，国内主流自动驾驶公司推荐动态标定场地要元素丰富，应包含如树木、路灯、交通信号灯与交通标志、清晰的道路线等道路交通元素。典型动态标定场地（前视摄像头视角）如图 2-21 所示。动态标定时标定状态一般会在汽车仪表台上显示，位置如图 2-22 所示。

图 2-21　典型动态标定场地

图 2-22　视觉传感器标定状态显示位置

2. 技能操作

（1）操作准备

准备技能操作所需的物料，见表 2-7。

表 2-7　物料准备

类别	所需物料
教学整车／实训平台	智能网联汽车或智能网联传感器装调平台
仪器、设备、工具	前视摄像头、视觉传感器标定套件等

（2）视觉传感器静态标定

对视觉传感器进行静态标定，将工作内容记录在表 2-8 中。

表 2-8　视觉传感器静态标定记录表

序号	类别	内容	结果
1	车辆放置	车辆停放场地是否平整	是□　否□
2		场地照明条件是否良好	是□　否□
3	车辆状态检查	车身高度是否正常	是□　否□
4		车辆是否具有空气悬架	是□　否□
5		空气悬架是否为“标准”挡	是□　否□
6		转向盘角度是否为零	是□　否□
7		轮胎胎压是否正常	是□　否□
8		前视摄像头前风窗玻璃是否清洁	是□　否□
9	标定板准备	所用标定板类型	方形棋盘格□　其他：
10		所用标定板规格	格数：　内部顶点数：
11	标定板放置	标定板放置方式	支架式□　手持式□
12		是否使用激光光学对准装置	是□　否□
13	系统标定	标定板顶点是否出现不同颜色	是□　否□
14		是否出现“CALIBRATE”（标定）	是□　否□
15		标定结果参数记录	camera matrix： camera distortion coefficients：

续表

序号	类别	内容	结果
16	标定问题记录	标定是否成功	是□　否□
17		如果不成功，对现象进行描述	
18		问题检查与原因	标定板污损□ 摄像头镜面污损□ 环境光源太强或太弱□ 标定板位置与高度未按规定放置□ 车辆前视摄像头安装不当□ 标定软件版本过低□ 其他：
19		问题是否解决	是□　否□

检查评估

对本任务的学习情况进行检查，并将相关内容填写在表 2-9 中。

表 2-9　检查表

检查项目	检查结果	结果点评
视觉传感器系统设置		
相机对焦是否正确	是□　否□	
是否完成全部参数设置	是□　否□	
视觉传感器静态标定		
是否正确选择标定板	是□　否□	
是否按照要求架设标定板	是□　否□	
是否成功完成静态标定	是□　否□	
整理及恢复		
工具、设备是否整理恢复	是□　否□	
实训工位是否打扫干净	是□　否□	
工作页是否填写完整	是□　否□	

任务小结

本任务小结如图 2-23 所示。

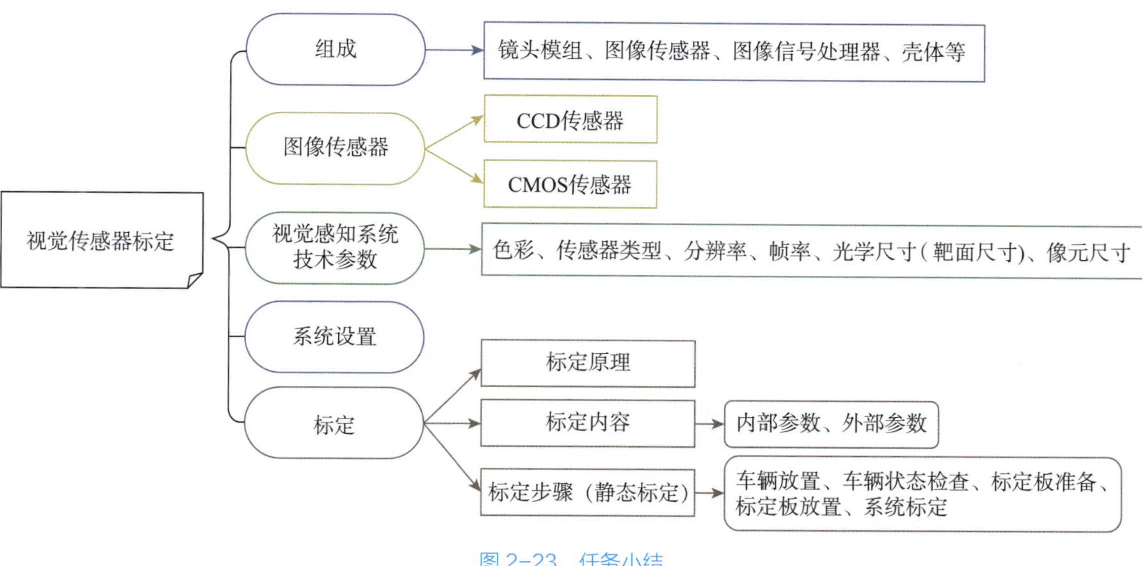

图 2-23　任务小结

任务三
前视摄像头目标识别测试

任务导入

场景：某国产自主品牌汽车试制车间

人物：车间班组长王师傅、实习试制装调技师小刘

情节：小刘在王师傅的指导下完成了试制样车前视摄像头的设置与标定工作。作为汽车最主要的“眼睛”，智能网联汽车前视摄像头可绝不仅仅是用来拍照的。那么，试制样车前视摄像头及其所属的视觉环境感知系统有哪些功能？工作性能如何？小刘接下来要进行视觉传感器的相关测试。如果你是小刘，你将如何开始工作？

任务目标

- 能根据装调手册按照规范工作步骤通过车道线识别任务完成视觉识别系统的测试。
- 能根据装调手册正确运用 YOLO 目标检测算法，完成前视摄像头系统神经网络的检测。
- 能根据装调手册正确运用 YOLO 目标检测算法，完成前视摄像头系统对交通标志的神经网络训练与测试。

任务实施

一、车道线识别测试

1. 知识学习

（1）视觉传感器成像的基本模型

人类的眼睛通过调节晶状体的弯曲程度来改变晶状体焦距以获得倒立的、缩小的实像。视觉传感

器成像的基本理想模型与人眼类似，镜头模组由若干片叠放的玻璃透镜组成，其作用相当于人眼的晶状体，将被摄物体反射的光线聚焦形成清晰的像，如图 3-1 所示。

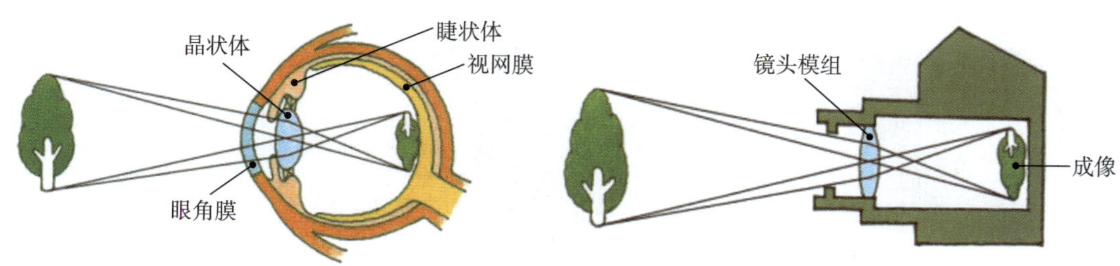

图 3-1　人眼与视觉传感器成像原理对比

视觉传感器成像的基本理想模型是小孔成像。三维空间的物体通过小孔映射到二维空间内，如图 3-2 所示，其中焦距（focal length）、光学中心（optical center）是模型的主要参数。随着人们对成像范围与清晰度的要求，镜片成为相机的组成部分，由此也带来了对画质的不良影响，也就是镜头畸变产生的原因。

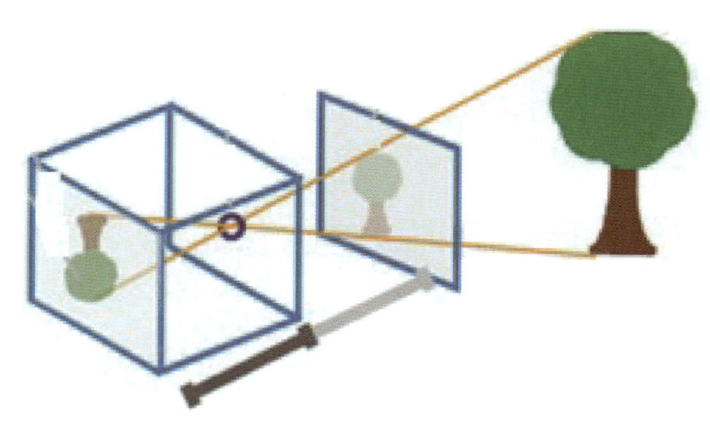

图 3-2　成像的基本理想模型

数字图像由像素（pixel）构成。摄像头拍摄（或称为感知）到的周围环境数据被处理为像素数据。因此，在智能网联汽车 ADAS 计算单元的“眼中世界”是一个点阵。整个图片有一个二维空间坐标，每个像素有自己的坐标位置。简单的图片数字化和信息提取示例如图 3-3 所示，图片在保证不丢失特征的前提下被用数量最少的像素点表示，且每个像素点去除颜色只用灰度表示；每个像素点的“颜色深浅”被赋予数值；最后整张图片由一个数字点阵表示。

（2）视觉环境感知的目标对象

当智能网联汽车开启 ADAS 功能或进行更高级别的自动驾驶时，前视摄像头等视觉传感器不断地感知道路环境信息。视觉传感器主要感知道路几何形状、路面边缘、道路语义信息、道路使用者四类信息，如图 3-4 所示。

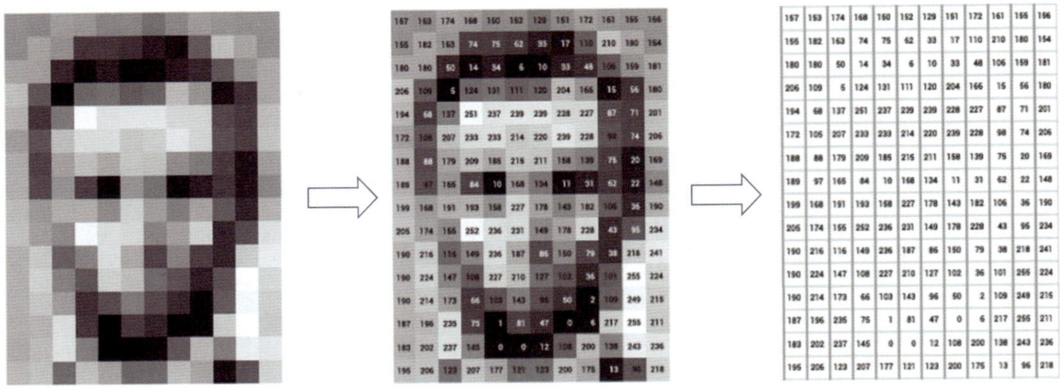

图 3-3　图片数字化和信息提取示例

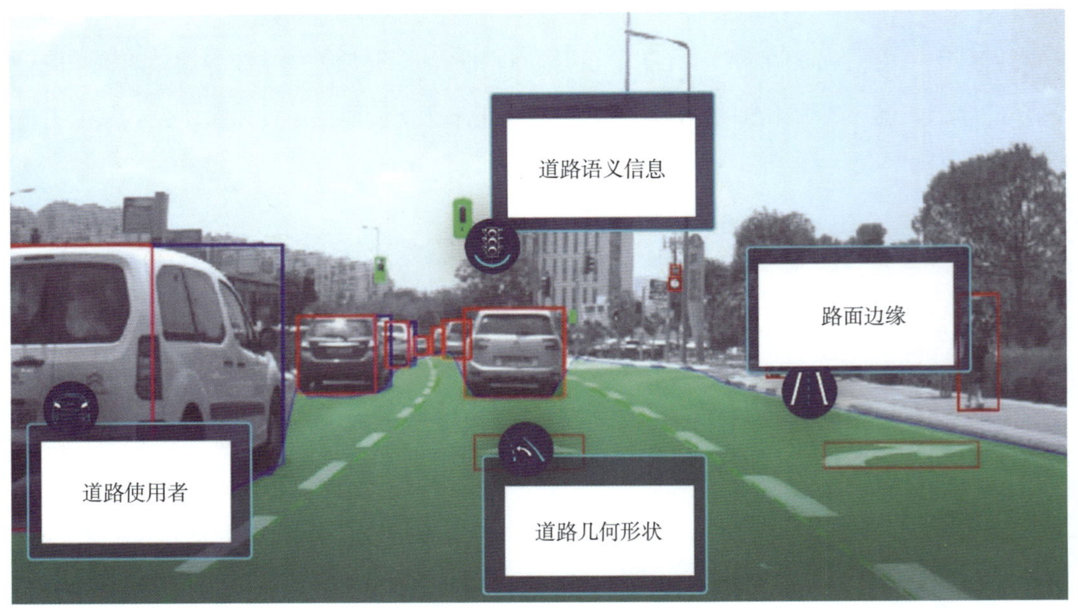

图 3-4　视觉环境感知的目标对象

1）道路几何（road geometry）形状

道路几何形状主要包含行车道、车道线、路面与天空的分界线等几何信息。其中，车道线识别对于车辆变道自动驾驶等功能具有重要作用。路面与天空的分界线是车辆识别前方物体的重要参考，例如，车辆需要判断前方物体是路面上被前车遗撒的大箱子还是道路上方的广告牌，除了利用场景深度信息，根据物体相对于路面与天空分界线的位置就可以进行判断。

2）路面边缘（road boundary）

路面边缘规定了机动车可以行驶区域的界限，是车辆必须严格遵守的行驶边界，与车辆自动驾驶系统最高级别的安全优先级密切相关，绝对不允许车辆驶跨过路面边缘驶出行驶区域。

3）道路语义（road semantics）信息

道路语义信息是指交通环境中各种路牌（箭头）标识、交通标志、交通信号灯等所包含的信息。例如，驾驶员看到交通信号灯为红灯，其语义为“停车禁行”。视觉感知系统当画面中出现红灯时，也应

该准确快速地“读”出画面中相同的语义。

4）道路使用者（road user）

道路上不仅自车在行驶，周围的其他车辆、人行横道上的行人都属于道路使用者。前视摄像头、环视摄像头等装置必须随时感知其他交通使用者的存在、相对于自车的位置、移动速度和转向灯状态（如前车某个后转向灯是否在闪动）。

（3）视觉环境感知的方式

为实现路面边缘等信息的可靠感知，视觉传感器环境感知方式为探测与测量两种，这两种方式互相交融实现基于机器视觉的高可靠性感知，如图 3-5 所示。探测（detection）是发现对象、识别对象的过程，可以依据物体的外观和几何形状两方面信息进行判断。测量（measurement）主要指将视觉感知到的二维信息通过计算外观尺寸、景深、距离等量化信息转化为三维信息的过程。同样，测量主要依靠物体的外观和几何形状来判断。视觉感知的误判会造成可怕的后果，例如，在自动驾驶技术相对不够成熟的阶段，智能网联汽车会错误地仅根据颜色和形状将高速公路上随风飘动的白色塑料袋识别为前方白色货箱的卡车尾部，导致系统迅速控制车辆进行完全没有必要且非常危险的紧急制动。

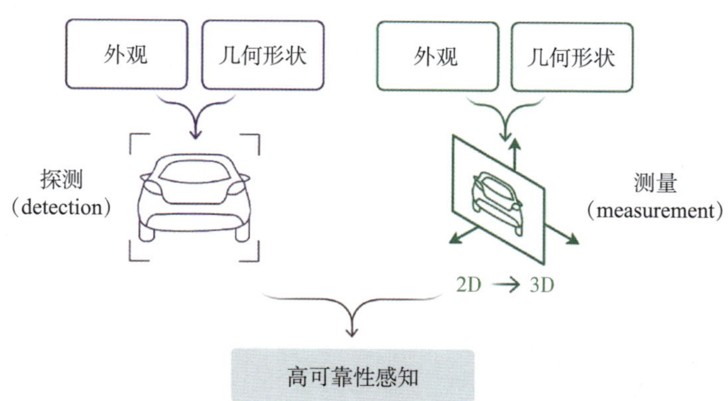

图 3-5 视觉环境感知的方式

基于探测与测量两种感知方式，多种视觉感知技术应用于智能网联汽车。在探测方面，有场景分割（scene segmentation）、3D 视觉、车轮识别等方法。在测量方面，有双目景深探测、虚拟道路模型法等技术。其中，车轮识别如图 3-6 所示，由于车轮正面轮廓为严格的圆形，轮胎为固定的黑色，不同角度观察所看到的画面有特定规律，因此，车轮识别是通过画面中车轮特征识别周边车辆的。

（4）车道线识别

通过视觉传感器识别车道线是实现车道偏离预警和车道保持辅助功能的前提。

1）车道偏离预警系统

当车道偏离预警系统打开时，摄像头将持续检测周边的环境，在各种气候、光照条件下通过图像处理识别车道线，如图 3-7 所示。感知道路的几何形状并获得当前车道中的车辆位置参数，结合车辆状态传感器获得车速、转向灯状态、转向盘转角等车辆动态参数，通过车道偏离评估算法评估车道偏离的可能性，必要时通过声音、仪表显示、转向盘、座椅振动等人机交互方式提醒驾驶员。如果驾驶员打开转向灯并正常改变车道，车道偏离预警系统将不会给出任何提示。当车辆异常偏离车道时，传感器将及时收集车辆数据和驾驶员的操作状态，然后由控制器发出警报信号，为驾驶员提供更多的反应时间。

图 3-6　车轮识别

图 3-7　车道偏离预警系统

2）车道保持辅助系统

车道保持辅助系统基于车道偏离预警系统，当驾驶员未能及时响应预警，或者驾驶员将转向任务完全交给自动驾驶系统时，控制转向等底盘执行机构，使车辆保持在车道内安全行驶，如图 3-8 所示。

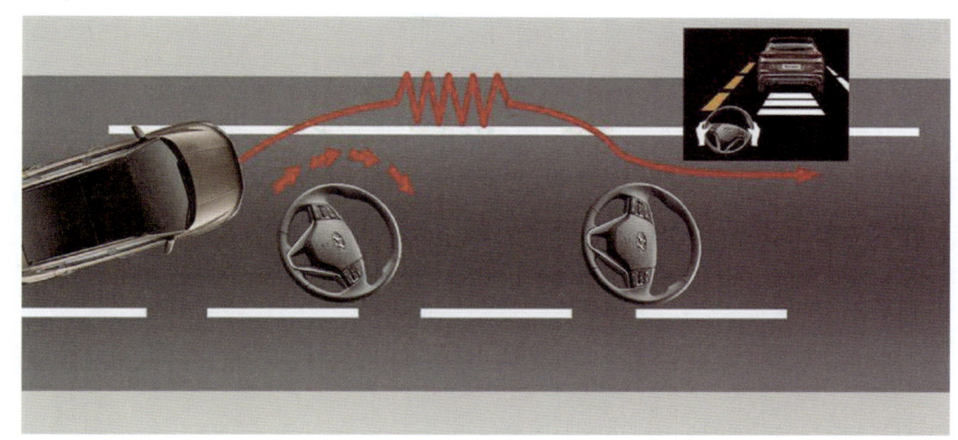

图 3-8　车道保持辅助系统

（5）视觉传感器车道识别的流程

视觉传感器车道识别的流程一般包括道路图像采集、图像预处理（灰度化、压缩、增强、分割）、图像特征提取（边缘检测）、车道线拟合（霍夫变换）和图像混合等。

1）道路图像采集

图像采集主要通过摄像头采集图像。图 3-9 所示为高清摄像头采集的车道原始图像。

图 3-9　车道原始图像

2）图像预处理

图像预处理包含的内容较多，要根据实际情况进行选择。

① 图像灰度化

视觉传感器采集的原始图像是彩色图像，即有红色（red）、绿色（green）、蓝色（blue）的图像，直接对采集到的图像进行处理时需要对每个像素点的三种颜色分量信息进行处理，因此需要处理的数据量很大。而灰度图像是使三个颜色分量信息相等，即 $R=G=B$ 的一种特殊的彩色图像，其中 $R=G=B$ 的值就叫作灰度值。在灰度图像中，每个像素点的信息只需一个灰度值来表示（灰度值数据处理范围为0~255），因此需要处理的数据量小。同时，灰度图像与彩色图像一样可以完整地反映图像的色度、亮度的分布和特征。图3-10所示为车道灰度图像。

图3-10　车道灰度图像

②图像压缩

图像压缩技术可以减少描述图像的数据量，以节省图像传输、处理时间和减少所占用的存储器容量。

③图像增强

图像增强的目的是提高图像的质量，如去除噪声、提高图像的清晰度等，常采用的方式是高斯滤波。高斯滤波又称高斯模糊，能够剔除原图像中的一些噪点。比如，如果不使用高斯滤波，直接处理原图，图中一些无关紧要的特征会影响后续的处理。相反，通过高斯模糊，一些不那么清晰的噪点就被剔除掉了。图3-11所示为高斯滤波后的车道图像。

图3-11　高斯滤波后的车道图像

④ 图像分割

图像分割就是把图像分成若干个特定的、具有独特性质的区域并提出感兴趣目标的技术和过程，它是图像处理和图像分析的关键步骤之一。从上图可以看出，通过滤波后得到的图片包含了很多我们不感兴趣的环境信息，我们要提取需要的车道信息。车道线一般位于图片下方的一个梯形区域，因此可以将图像进行分割，排除掉不感兴趣的环境信息。

3）图像特征提取

为了完成图像中的目标识别，要在图像分割的基础上提取需要的特征，并将某些特征计算、测量并分类，以便计算机根据特征值进行图像分类和识别。

图像的边缘检测是图像处理的基本问题。图像的边缘构成了物体的轮廓，人类通过物体边缘就能识别出物体。因此，物体边缘是图像中最基本、最重要的特征之一，图像识别的第一步就是边缘检测。

图像的边缘是指其周围灰度急剧变化的那些像素的集合，它是图像最基本的特征。边缘存在于目标、背景和区域之间，所以，它是图像分割所依赖的重要依据。对图像进行边缘检测能保留图像的重要信息，剔除不重要信息，大大减少后续处理的计算量。图 3-12 所示为边缘检测后的车道图像。

图 3-12 边缘检测后的车道图像

4）车道线拟合

通过上面的操作，得到的是组成车道线的一些像素点，但这些点都是独立的像素点，没有连成线。霍夫变换可以通过像素点找到图中的直线，通过车道线拟合直接将该直线画出来，得到拟合好的车道线，如图 3-13 所示。

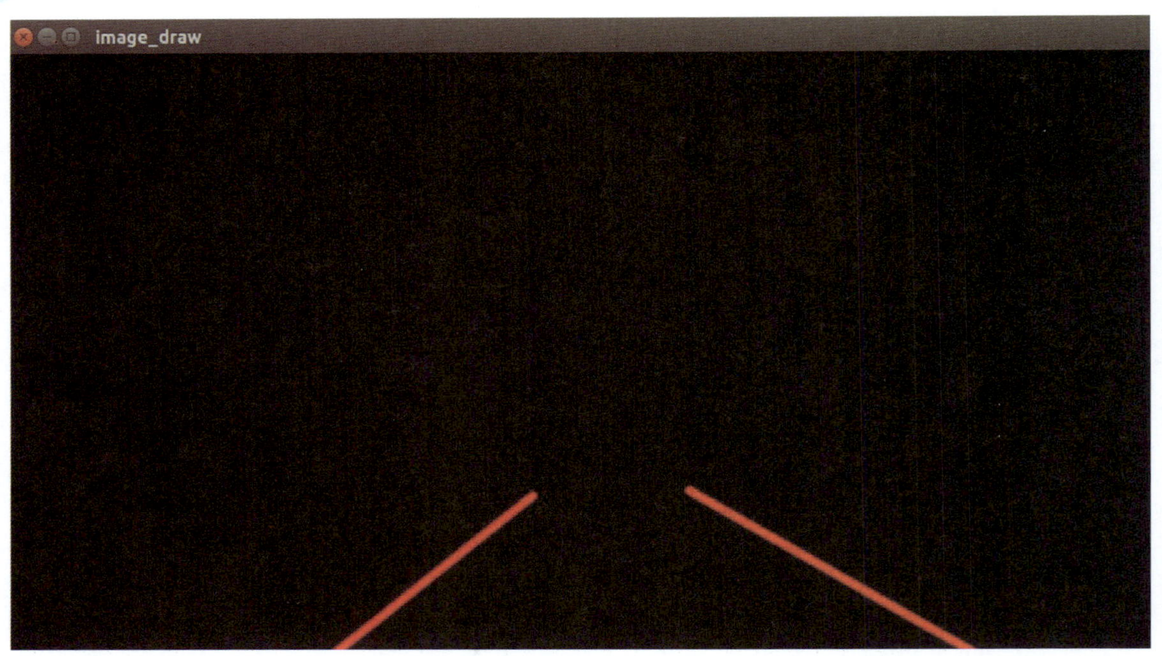

图 3-13　拟合好的车道线

5）图像混合

将画出来的直线叠加到原图像上，得到混合车道图像，如图 3-14 所示可以实现车道偏离预警。

图 3-14　混合车道图像

（6）视觉传感器车道识别的操作方法

打开智能网联传感器装调平台的摄像头模块，进入车道偏离预警界面。

1）播放车道线视频（见图 3–15）。

图 3–15　播放车道线视频

2）灰度变换

单击“灰度变换”按钮，视频效果如图 3–16 所示。

图 3–16　灰度变换后的视频效果

3）高斯滤波

单击“高斯滤波”按钮，视频效果如图 3-17 所示。

图 3-17　高斯滤波后的视频效果

4）边缘检测

单击“边缘检测”按钮，视频效果如图 3-18 所示。

图 3-18　边缘检测后的视频效果

5）图像混合

单击“图像混合”按钮，视频效果如图 3-19 所示。

图 3-19　图像混合后的视频效果

2. 技能操作

（1）操作准备

准备技能操作所需的物料，见表 3-1。

表 3-1　物料准备

类别	所需物料
教学整车 / 实训平台	智能网联传感器装调平台
仪器、设备、工具	视觉传感器、调试系统等

（2）车道线识别测试

在视觉传感器已装配、调试、标定好的前提下，对视觉传感器进行车道线识别的测试，判断是否符合标准要求，是否按要求完成，将工作内容记录在表 3-2 中。

表 3-2　车道线识别测试记录表

<table>
<tr><th>序号</th><th>类别</th><th>内容</th><th colspan="2">结果</th></tr>
<tr><td>1</td><td>安全准备</td><td>摘掉首饰、挽起长发、换上实训服、穿戴好安全防护用品</td><td>已完成□</td><td>未完成□</td></tr>
<tr><td>2</td><td rowspan="2">车道线识别</td><td>连接车辆电源负极、启动车辆，连接实训平台电源</td><td>已完成□</td><td>未完成□</td></tr>
<tr><td>3</td><td>打开智能网联传感器装调平台软件，选择摄像头模块，进入车道偏离预警界面</td><td>已完成□</td><td>未完成□</td></tr>
</table>

续表

序号	类别	内容	结果
4	车道线识别	播放车道线视频	已完成□　　未完成□
5		灰度变换	视频效果变化：
6		高斯滤波	视频效果变化：
7		边缘检测	视频效果变化：
8		图像混合，是否可以实现车道线识别	是□　　否□

二、视觉识别系统训练与测试

1. 知识学习

（1）YOLO 目标检测算法

YOLO（you only look once）是一个用于目标检测的神经网络算法，其英文可以汉译为“一眼得见”，表示该算法可以模拟人类对物体的观察和识别，只要看一眼就可知道画面中有哪些物体以及其相对位置。YOLO 目标检测算法的工作过程如图 3-20 所示，首先将图片进行网格化划分；同时给每个网格计算边界区域（bounding boxes）和用颜色标记所属类别的概率值（class probabilities）；集合上述两种计算结果，得出视觉识别结果。

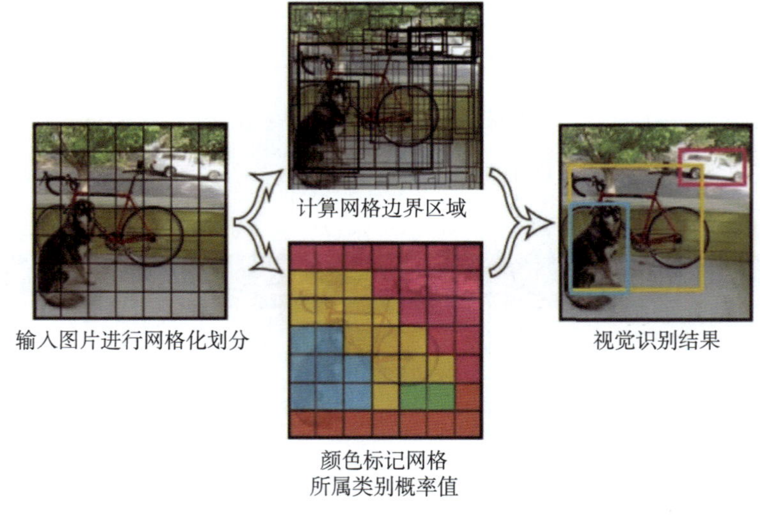

图 3-20　YOLO 目标检测算法的工作过程

目标检测任务包括确定图像中存在的某些对象位置，以及对这些对象进行分类。视觉识别需首先对系统进行“训练”，然后才可以工作。例如，一个视觉识别系统在其刚被制造出来时不知道“轮胎是圆形”，系统需要像婴儿学习一样进行训练：先输入系统若干张各角度的轮胎图片，并“标记”画面物体为“轮胎”，系统会使用机器学习技术提取“轮胎”这一物体的特征；通过学习后，当视觉识别系统看到一个画面中有类似特征出现时会自动对应到“轮胎”，完成对轮胎的识别。

YOLO 只用一个神经网络就能完成上述训练。将一个图像作为输入，通过一个神经网络，就会输出一个包含边界区域和类别预测的向量。YOLO 系统能够实时分析视频中的道路，并能够在确定路径之前检测各种类型的对象及其在现实世界中的位置。YOLOv3 是 YOLO 系统基于深度学习的新一代算法，可以实时地进行端到端的目标检测，具有快速、高效的特点。

（2）YOLO 神经网络检测

YOLO 神经网络检测主要是用来确认当前系统的识别能力，也就是“能够识别哪些东西”。

具体做法：打开智能网联传感器装调平台的摄像头模块，进入神经网络检测界面。单击“开启检测”按钮。观察系统能检测到哪些东西，检测到的物体旁边会出现其英文名字。如图 3–21 所示，当前系统可以识别出水杯（cup）、显示器（tvmonitor）和椅子（chair），无法识别出禁止鸣笛交通标志和限速交通标志。

图 3–21　YOLO 神经网络检测

（3）YOLO 神经网络训练

YOLO 神经网络训练包含数据采集、数据标注、神经网络配置、训练、测试五个步骤，如图 3–22 所示。

1）数据采集

数据采集首先要设定图片存储路径，如图 3–23 所示。单击按钮进行系统拍照后，所拍的图片会自动保存在此路径下。注意：路径名称设置为英文，避免程序因编码问题出错。

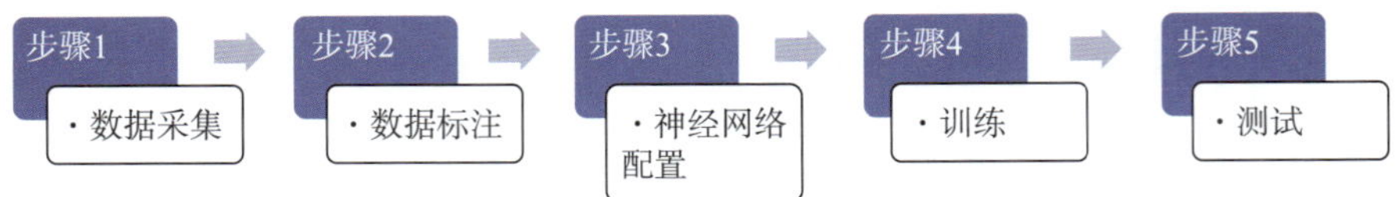

图 3-22　YOLO 神经网络训练的步骤

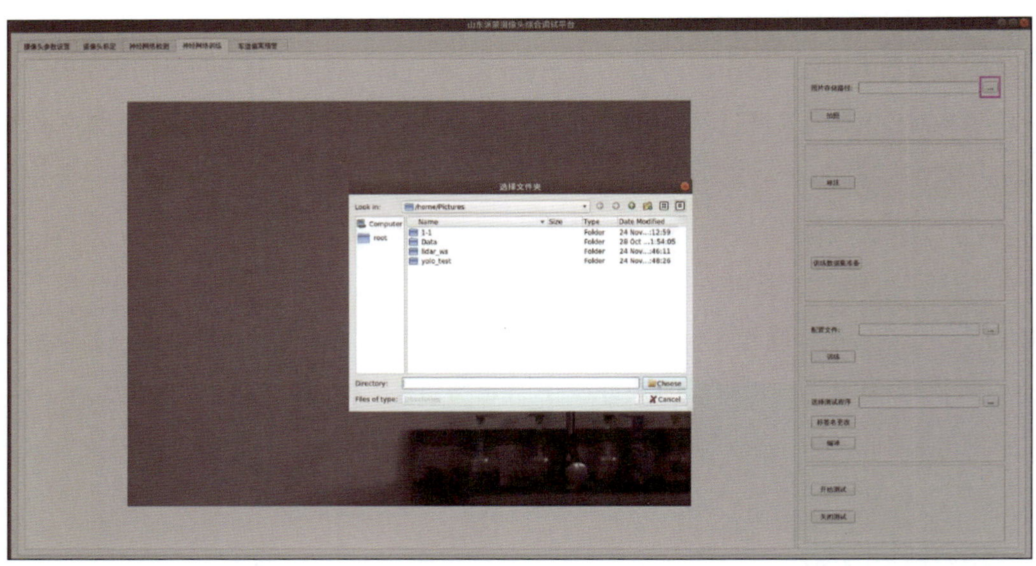

图 3-23　数据采集界面

2）数据标注

该步骤为神经网络数据输入做准备，就是告诉神经网络“这个”是什么。单击“标注”按钮，进入数据标注界面。如图 3-24 所示，在该界面框选出“限速 30 km/h”和“禁止鸣笛”标志，并标注为“speed limit 30”“no horn”。注意：保存格式要选择“YOLO”。

图 3-24　数据标注界面

3）神经网络配置

选择并打开配置文件，利用 Vscode 代码编辑器对 YOLO 层 classes 进行匹配设置。如图 3–25 所示，训练识别“限速 30 km/h”和“禁止鸣笛”两类，设置“classes=2”，同时更改 YOLO 层上一层的 filters，filters 需要满足公式“filters=(classes+5)*3=21”。

```
File  Edit  Selection  View  Go  Run  Terminal  Help
my_yolov3-tiny.cfg ×
home > Pictures > Data > my_yolov3-tiny.cfg
batch_normalize=1
filters=256
size=1
stride=1
pad=1
activation=leaky

[convolutional]
batch_normalize=1
filters=512
size=3
stride=1
pad=1
activation=leaky

[convolutional]
size=1
stride=1
pad=1
filters=18
activation=linear



[yolo]
mask = 3,4,5
anchors = 10,14,  23,27,  37,58,  81,82,  135,169,  344,319
classes=1
num=6
jitter=.3
ignore_thresh = .7
truth_thresh = 1
random=1

[route]
layers = -4

[convolutional]
batch_normalize=1
filters=128
size=1
stride=1
pad=1
activation=leaky

[upsample]
stride=2

[route]
```

图 3–25　YOLO 层匹配设置界面

4）训练

单击“训练”按钮，画面弹出训练损失函数曲线，如图 3–26 所示，可以看出 loss 在逐渐降低。

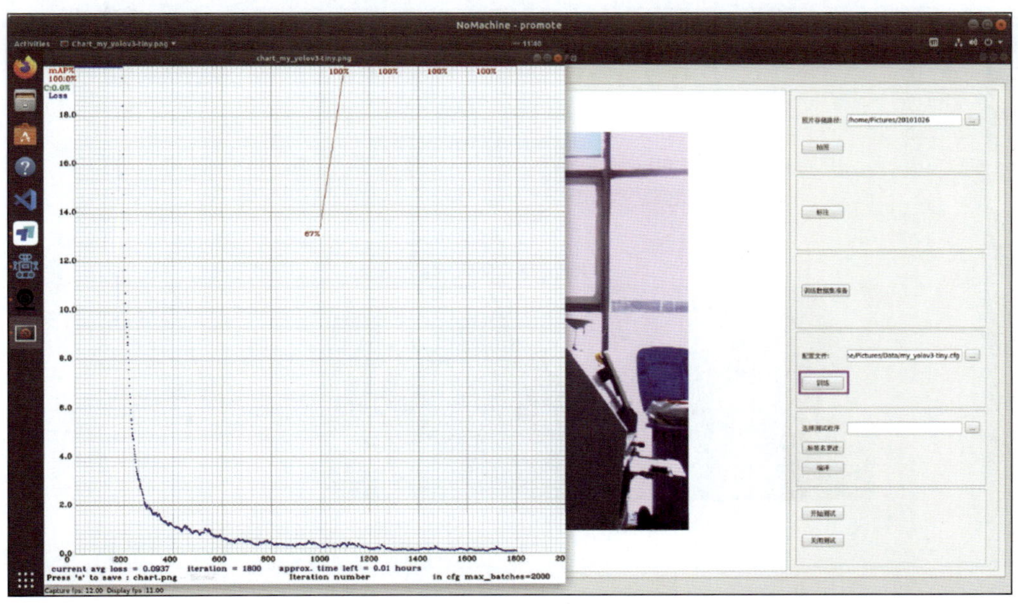

图 3–26　YOLO 神经网络训练界面

5）测试

单击选取测试文件后，单击“标签名更改”按钮，弹出 Vscode 代码编辑器，“names”下面需要填写训练数据的类名称，如“speed limit 30”“no horn”，系统识别到相应标识后可读出语义为“限速 30 km/h”“禁止鸣笛”。图 3-27 所示为识别“限速 30 km/h”交通标志需要填写的训练数据类名称。

Visual Studio Code

File Edit Selection View Go Run Terminal Help

yolo_my.yaml

home > Pictures > yolo_test > src > yolov4-for-darknet_ros > da

```
yolo_model:

  config_file:
    name: my_yolov3-tiny.cfg
  weight_file:
    name: my_yolov3-tiny_final.weights
  threshold:
    value: 0.5
  detection_classes:
    names:
      - 30
```

图 3-27　代码更改标签名界面

单击“编译”按钮，界面会显示编译进度，如图 3-28 所示。

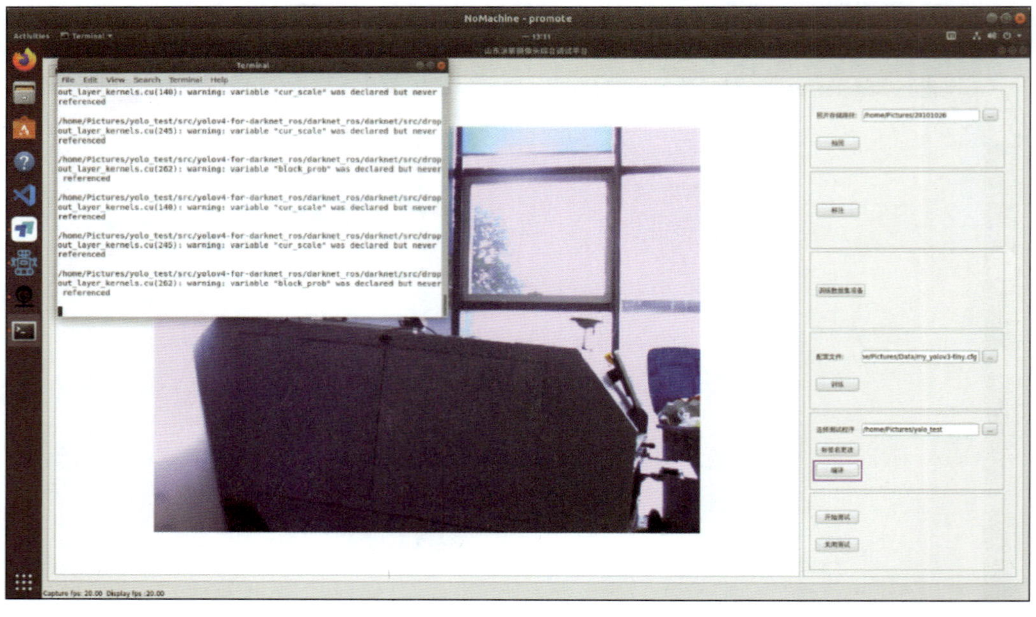

图 3-28　编译界面

单击“开始测试”按钮进行测试。如图 3–29 所示，系统能够识别“限速 30 km/h”和“禁止鸣笛”两个交通标志。

图 3–29　测试结果界面

2. 技能操作

（1）操作准备

准备技能操作所需的物料，见表 3–3。

表 3–3　物料准备

类别	所需物料
教学整车 / 实训平台	智能网联传感器装调平台
仪器、设备、工具	安全防护用品、视觉传感器等

（2）交通标志识别

在视觉传感器已装配、调试、标定好的前提下，对视觉传感器进行交通标志识别的测试，判断是否符合标准要求，是否按要求完成，将工作内容记录在表 3–4 中。

表 3–4　交通标志识别记录表

序号	类别	内容	结果
1	安全准备	摘掉首饰、挽起长发、换上实训服、穿戴好安全防护用品	已完成□　　未完成□
2	YOLO 神经网络检测	连接车辆电源负极、启动车辆，连接实训平台电源	已完成□　　未完成□

续表

序号	类别	内容	结果
3	YOLO 神经网络检测	打开智能网联传感器装调平台软件，选择摄像头模块，进入神经网络检测界面	已完成□　　未完成□
4		检测开始后，观察装调平台上的图像，记录下来能检测到哪些东西	能检测到：
5	YOLO 神经网络训练	打开智能网联传感器装调平台软件，选择摄像头模块，进入神经网络训练界面	已完成□　　未完成□
6		数据采集，拍照并保存，记录拍照路径	拍照路径：
7		为不能识别的交通标志进行数据标注，并记录	标注名称：
8		配置神经网络，重新设置 classes 及 filters 的值	classes:______，filters:______
9		训练神经网络，画出训练损失函数的大致走势	
10	识别功能测试	测试神经网络，观察神经网络训练后是否能识别刚才标注的数据	是□　　否□

检查评估

对本任务的学习情况进行检查，并将相关内容填写在表 3-5 中。

表 3-5　检查表

检查项目	检查结果	结果点评
车道线识别测试		
是否完成图像预处理	是□　否□	
是否完成图像特征提取	是□　否□	
是否实现车道线识别	是□　否□	
视觉识别系统训练与测试		
是否完成 YOLO 神经网络检测	是□　否□	
是否完成 YOLO 神经网络训练数据标注	是□　否□	
是否实现交通标志识别	是□　否□	

续表

检查项目	检查结果	结果点评
整理及恢复		
工具、设备是否整理恢复	是□　否□	
实训工位是否打扫干净	是□　否□	
工作页是否填写完整	是□　否□	

任务小结

本任务小结如图 3-30 所示。

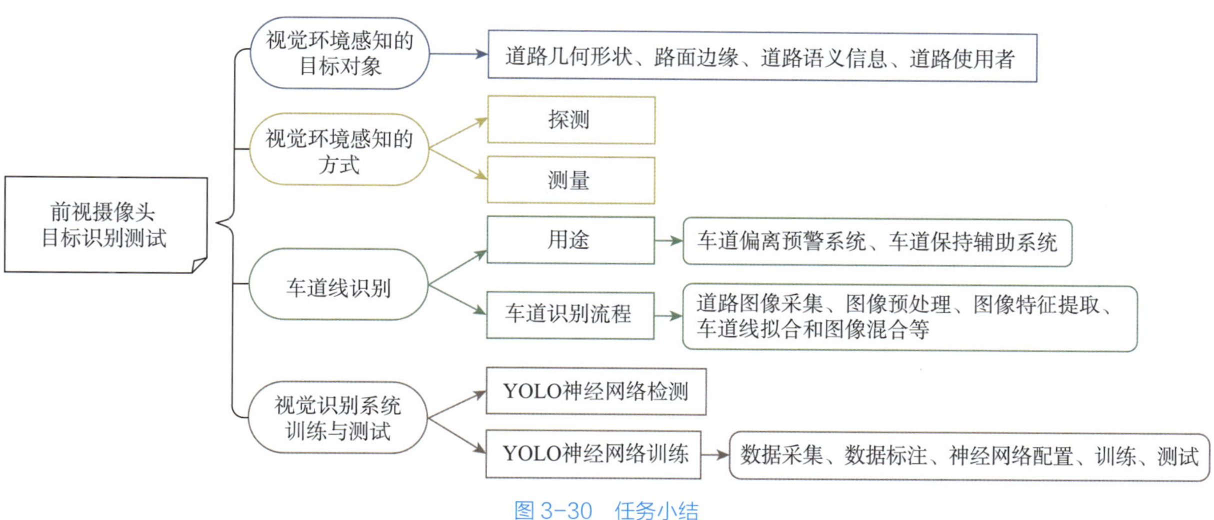

图 3-30　任务小结

任务四
全景影像系统装调与影像拼接

任务导入

场景：某国产自主品牌汽车试制车间

人物：车间班组长王师傅、实习试制装调技师小刘

情节：在小刘安装和测试完试制样车的前视摄像头后，小刘觉得汽车要能够像人类一样智能，不仅需要向前看，还需要不断地观察自身周围的事物。此时小刘正好接到了王师傅安排的新工作任务，接下来要进行车辆全景影像系统的装调及测试，安装车辆看向其他方向的“眼睛”。如果你是小刘，你将如何开始工作?

任务目标

- 能识读全景影像系统图纸与技术文档，可以区分全景影像系统前、后、左、右四个摄像头，正确使用工具完成全景影像系统的装调。
- 能正确选用标定工具，按照全景影像的标定要求完成全景影像系统的标定与影像的拼接。

任务实施

一、全景影像系统装调

1. 知识学习

（1）全景影像系统的定义、组成与安装

全景影像系统（around view monitor，AVM）是通过环视视觉传感器实现的一项汽车安全配置。可以

通过中控屏看到四个摄像头无缝拼接的图像信息（鸟瞰图），也可以通过单个摄像头看到前后左右任一位置的图像，如图 4–1 所示。驾驶员通过中控屏画面轻松观察到车辆所处位置以及车辆周围的情况，从容操控车辆泊车入位、避开障碍物、通过复杂路面，有效减少剐蹭、碰撞、陷落等事故的发生。

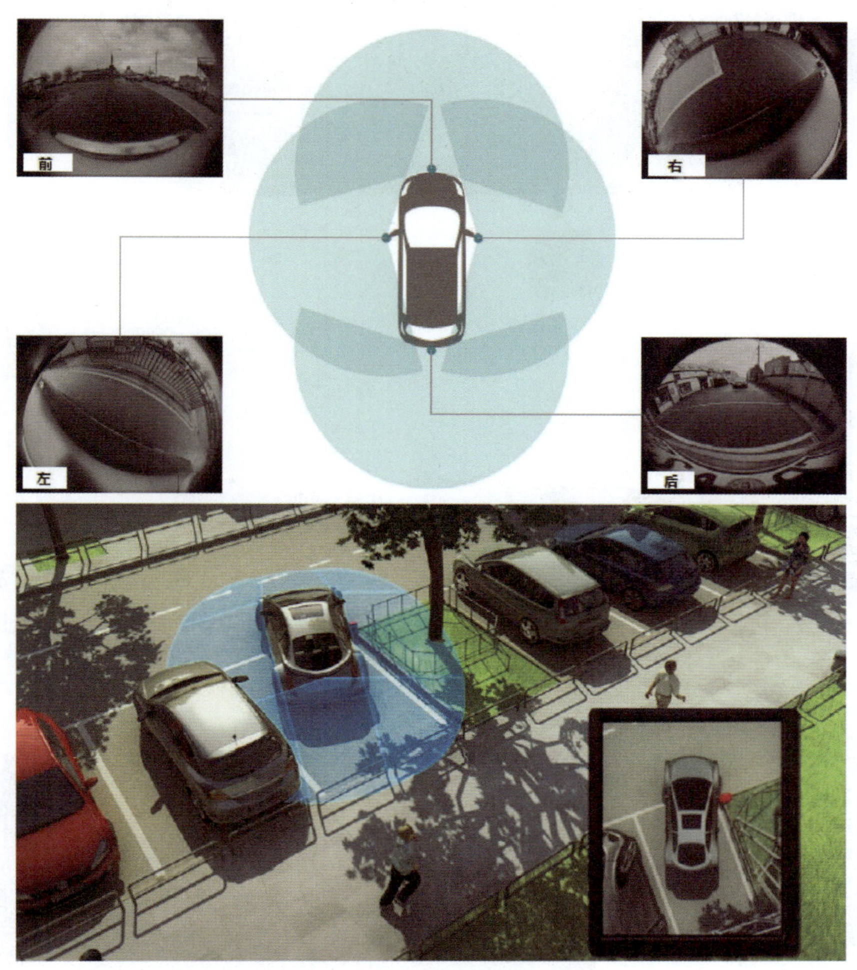

图 4–1　全景影像

（2）全景影像系统的组成及安装位置

全景影像系统由四个鱼眼摄像头和一个图像控制单元组成，如图 4–2 所示。四个鱼眼摄像头分别位于前格栅附近、左右后视镜、后背门或行李箱盖位置。

全景影像系统通过分别安装在车身前、后、左、右的四个超广角摄像头实时采集车辆周围的影像，经过全景影像图像控制单元（AVM ECU）对四个摄像头采集到的原始图像进行矫正、拼接、视角变换，形成一幅从上往下的全景俯视画面，并实时传送到位于车辆中控屏上。全景影像系统各摄像头安装位置及中控屏影像如图 4–3 所示。

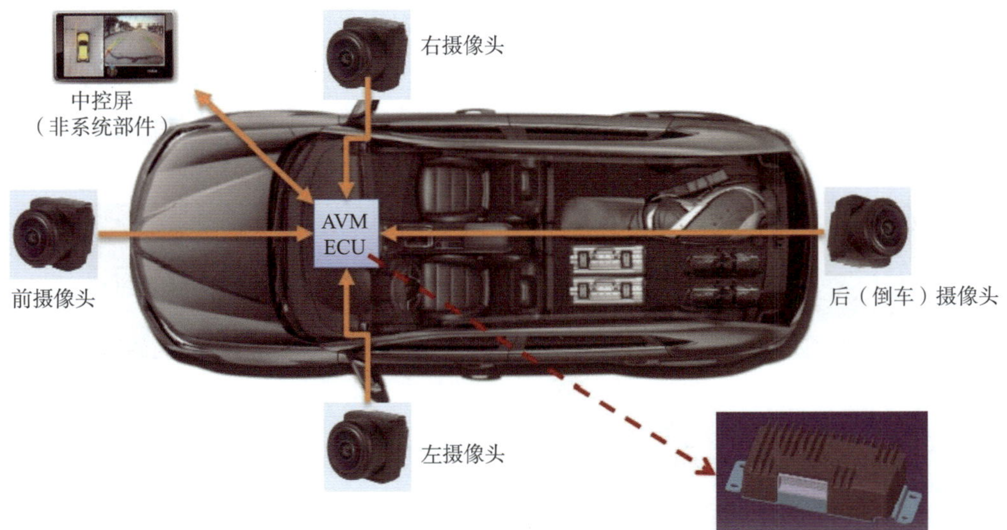

图 4-2　全景影像系统的组成

a）　b）　c）　d）　e）

图 4-3　全景影像系统各摄像头安装位置及中控屏影像

a）前摄像头安装位置　b）后摄像头安装位置　c）侧摄像头安装位置（后视镜下方）　d）侧摄像头安装位置（车身翼子板）　e）中控屏影像

（3）全景影像系统的电气架构

全景影像图像控制单元使用车辆 IG 电源供电，控制单元不仅给四个鱼眼摄像头提供电源，同时还可对四个摄像头下发信号或收集摄像头采集的图像数据进行分析及拼接。摄像头与控制单元之间的线束采用抗干扰能力较强的同轴线或双绞线，确保视频信号传输的稳定性和准确性。

中控屏不属于全景影像系统，全景影像图像控制单元可以将矫正、拼接好的图像传输至中控屏，以辅助驾驶员安全驾驶。同时，全景影像图像控制单元也可以接收中控屏或硬开关的指令进行图像切换、图像处理。全景影像系统的电气架构如图 4-4 所示。

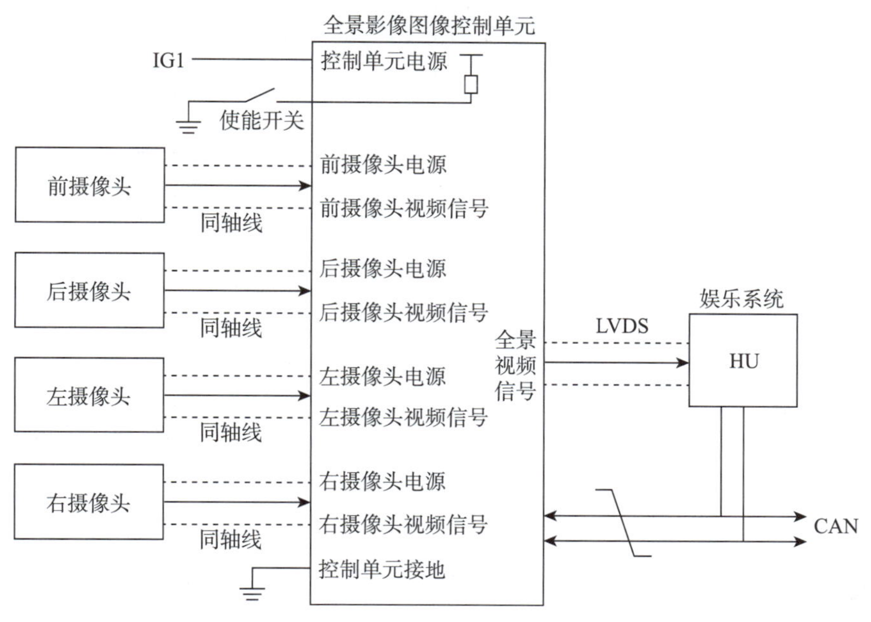

图 4-4　全景影像系统的电气架构

（4）全景影像图像控制单元的插接件

全景影像图像控制单元需要与四个摄像头及中控屏进行信号传输，因此其插接件的引脚数量较多。某车型全景影像图像控制单元的插接件结构如图 4-5 所示，图中的数字表示引脚的名称。该插接件共计 40 个引脚，除了预留的 15 个引脚，其余 25 个引脚均有相应的定义及对应的线束颜色，见表 4-1。

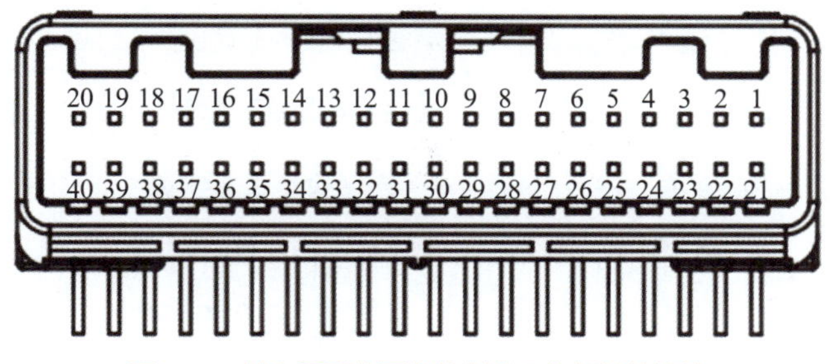

图 4-5　某全景影像图像控制单元的插接件结构

表 4-1　某全景影像图像控制单元插接件引脚的定义

引脚名称	回路名称	回路定义	对应的线束颜色
1	BCS	后摄像头视频信号	黄
2	FCS	前摄像头视频信号	棕
3	RCS	右摄像头视频信号	蓝
4	LCS	左摄像头视频信号	绿

续表

引脚名称	回路名称	回路定义	对应的线束颜色
5	SGND	前摄像头电源接地	灰
6	SGND	左摄像头电源接地	灰
7	FCP+	前摄像头电源正极	红
8	LCP+	左摄像头电源正极	红
9、14~19、32~39	N.C	无连接	—
10	CVBS_Shield	视频输出信号屏蔽	白
11	CVBS	视频输出信号	黄
12	CAN-H	CAN 高信号	灰
13	CAN-L	CAN 低信号	棕
20	BCP+	ECU 电源正极	红
21	BCS_Shield	后摄像头视频信号屏蔽	白黄
22	FCS_Shield	前摄像头视频信号屏蔽	白棕
23	RCS_Shield	右摄像头视频信号屏蔽	白蓝
24	LCS_Shield	左摄像头视频信号屏蔽	白绿
25	SGND	后摄像头电源接地	灰
26	SGND	右摄像头电源接地	灰
27	BCP+	后摄像头电源正极	红
28	RCP+	右摄像头电源正极	红
29	SGND	电源接地	黑
30	INT	输入信号	橙
31	OUT	输出信号	粉
40	GND	ECU 电源负极	灰

（5）全景影像系统的布置要求

为了满足全景影像摄像头拍摄的画面可拼接、有参考物、视野范围合理等技术要求，四个鱼眼摄像头需要满足相应的布置要求。图 4–6 所示为全景影像前、后、左、右摄像头的布置要求示意，表 4–2 为

全景影像四个摄像头的具体布置要求。

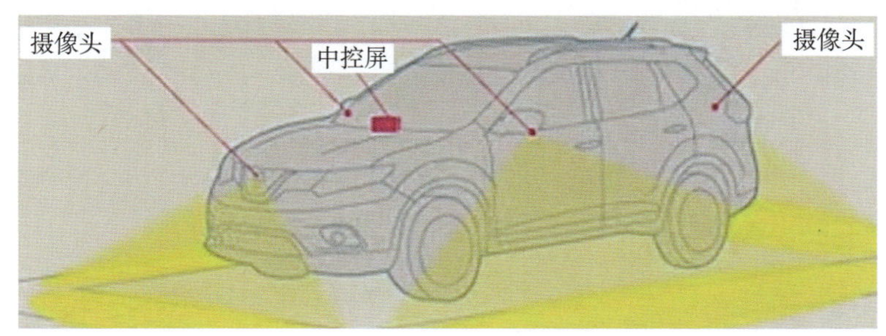

图 4-6　全景影像摄像头的布置要求示意

表 4-2　全景影像摄像头的具体布置要求

参数	前摄像头布置要求	后摄像头布置要求	左 / 右摄像头布置要求
满载 z 向高度	大于 70 cm	大于 70 cm	大于 70 cm
俯仰角（pitch）	35° ~55°	35° ~55°	35° ~55°
视野下边界与保险杠 / 侧围重叠区域大小	小于画面纵向尺寸的 1/5	小于画面纵向尺寸的 1/5	小于画面纵向尺寸的 1/5
视野盲区	小于 30 cm	小于 30 cm	小于 10 cm

全景影像图像控制单元一般要求安装在用户不可见且方便走线的位置。为了尽量减少视频信号传输过程中不必要的干扰，需要尽可能地减短全景影像图像控制单元与中控屏之间的线束，所以一般将全景影像图像控制单元布置在仪表板内且易散热的位置。

2. 技能操作

（1）操作准备

准备技能操作所需的物料，见表 4-3。

表 4-3　物料准备

类别	所需物料
教学整车 / 实训平台	智能网联汽车或智能网联传感器装调平台
仪器、设备、工具	安全防护用品、全景影像系统零件、螺母、绝缘工具箱等

（2）全景影像系统装调

根据要求对全景影像系统进行装调，将工作内容记录在表 4-4 中。

表 4-4 全景影像系统装调记录表

序号	类别	内容	结果
1	安全准备	摘掉首饰、挽起长发、换上实训服、穿戴好安全防护用品	已完成□ 未完成□
2		实训车熄火且电源负极断开、装调平台电源断开	已完成□ 未完成□
3	装配前零件外观检查	全景影像系统包含的零件名称	(1): (2): (3): (4): (5):
4		外观是否有凹痕、划痕、裂缝、变形、毛刺等缺陷	是□ 否□
5		表面涂层是否有起泡、龟裂、脱落	是□ 否□
6		镜头是否有气泡、划痕、裂纹、污物等缺陷	是□ 否□
7		线束是否有脏污、起泡、划伤、变形、露铜等	是□ 否□
8		电气接头是否松动，金属引脚与外壳是否接合良好	是□ 否□
9	全景影像图像控制单元装配	使用工具将控制器安装在指定的位置	安装力矩：
10		连接与摄像头、中控屏、测试平台之间的线束	已完成□ 未完成□
11	全景摄像头装配	使用工具将摄像头安装在指定的位置	安装力矩：
12		采用力矩扳手按照规定力矩拧紧螺母	已完成□ 未完成□
13		分别连接四个摄像头与控制器之间的线束	已完成□ 未完成□
14	视觉传感器线路检查	线束与热源检查。检查线束与发动机 / 电池、排气管、电机、空调系统等的间距是否不小于 120 mm；与油路、水路、燃气管等易燃部件的间距是否不小于 150 mm	是□ 否□
15		线束是否远离各运动件，如雨刮连杆、减振器等部件	是□ 否□
16		是否避免线束斜拉现象，保持其横平竖直的走向，用卡扣固定线束	是□ 否□
17		线束铺设后应平顺，两端长度余量适量，余量一般为 20~40 cm	测量线束余量为____cm
18		当需要多线束一同绑扎时，线束是否平行布置	是□ 否□

二、全景影像系统标定与影像拼接

1. 知识学习

（1）全景影像系统标定的目的

全景影像系统标定用来计算摄像头安装的位置和姿态，以获取车身周围真实世界坐标系上的点与图像坐标系上的点的映射关系，通过此映射关系来对图像进行拼接。

（2）全景影像系统标定的原理

全景影像系统标定涉及四个摄像头，要比单目视觉传感器标定复杂得多。单目视觉传感器的标定是求解传感器坐标系相对于世界坐标系的旋转矩阵 R 和平移向量 T 等参数。全景影像视觉传感器标定的第一步需要分别获取四个传感器的外部参数，通过标定对四幅图像进行校准和对齐，然后确定四个传感器的相对位置关系。

全景影像系统标定需要在车身周围摆放棋盘格标定布，如图 4–7 所示。标定布是黑白棋盘格，通过棋盘格上的特征点建立图像坐标系，分别估算出前、后、左、右四个摄像头位置，即可计算出外参（传感器坐标系相对于世界坐标系的旋转矩阵 R 和平移向量 T）。

图 4–7　全景影像系统标定示意

（3）全景影像拼接的原理

全景影像拼接的原理是控制器根据系统要求的可视范围和车身大小计算出空间点坐标数据，结合标定时计算出的外参，计算出前、后、左、右四个摄像头采集到的空间点坐标所对应的图像纹理坐标。先对四幅图像进行畸变矫正，如图 4–8 所示。再对四幅图像进行贴图和画面融合完成影像拼接，将全景的画面显示在中控屏上，如图 4–9 所示。

a）　　b）

图 4-8　图像畸变矫正过程

a）鱼眼摄像头拍摄的原始图像　b）经畸变矫正后的图像

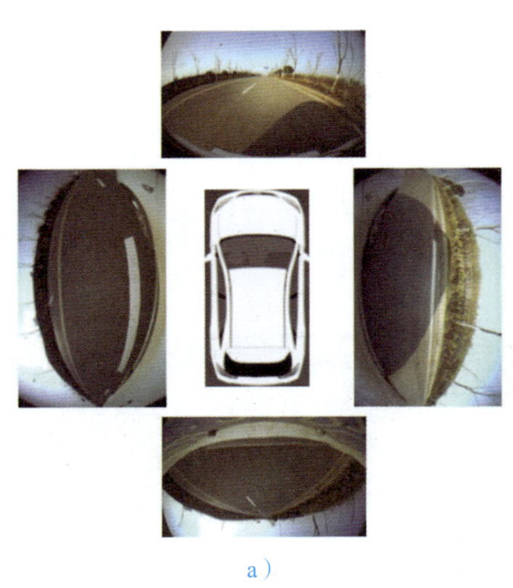

a）

b）

图 4-9　影像拼接过程

a）影像拼接前　b）影像拼接后

（4）全景影像系统标定与影像拼接的方法

1）环境要求

标定场地的尺寸要求为没有任何障碍物，确保标定布可以平整地铺设在车辆四周。

标定场地的照明要求为不允许出现反光、阴影、亮度过低等现象，会影响图像识别算法的准确度，也可能无法识别全部的特征点，最终导致标定不准确或失败。为保证标定过程中标定结果不受光照条件的影响，需要保证工作时光线均匀、照度适宜。

注意：标定场地对平整度要求也较高，不平整的场地会导致推算出来的坐标值不准确，增大数据误差。

2）准备棋盘格标定板

3）进入 360 全景模块

单击智能网联传感器装调平台的 360 全景模块，如图 4-10 所示，单击“Yes”按钮，打开 360 全景模块。

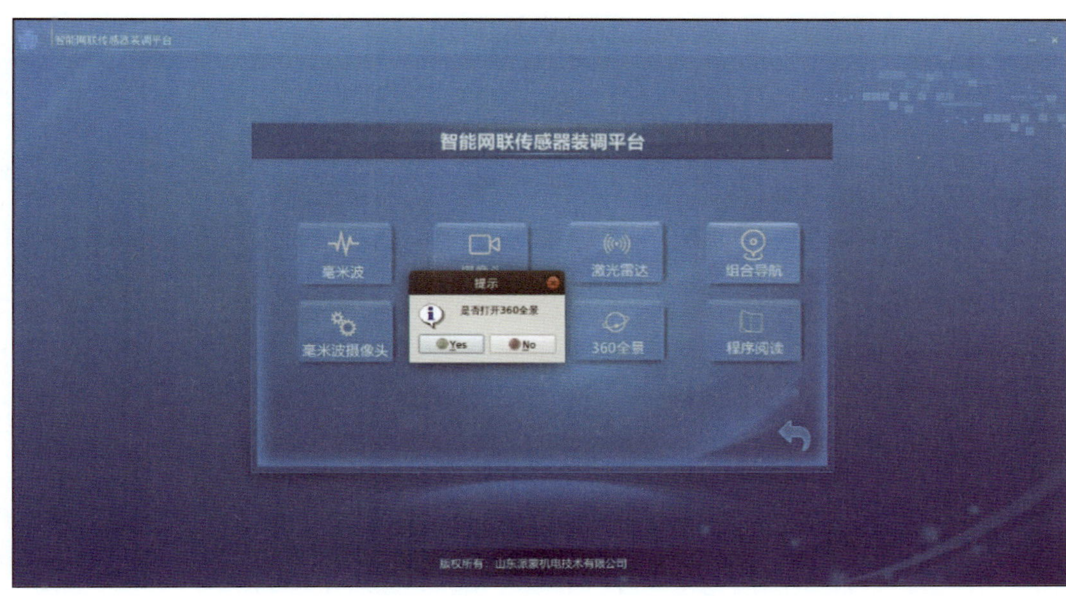

图 4–10　进入 360 全景模块

4）打开摄像头及设置保存路径

① 在 360 全景模块中单击左上角的“摄像头打开及配置”，如图 4–11 所示。

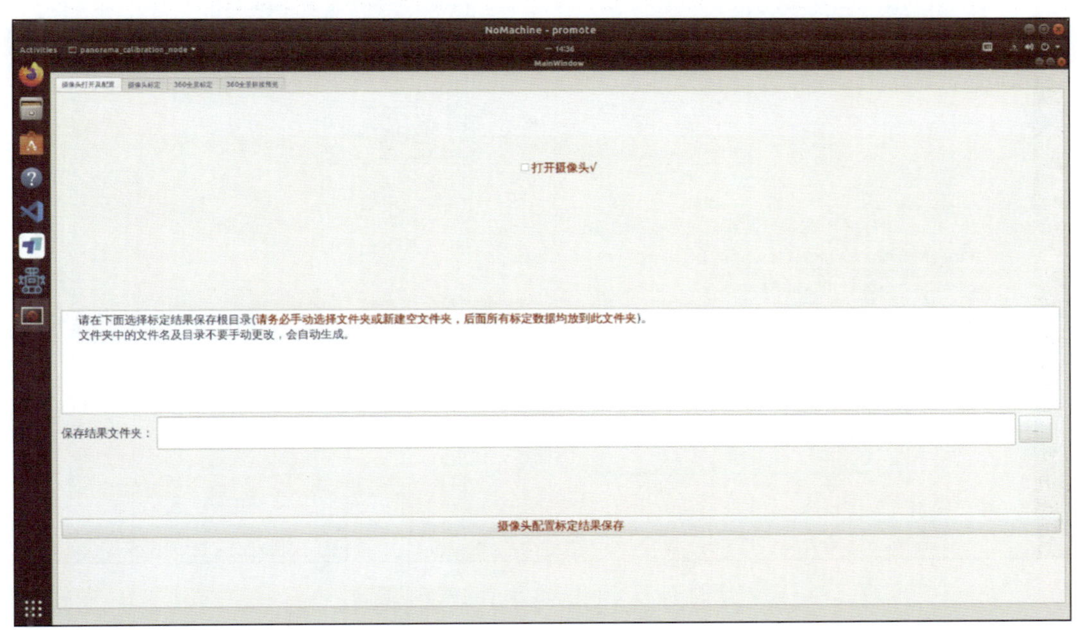

图 4–11　摄像头打开及配置操作界面

② 设置“保存结果文件夹”的位置。

③ 勾选“打开摄像头”复选框，如图 4–12 所示。

5）单个摄像头外参的标定

① 在 360 全景模块中单击左上角的“摄像头标定”按钮，仔细阅读“标定结果及示例”中的提示，勾选“摄像头标定”复选框，如图 4–13 所示。

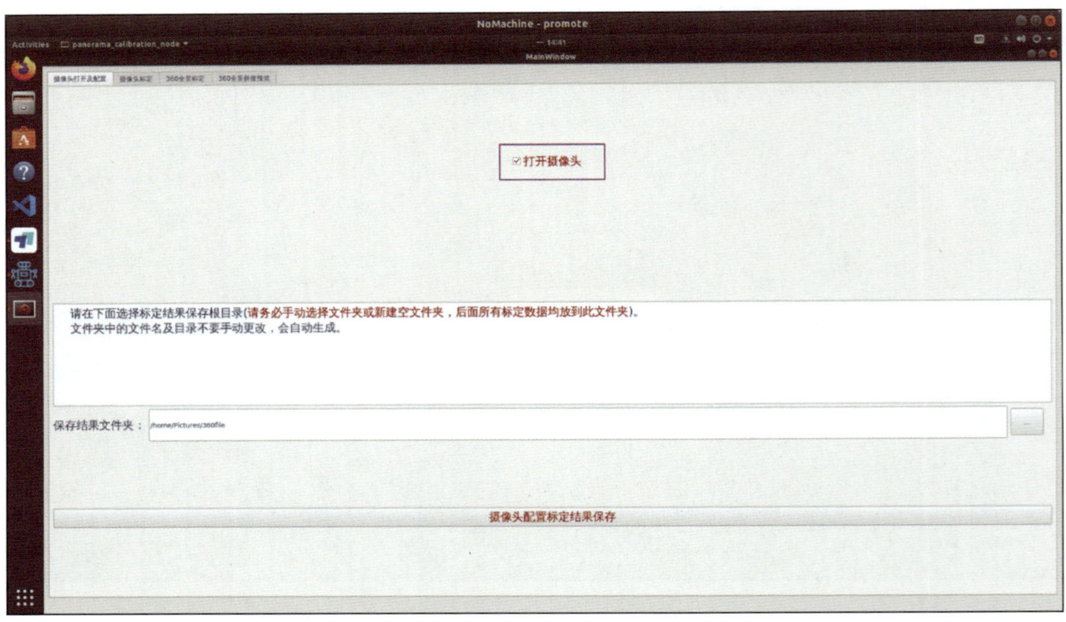

图 4-12　打开摄像头操作界面

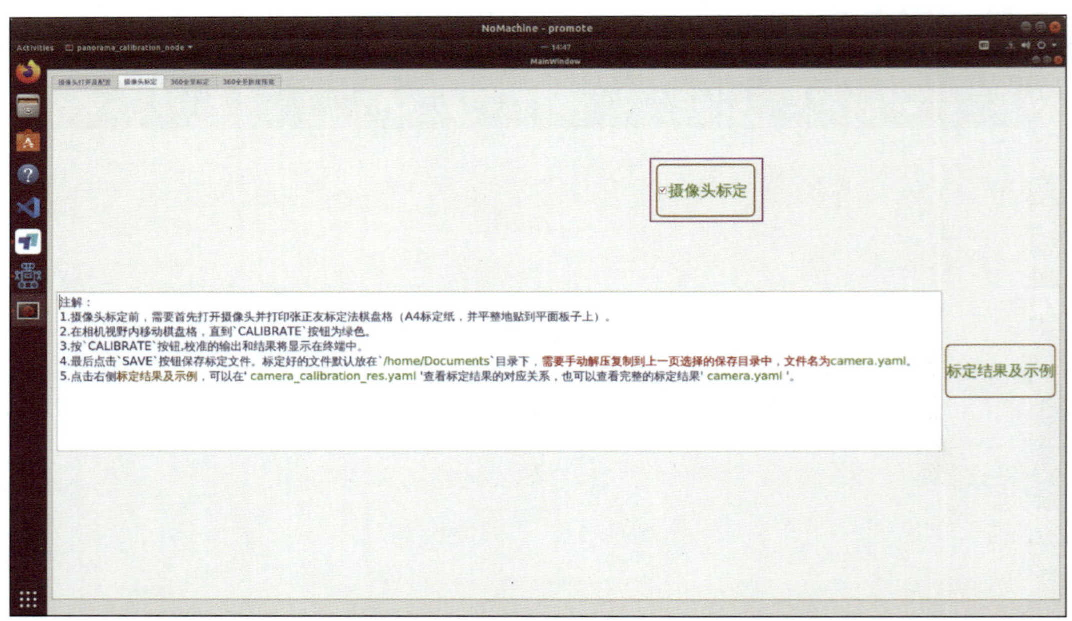

图 4-13　单个摄像头标定操作界面

② 进入摄像头标定界面，如图 4-14 所示。用顶点参数为（9，7）的标定板分别对前、后、左、右四个摄像头单独进行标定。

标定方法与前视单目摄像头类似，对准摄像头，前后慢慢移动标定板，直至“CALIBRATE”（标定）标识亮起，就可以单击“SAVE”（保存）保存标定结果。

③ 取消勾选“摄像头标定”复选框，结束标定操作。

图 4-14　单个摄像头标定界面

6）360 全景标定

① 单击左上角“360 全景标定”，进入全景影像系统标定界面，如图 4-15 所示，画面中依次是前、后、左、右四个摄像头的视野。

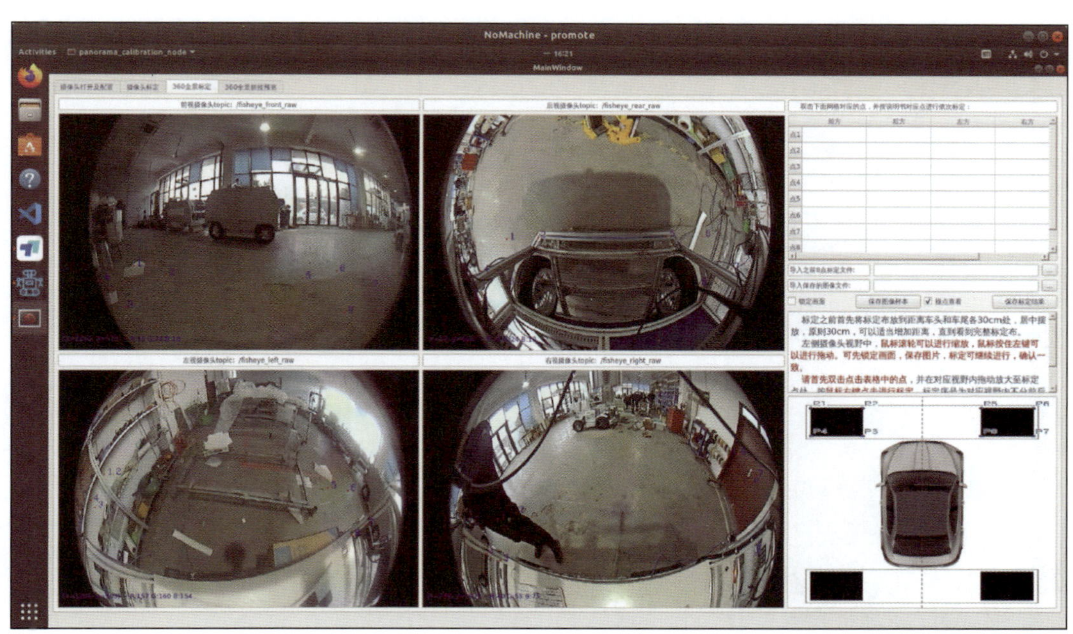

图 4-15　进入 360 全景标定界面

② 铺设标定布，开始标定，如图 4-16 所示。

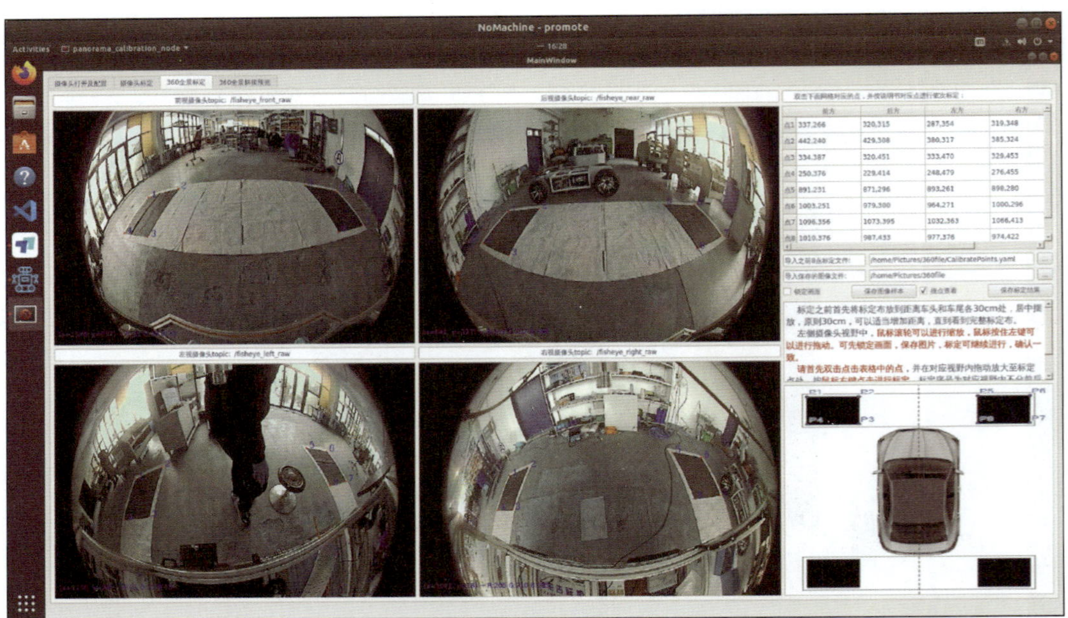

图 4-16　360 全景标定界面

7）360 全景拼接预览

① 单击左上角“360 全景拼接预览”，进入拼接预览设置界面。填写好车辆长度、宽度参数，如图 4-17 所示。

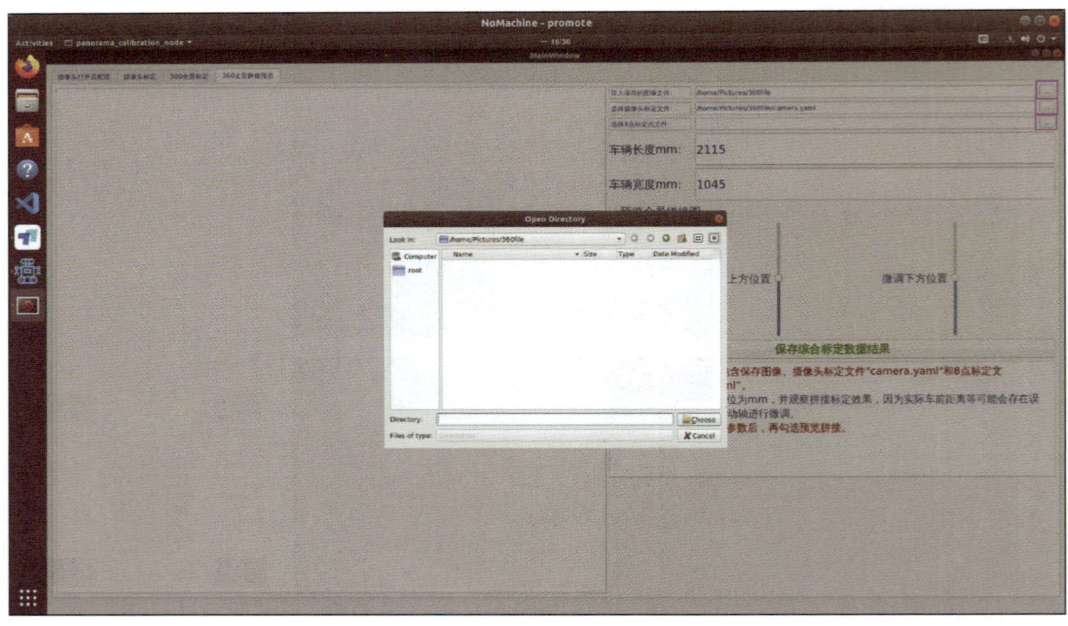

图 4-17　360 全景拼接预览设置界面

② 勾选“预览全景拼接图”复选框，界面左侧即可显示出拼接好的全景鸟瞰图，如图 4-18 所示。

图 4-18　预览全景拼接图界面

2. 技能操作

（1）操作准备

准备技能操作所需的物料，见表 4-5。

表 4-5　物料准备

类别	所需物料
教学整车 / 实训平台	智能网联传感器装调平台
仪器、设备、工具	安全防护用品、9×7 棋盘格标定板、全景影像系统零件、尺子等

（2）全景影像系统标定与影像拼接

在全景影像系统已装配、调试好的前提下，对全景影像系统进行标定，判断是否符合标准要求，是否按要求完成，将工作内容记录在表 4-6 中。

表 4-6　全景影像系统标定与影像拼接记录表

序号	类别	内容	结果
1	安全准备	摘掉首饰、挽起长发、换上实训服、穿戴好安全防护用品	已完成□　未完成□
2	标定与影像拼接前准备	确认标定场地尺寸是否为 5 m×5 m，该范围内是否没有其他障碍物	是□　否□
3		确认标定场地是否光线均匀、照度适宜	是□　否□
4		确定标定场地是否平整	是□　否□

续表

序号	类别	内容	结果
5	标定与影像拼接前准备	准备好要求的单个摄像头标定板和指定的 360 全景标定布，确认标定板参数并记录	标定板顶点参数（__，__） 标定板单格边长为____m
6	全景影像系统标定与影像拼接	连接车辆电源负极，启动车辆，连接实训平台电源	已完成□　　未完成□
7		打开智能网联传感器装调平台软件，选择 360 全景模块，进入摄像头打开及配置界面	已完成□　　未完成□
8		设置“保存结果文件夹”的位置	保存位置：
9		勾选“打开摄像头”复选框	已完成□　　未完成□
10		分别对前、后、左、右四个摄像头单独进行标定。移动标定板，直至“CALIBRATE”（标定）标识亮起，单击“SAVE”（保存）保存标定结果。取消勾选“摄像头标定”复选框，结束标定操作	已完成□　　未完成□
11		进行 360 全景标定，按要求铺设标定布，标定并保存。记录标定布与车辆的距离	车辆与前方标定布的距离： 车辆与后方标定布的距离：
12		预览全景影像拼接效果，观察拼接的影像是否正确	是□　　否□

检查评估

对本任务的学习情况进行检查，并将相关内容填写在表 4-7 中。

表 4-7　检查表

检查项目	检查结果	结果点评
全景影像系统装调		
是否对零件外观进行检查	是□　否□	
是否完成全景影像系统装配	是□　否□	
是否完成全景影像系统线路检查	是□　否□	
全景影像系统标定与影像拼接		
标定环境是否符合要求	是□　否□	
标定板参数是否正确	是□　否□	
是否完成全景影像系统标定	是□　否□	
是否完成全景影像拼接	是□　否□	

续表

检查项目	检查结果	结果点评
整理及恢复		
工具、设备是否整理恢复	是□　否□	
实训工位是否打扫干净	是□　否□	
工作页是否填写完整	是□　否□	

任务小结

本任务小结如图 4–19 所示。

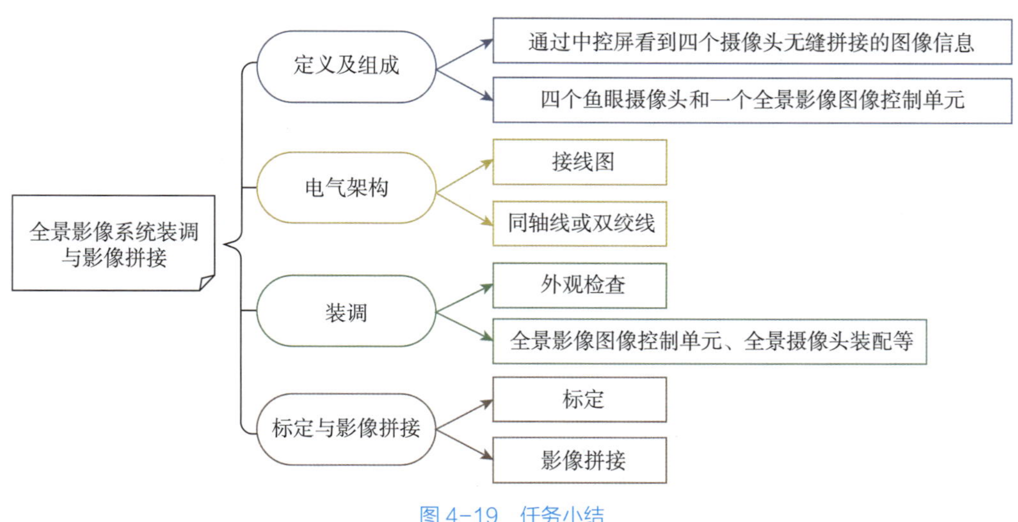

图 4–19　任务小结

情境二
激光雷达装调与测试

情境介绍

近年来，随着车载激光雷达的小型化和商用化，作为一项光学遥感技术，原先应用于陆地机器人、机载地图测绘等领域的激光雷达日益被智能网联汽车广泛配装来实现高级别自动驾驶功能。激光雷达相较于视觉传感器具有交通环境感知范围广、点云模型创建效率高、数据便于车载计算平台应用、不受环境暗光条件影响等突出特点。目前，可以达到 L4 级别的自动驾驶车型甚至采用安装 3~5 个激光雷达的技术路线，激光雷达装调等将逐渐成为汽车智能传感器装调的重要工作之一。

本情境包含激光雷达安装与调试、激光雷达标定、激光雷达数据解析与点云聚类、激光雷达系统检修与维护共四个任务，具体内容包括激光雷达安装、激光雷达标定等。

情境目标

▸ 能根据图纸和装调手册正确使用工具，完成激光雷达的安装与调试。

▸ 能根据装调手册正确操作标定系统，完成激光雷达的标定。

▸ 能根据装调手册正确运用激光雷达算法，完成激光雷达的数据解析与点云聚类操作。

▸ 能根据装调手册和产品手册准确识别激光雷达系统故障，完成系统故障的检修。

任务五 激光雷达安装与调试

任务导入

场景：某国产自主品牌汽车试制车间

人物：车间班组长王师傅、实习试制装调技师小宋

情节：本轮试制装车中，小宋被安排的工作是为样车安装激光雷达并进行调试。激光雷达的安装位置在车辆顶端，王师傅提醒小宋要注意安全，特别是激光雷达作为高能部件的相关作业操作时。小宋认真地开始了装调准备工作，如果你是小宋，你将如何开始工作？

任务目标

- 能根据设计文档与产品手册准确查阅复核部件产品参数并对激光雷达进行外观检查。
- 能根据设计文档正确使用工具，安全、规范地完成激光雷达的安装。
- 能根据设计文档正确操作装调主机，使用专用软件完成激光雷达的调试与检查。

任务实施

一、激光雷达的安装

1. 知识学习

（1）激光雷达的定义

激光雷达（light detection and ranging，Lidar）是一种工作在光频波段的遥感传感器，它通过向目标发射光频波段的激光电磁波，根据接收到同波信号的反射时间与发射波发射时间的间隔获得目标的位置（距离、方位和高度）、运动状态（速度、姿态）等信息，以实现对目标的探测、跟踪和识别。激光雷达以激

光为载波，以光电探测器为接收器件，以光学望远镜为天线，在一些场合常被简称为“光达”。

激光雷达通常安装在车辆顶部的中间，该位置最利于激光无遮拦 360° 照射周围环境，这种应用方式的激光雷达数量一般为 1~2 个，如图 5-1 所示。此外，激光雷达还可安装在车辆保险杠、车身翼子板、车顶侧面等处。安装在车辆保险杠位置主要为了强化车辆对前方障碍物探测的能力。安装在车身翼子板、车顶侧面、车身周边四角等位置一般为了车辆环境感知系统的边角盲区探测（俗称“补盲”），用于此功能的激光雷达一般被称为“补盲雷达”或“补盲光达”。

图 5-1　车顶安装的激光雷达

（2）激光雷达的分类

激光雷达根据搭载平台、信号形式、激光线束数量、结构类型、功能用途分为不同类型，如图 5-2 所示。智能网联汽车常用的激光雷达主要为多线机械式激光雷达，MEMS（micro electromechanical system）激光雷达也有部分配装车辆。

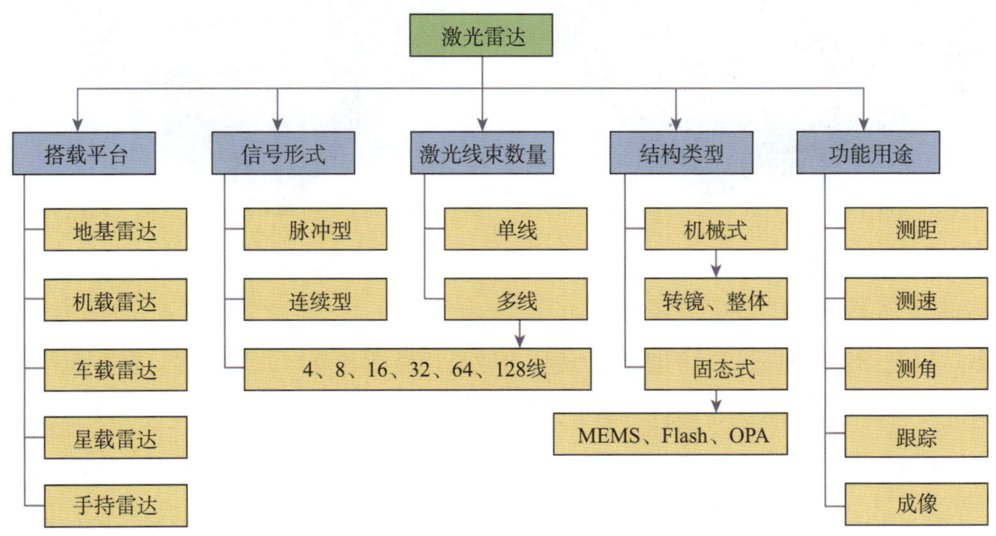

图 5-2　激光雷达的分类

1）机械式激光雷达

多线机械式激光雷达的激光发射器呈竖直排列，从不同角度向外发射，实现垂直角度的覆盖，同时在高速旋转的电动机壳体带动下，实现水平角度 360° 的全覆盖。机械式激光雷达是目前市场上比较成熟的雷达产品。典型多线机械式激光雷达的外观如图 5-3 所示，机械式激光雷达由于光学部分、电子部分和机械结构都是旋转工作的，因此对机械结构件加工精度要求很高，另外机械式激光雷达属于偏心不对称转动，会造成器件磨损。

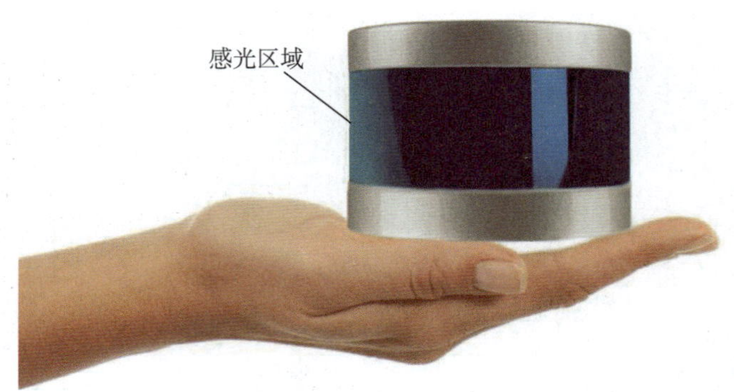

图 5-3 典型多线机械式激光雷达的外观

2）固态激光雷达

固态激光雷达主要由主动散热器模块和包含双面非球面镜片的光学结构组成，常见的固态激光雷达采用 905 nm 半导体激光器作光源，其测量距离达 200 m。固态激光雷达中 MEMS 激光雷达应用较多，主要用于智能网联汽车局部方位的探测，MEMS 激光雷达如图 5-4 所示。

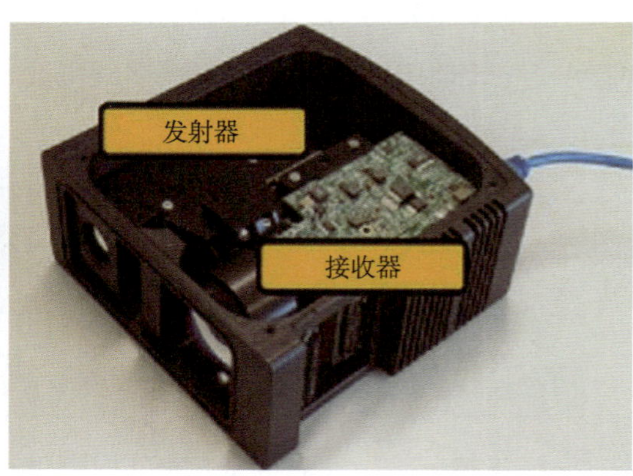

图 5-4 MEMS 激光雷达

（3）激光雷达的特点

激光雷达以光频波段电磁辐射的激光为载波，波长比微波和毫米波短很多。在智能网联汽车上多线激光雷达可以和其他传感器融合进行三维重建，对被测物体进行识别判断，完成无人驾驶中的环境感知。激光雷达具有以下特点：

1）激光雷达主动发射激光束探测目标，通过发射激光束的回波信号来获取目标的信息，相较于视觉传感器可以全天候工作，不会受到外界光照条件或目标本身的辐射特性限制，激光一般在晴朗的天气里衰减很小，传播距离较远。激光的缺点是容易受到大体积物体和周围环境烟尘等的影响，在大雨、浓烟、浓雾等环境里，衰减急剧加大，传播距离大受影响，此外激光雷达无法像摄像头一样识别交通标志。

2）激光具有很强的定向特性，如图 5-5 所示，激光束发散角小，灵敏度高，能量集中，具有极高的角度、距离和速度分辨率，其角分辨率不低于 0.1 mrad（1 mrad= 0.057 3°），距离分辨率可达 0.1 m，速度分辨率可达 10 m/s。

3）激光雷达可以直接获得目标的距离、幅度、频率和相位等信息，且多普勒频移大，可以探测从低速到高速的目标，生成多维度图像。

图 5-5　激光的定向特性

4）激光不受无线电波干扰，能穿透等离子鞘套，抗干扰能力强、隐蔽性好，低仰角工作时，对地面的多路径效应不敏感。

5）激光雷达体积小、质量小。由于激光雷达的波长短，它可以对分子量级上的目标进行探测，且探测系统的结构尺寸可以很小。

6）激光雷达具有三维建模功能，探测范围广，探测距离可达 300 m，能够检测周围 360° 范围内的所有物体。

7）激光雷达相较于其他智能环境感知传感器价格昂贵，在一定程度上影响了其在智能网联汽车上的普及。

（4）激光雷达的基本性能参数

车载激光雷达的性能参数主要有激光线束数、有效探测距离与范围、输出点数、水平测角、垂直测角、激光波长、工作电压、耗能、数据传输、旋转速度、测量精度等。

1）激光线束数

激光线束数通常单位被称为“线”，表示激光雷达系统包含独立的发射机 / 接收机的数目。多线的配置使得激光雷达在每秒内可构建高达百万的数据点。为获得尽量详细的点云图，激光雷达必须要快速采集周围环境的数据。多线束激光雷达一般有 16 线激光雷达、32 线激光雷达、64 线激光雷达等。激光雷达的线束数越多，可扫描的平面越多，获取的信息就越充足，雷达的探测能力就越强。激光雷达的线束数一般会包含在产品型号中，例如 VLP-16 雷达，代表其为 16 线激光雷达。目前最新的高级别激光雷达已达 128 线。激光线束数越多，垂直角分辨率就越高（可达 0.7 mrad），这样可以更好地获得探测的形状信息，便于后续的标记和识别。

2）有效探测距离与范围

激光雷达根据 ADAS 功能需要有超广角、中距和长距三种类型。激光雷达的探测范围被称为视场

（field-of-view，FOV），即由垂直视场角和水平视场角来定义。根据不同探测需求，可以对视场以及激光束分布进行设定。在自动驾驶领域应用的激光雷达的探测距离普遍在 100~200 m 左右。表 5-1 所示为三种不同探测距离和范围的激光雷达性能参数。

表 5-1 典型激光雷达性能参数表

	超广角	中距	长距
探测距离 /m	50	⩾100	⩾200
垂直视场角 / (°)	90	45	22.5

激光雷达不同的激光束分布如图 5-6 所示。

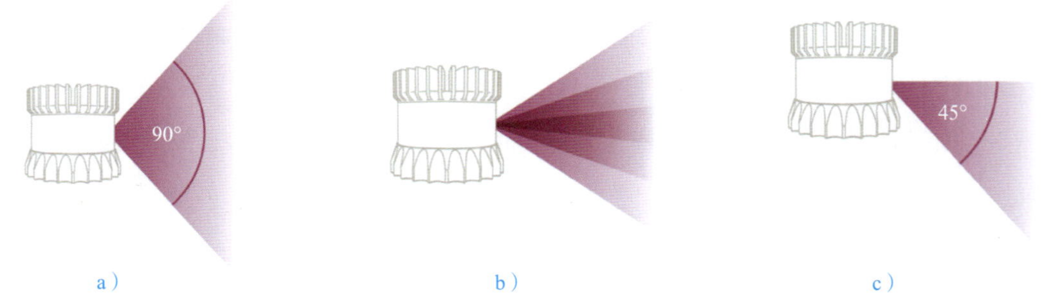

图 5-6 激光雷达不同的激光束分布

a）均匀分布 b）中心加密分布 c）向下分布

3）测量精度

测量精度随着探测距离越远变得越低，以某超广角激光雷达为例，生成点云数据的最近探测距离一般是 0.3 m，小于 0.3 m 时直接会有障碍物探测报警。

垂直分辨率、水平分辨率和垂直角分辨率决定着探测数据的采集量。激光雷达通过机械性的旋转完成水平 360° 扫描，旋转频率指标表示了旋转的速度。旋转速度越高，数据采集量越大，对环境感知能力越强，但是相应的系统需要的计算能力也越高。探测激光和环境光的动态范围也很重要，动态范围大的激光雷达能够获取更多细节，提升识别物体的能力。

4）激光雷达参数表

某款典型的车用激光雷达基本性能参数表见表 5-2。

表 5-2 车用激光雷达基本性能参数表（示例）

序号	项目	参数
1	产品型号	VLP-16
2	类型	混合固态激光雷达
3	激光线束数	16 线

续表

序号	项目	参数
4	有效探测距离	100 m
5	输出点数	每秒 30 万个点
6	水平测角	360°
7	垂直测角	−15° ~15°
8	激光波长	903 nm
9	工作电压	9~18 V
10	耗能	8 W
11	数据传输	100 Mbps 以太网连接
12	旋转速度	5~20 Hz
13	测量精度	可达到 ± 30 mm

（5）激光雷达环境感知系统的组成与连接方式

激光雷达环境感知系统由激光雷达、接线盒（interface box）、电源适配器、网线组成，系统与计算机主机和导航设备（选配）连接，如图 5–7 所示。激光雷达的接线盒通过计算机接口和标准以太网接口连接，电源端口连接到适配器，用网线连接到激光雷达的标准以太网接口和计算机主机网口，将激光雷达的数据实时传递给计算机。作为选用功能，接线盒还可以连接组合导航主机。

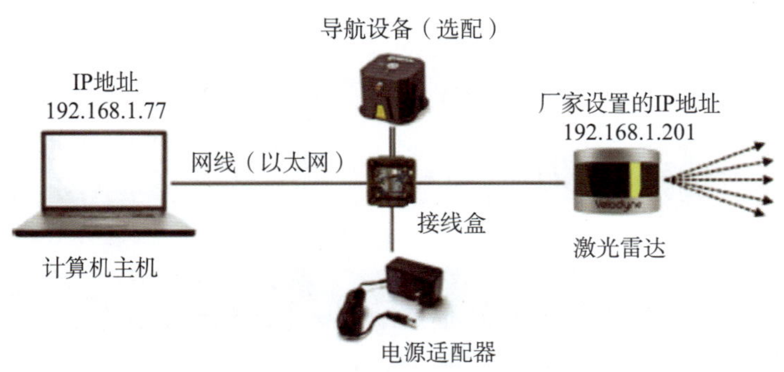

图 5–7 激光雷达环境感知系统连接图

（6）激光雷达安装的方法与注意事项

根据激光雷达环境感知系统连接图，激光雷达安装工作步骤如下：

1）将激光雷达平整且无遮挡地安装在支架上。

2）使用水平仪将激光雷达调整至水平。

3）固定激光雷达。固定前沿顺时针方向旋转激光雷达，使激光雷达底部数据接口沿车辆中轴线朝向车尾方向。

4）将激光雷达电源线与控制台连接。

5）连接网线，启动设备，检查激光雷达是否供电正常。

6）通过实训台计算机软件查看激光雷达是否安装成功。

激光雷达安装注意事项：

1）安装完毕后，不应有任何物体遮挡激光雷达的感光区域。

2）激光雷达属于高能电子系统，工作时表面温度极高，不当操作会造成操作人员手部烫伤。注意和识别部件上所贴如图 5-8 所示的烫伤警告标识。在激光雷达运行一定时间后，不得马上触碰部件。

3）机械式激光雷达工作时高速旋转，在确认激光雷达已安装紧固前不得启动系统。在高速旋转时，不得用手触碰部件，避免手部卷入受伤。激光雷达作业受伤警告标识如图 5-9 所示。

4）激光属于高能光线，可能对人眼造成不可逆损伤。根据国际标准，激光设备标识激光级别数字，体现危险程度。车载激光雷达为 1 级激光（Class 1），其标识如图 5-10 所示，表明日常使用对人眼安全，但应避免直视工作中的激光雷达，特别地，绝不可以用任何放大镜等光线放大设备直视激光雷达。

图 5-8　烫伤警告标识

图 5-9　受伤警告标识

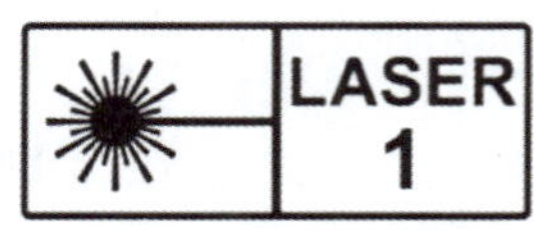

IEC 60825-1：2014/2007

图 5-10　激光级别标识

2. 技能操作

（1）操作准备

准备技能操作所需的物料，见表 5-3。

表 5-3　物料准备

类别	所需物料
教学整车 / 实训平台	智能网联汽车或智能网联传感器装调平台
设备、仪器、工具	激光雷达、接线图、水平仪、绝缘手套、绝缘工具箱、隔离栏、警示牌、灭火器（水基、干粉）、安全帽、护目镜、实训工装、工作台等

（2）激光雷达部件检查

根据设计文档，对激光雷达参数进行识读，将工作内容记录到表 5-4 中。

表 5-4　激光雷达参数表

序号	内容	结果	序号	内容	结果
1	激光雷达的线束数量	________线	8	激光雷达转速	________rpm（____Hz）
2	激光雷达的波长	________nm	9	输入电压	________VDC
3	激光等级	Class______	10	产品功率	________W
4	激光雷达的精度	________cm	11	防护安全级别	IP________
5	雷达测量距离	____~____m（目标反射率____%）	12	操作温度	________℃
6	垂直测角，垂直角分辨率	________°，________mrad	13	产品重量（不含数据线）	________kg
7	水平测角，水平角分辨率	________°，________mrad	14	激光雷达外观是否完好	是□　否□

（3）激光雷达安装

根据设计文档，对激光雷达进行安装，将工作内容记录到表 5-5 中。

表 5-5　激光雷达安装记录表

序号	内容	结果	备注
1	是否将激光雷达平整且无遮挡地安装在支架上	是□　否□	
2	是否使用水平仪将激光雷达调整至水平	是□　否□	
3	是否将雷达电源线与控制台连接	是□　否□	
4	连接网线，启动设备，激光雷达是否供电正常	是□　否□	
5	部件是否有烫伤警告标识	是□　否□	
6	部件是否有受伤警告标识	是□　否□	
7	部件是否有激光等级标识	是□　否□	

二、激光雷达的调试

1. 知识学习

在智能网联汽车 ADAS 工作时，激光雷达不断为车载计算平台以点云形式提供数据。在激光雷达调试与测试阶段，需首先在主机上对激光雷达进行探测结果检查和调试。

激光雷达调试工作的步骤为激光雷达与计算机主机通信设置、连接验证、监控软件启动、点云数据查看，如图 5-11 所示。

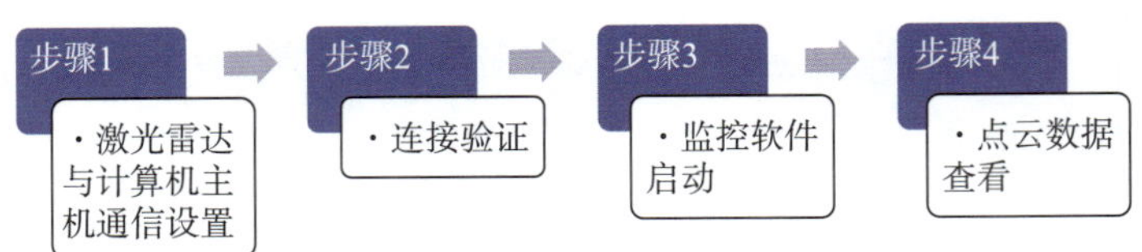

图 5-11 激光雷达调试工作的步骤

（1）激光雷达与计算机主机通信设置

每个激光雷达都有出厂初始设置的 IP address（互联网协议地址，又称为 IP 地址），用于主机获取雷达感知数据。IP 地址可通过设计文档或者激光雷达手册查询，例如某型号常用激光雷达 IP 地址为 192.168.1.200，其 IP 地址表见表 5-6。通信设置的任务为将计算机主机网络 IP 地址设置为 192.168.1.102。

表 5-6 某激光雷达 IP 地址表

	IP 地址	MSOP 包端口号	DIFOP 包端口号
激光雷达	192.168.1.200	6699	7788
计算机	192.168.1.102		

通信设置的步骤为打开计算机主机网络 IP 地址设置界面，如图 5-12 所示；选择“更改适配器”选项；进入以太网设置界面，打开 Internet 协议版本 4（TCP/IPv4）属性界面；分别将“IP 地址”设置为 192.168.1.102，将“子网掩码”设置为 255.255.255.0，通信设置进行完毕。

（2）连接验证

激光雷达与主机是否连接成功可通过测试法与工具查验法进行验证。测试法为继续进行下一步操作，启动软件，尝试调取点云数据，如果成功，可认为激光雷达与主机连接成功。该方法的优点是简单、快速，缺点是如果点云调取成功，通信设置也会作为故障排除对象被查验，影响工作效率。

工具查验法为使用专用网络协议分析软件判断主机与激光雷达通信连接状态。以使用 Wireshark 为例，Wireshark（前称 Ethereal）是一个网络封包分析软件，功能是截取网络封包，并尽可能显示出最为详细的网络封包资料。Wireshark 直接与网卡进行数据报文交换。

进入 Wireshark，找到对应网口，若计算机 IP 不正确或者未设置成功，在“Info”（信息）列会出现英文形式为“Who has xxx? Tell xxx”的错误提示，如图 5-13 所示。

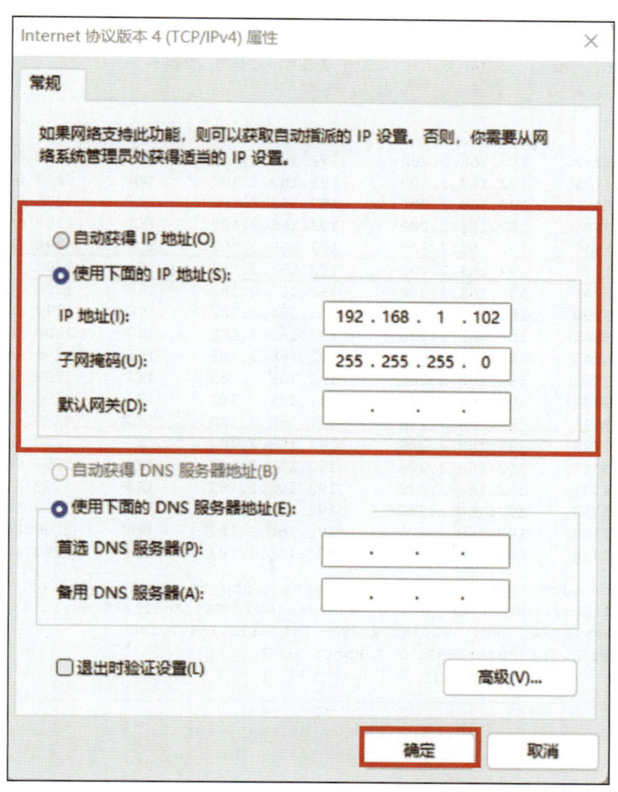

图 5-12　计算机主机网络 IP 地址设置界面

09-14-21-22.pcap

文件(F)　编辑(E)　视图(V)　跳转(G)　捕获(C)　分析(A)　统计(S)　电话(Y)　无线(W)　工具(T)　帮助(H)

应用显示过滤器 … <Ctrl-/>

No.	Time	Source	Destination	Protocol	Length	Info
13228	2020-09-14 13:22:18.144600	192.168.1.200	192.168.1.102	UDP	1248	2369 → 2368 Len=1206
13229	2020-09-14 13:22:18.144601	192.168.1.200	192.168.1.102	UDP	1248	2369 → 2368 Len=1206
13230	2020-09-14 13:22:18.145688	192.168.1.200	192.168.1.102	UDP	1248	2369 → 2368 Len=1206
13231	2020-09-14 13:22:18.146360	192.168.1.200	192.168.1.102	UDP	1248	2369 → 2368 Len=1206
13232	2020-09-14 13:22:18.146362	192.168.1.200	192.168.1.102	UDP	1248	2369 → 2368 Len=1206
13233	2020-09-14 13:22:18.147035	192.168.1.200	192.168.1.102	UDP	1248	2369 → 2368 Len=1206
13234	2020-09-14 13:22:18.147900	192.168.1.200	192.168.1.102	UDP	1248	2369 → 2368 Len=1206
13235	2020-09-14 13:22:18.148307	HewlettP_a4:6f:23	Broadcast	ARP	42	Who has 10.250.0.1? Tell 192.168.1.102
13236	2020-09-14 13:22:18.148743	192.168.1.200	192.168.1.102	UDP	1248	2369 → 2368 Len=1206
13237	2020-09-14 13:22:18.148744	192.168.1.200	192.168.1.102	UDP	1248	2369 → 2368 Len=1206
13238	2020-09-14 13:22:18.149423	192.168.1.200	192.168.1.102	UDP	1248	2369 → 2368 Len=1206
13239	2020-09-14 13:22:18.150095	192.168.1.200	192.168.1.102	UDP	1248	2369 → 2368 Len=1206
13240	2020-09-14 13:22:18.150776	192.168.1.200	192.168.1.102	UDP	1248	2369 → 2368 Len=1206
13241	2020-09-14 13:22:18.151448	192.168.1.200	192.168.1.102	UDP	1248	2369 → 2368 Len=1206
13242	2020-09-14 13:22:18.152120	192.168.1.200	192.168.1.102	UDP	1248	2369 → 2368 Len=1206
13243	2020-09-14 13:22:18.152800	192.168.1.200	192.168.1.102	UDP	1248	2369 → 2368 Len=1206
13244	2020-09-14 13:22:18.152802	192.168.1.200	192.168.1.102	UDP	1248	2369 → 2368 Len=1206
13245	2020-09-14 13:22:18.153479	192.168.1.200	192.168.1.102	UDP	1248	2369 → 2368 Len=1206
13246	2020-09-14 13:22:18.154159	192.168.1.200	192.168.1.102	UDP	1248	2369 → 2368 Len=1206
13247	2020-09-14 13:22:18.154830	192.168.1.200	192.168.1.102	UDP	1248	2369 → 2368 Len=1206

图 5-13　连接错误提示

当激光雷达与主机连接正确时，Wireshark 软件会出现如图 5-14 所示的信息。在“Source”（来源）列，会出现激光雷达 IP 地址，在“Destination”（目的地）列会出现计算机主机 IP 地址，在“Info”（信息）列，会出现 MSOP 包端口号和 DIFOP 包端口号。

（3）监控软件启动

在计算机主机上一般使用 RSView 软件查看激光雷达点云。RSView 是一个 MMI（人机接口）软件包，是一个对自动控制设备或生产过程进行高速与有效监视和控制的组态软件。

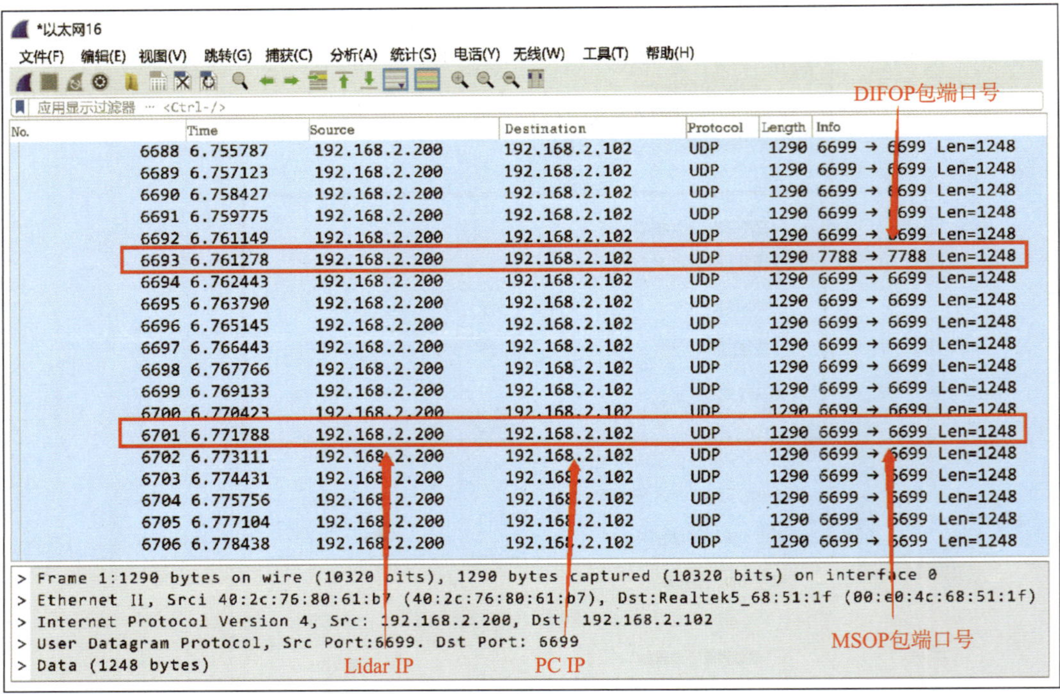

图 5-14　连接正确的界面

启动 RSView 一般需完成软件端口号的修改。

修改软件端口号操作步骤为单击软件界面上方的“工具”，再单击“传感器网络配置”（Sensor Network Configuration）来进行。在网络配置界面，将“Local MSOP Port”和“Local DIFOP Port”改为激光雷达相应参数，如图 5-15 所示。

Sensor Network Configuration

--- MSOP Packet ---

use TCP

Lidar IP: 0 . 0 . 0 . 0

Lidar Port: 51180

use UDP

Group IP: 0 . 0 . 0 . 0

Local IP: 0 . 0 . 0 . 0

Local MSOP Port: 6699

--- DIFOP Packet ---

Local DIFOP Port: 7788

--- Others ---

use SOME/IP

OK　Cancel

图 5-15　软件端口号修改

（4）点云数据查看

开启 RSView 数据流，打开 Sensor Stream。RSView 界面会出现当前激光雷达扫描的点云画面，画面示例如图 5-16 所示。

图 5-16 激光雷达扫描的点云画面示例

激光雷达点云数据检查主要从完整性、变形情况、距离探测、材质探测、动态感知五个方面入手。具体包括：点云数据是否包含车辆周围 360° 信息；点云是否较好地呈现环境，没有较为严重的变形，如墙壁、地面等平直几何特征点云是否如是再现；是否可根据点云颜色区分环境物体材质；点云是否可以展现远近距离不同的物体；点云是否可以呈现车辆周围移动物体的场景。

2. 技能操作

（1）操作准备

准备技能操作所需的物料，见表 5-7。

表 5-7 物料准备

类别	所需物料
教学整车 / 实训平台	智能网联传感器装调平台
设备、仪器、工具	激光雷达、实训工装、工作台等

（2）激光雷达的调试

对激光雷达进行调试，将工作内容记录在表 5-8 中。

表 5-8 激光雷达调试记录表

序号	内容	结果	备注
1	激光雷达 IP 地址		

续表

序号	内容	结果	备注
2	计算机主机 IP 地址		
3	MSOP 包端口号		
4	DIFOP 包端口号		
5	是否打开 TCP/IPv4 属性设置界面	是□　否□	
6	是否完成计算机主机网络设置	是□　否□	
7	连接验证方法	测试法□　工具查验法□	
8	是否使用工具查验法完成查验	是□　否□	
9	工具查验法软件名称 （如果使用工具查验法）		
10	是否开启 RSView 软件	是□　否□	
11	是否完成软件端口修改	是□　否□	
12	是否开启传感器数据流	是□　否□	
13	点云是否 360° 完整	是□　否□	
14	点云是否存在严重变形	是□　否□	
15	点云颜色信息是否反应对象材质	是□　否□	
16	点云是否可展现对象距离	是□　否□	
17	点云是否可呈现动态场景	是□　否□	

检查评估

对本任务的学习情况进行检查，并将相关内容填写在表 5-9 中。

表 5-9　检查表

检查项目	检查结果	结果点评
激光雷达的安装		
是否完成激光雷达部件参数读取	是□　否□	
是否完成激光雷达外观检查	是□　否□	
是否注意到烫伤警告、受伤警告标识并进行记录	是□　否□	

续表

检查项目	检查结果	结果点评
激光雷达底部数据接口朝向是否正确	是□　否□	
是否规范完成激光雷达系统电气连接	是□　否□	
激光雷达的调试		
是否正确查询到激光雷达 IP 信息	是□　否□	
是否使用软件工具查验通信连接	是□　否□	
是否正确开启 RSView 软件	是□　否□	
是否完成点云数据检查	是□　否□	
整理及恢复		
工具、设备是否整理恢复	是□　否□	
实训工位是否打扫干净	是□　否□	
工作页是否填写完整	是□　否□	

任务小结

本任务小结如图 5-17 所示。

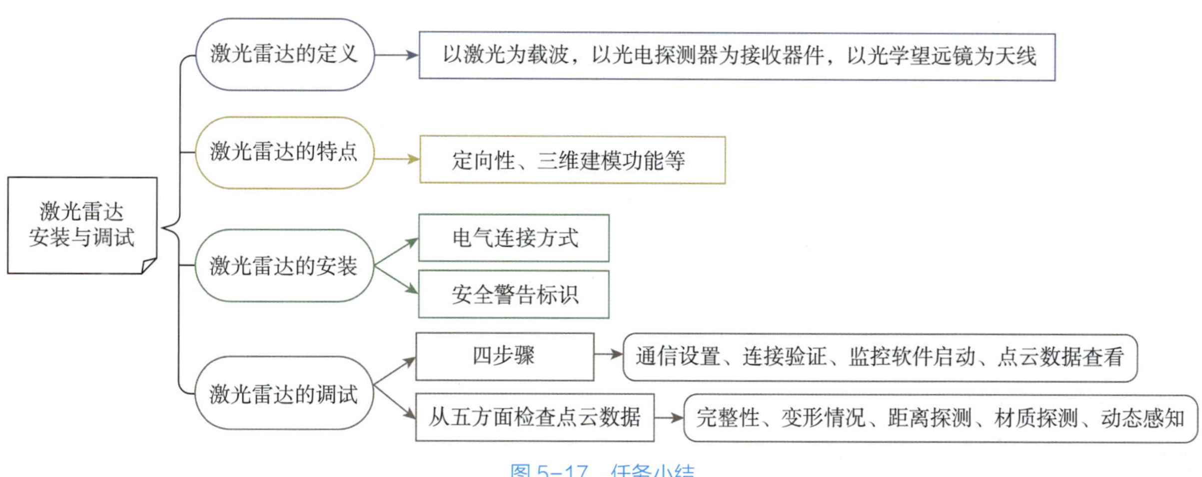

图 5-17　任务小结

任务六 激光雷达标定

任务导入

场景：某国产自主品牌汽车试制车间

人物：车间班组长王师傅、实习试制装调技师小宋

情节：本轮试制装车中，小宋已经完成激光雷达的装调工作。小宋在装调过程中看到了激光雷达点云图像，他想知道激光雷达是如何工作的？汽车是怎么使用激光雷达探测结果的？激光雷达在车辆上的安装位置对此有影响吗？王师傅表扬了小宋的积极思考并告诉他这就是下一步要做的工作内容，也就是要完成激光雷达的标定。如果你是小宋，你将如何开始工作？

任务目标

- 能根据设计文档正确操作装调主机，使用专用软件完成激光雷达转速的设置。
- 能根据设计文档设置探测目标物，操作计算机主机完成激光雷达测距功能的测试。
- 能根据设计文档规范使用测量工具，操作计算机主机完成激光雷达的标定。

任务实施

一、激光雷达转速的设置

1. 知识学习

（1）激光雷达的组成

智能网联汽车激光雷达主要由激光发射器、激光接收器、信号采集处理器和旋转模块组成，如图 6–1 所示。

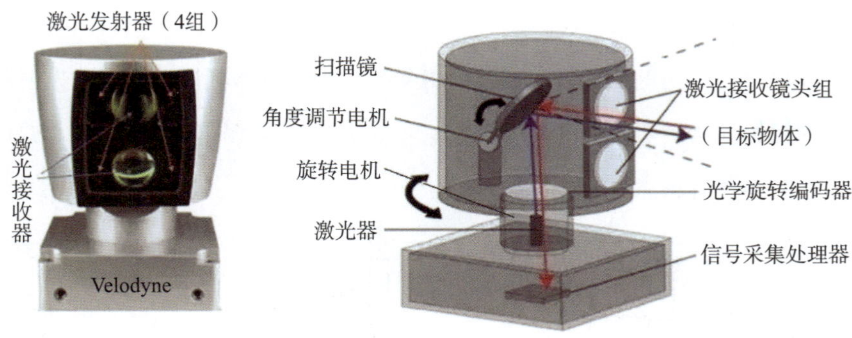

图 6-1　智能网联汽车激光雷达的组成

1）激光发射器

激光发射器向车辆四周发射激光。雷达内部的激光器所发射的光束经过扫描镜反射后通过激光发射器射向外界。以脉冲方式点亮的激光每秒钟可发射 16 000 次。

2）激光接收器

激光接收器用于收集激光发射器所发射并经过外部交通参与物反射回来的激光。激光通过激光接收镜头组汇聚扫描镜上，经过反射将激光汇聚到信号采集处理器。

3）信号采集处理器

信号采集处理器负责对接收回来的信号进行处理。信号采集处理器性能优劣直接影响激光雷达的测量精度，其内部系统可以进行自动分析、计算出与前方车辆的距离和相对速度，并且可以防止转弯时错误测量临近车道车辆情况的发生从而避免事故。

4）旋转模块

旋转模块是由角度调节电机、旋转电机、光学旋转编码器组成。旋转模块可以使激光雷达以稳定转速进行旋转，并可根据需要调节扫描镜角度，实现激光雷达对激光光束所在平面的扫描。如图 6-2 所示为某激光雷达的旋转模块。

图 6-2　某激光雷达的旋转模块

（2）激光雷达点云的生成与探测原理

激光发射器和接收器在极短时间内发射和接收万级到十万级的激光脉冲。每次发射脉冲后，都可以获得一个经被测物体反射回接收器的点的具体坐标。不同类型的激光雷达探测的基本原理相同，具体方式存在一定差异，如图 6–3 所示。

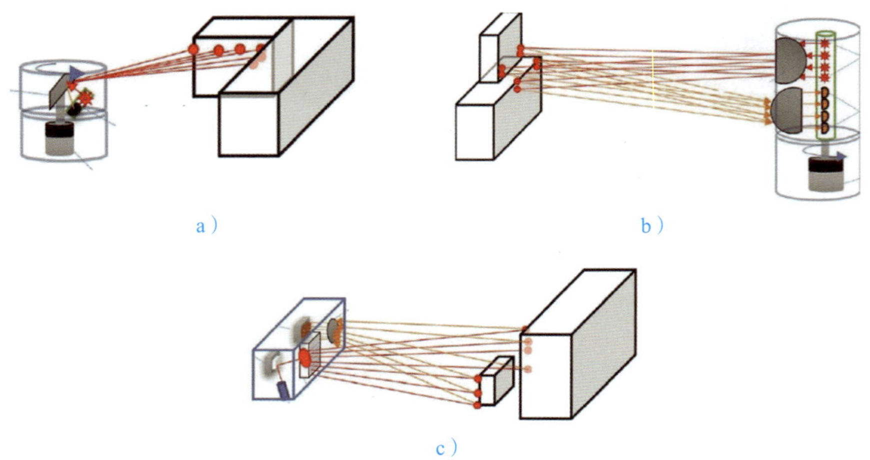

图 6–3 不同类型的激光雷达探测的方式

a）2D 机械式激光雷达 b）3D 机械式激光雷达 c）固态激光雷达

当获得足够多的点坐标时即可产生车辆周围环境的激光点云（point cloud）图，将车辆周围的环境信息量化。通过激光的发射距离及发射角度，运用简单的几何变换可以推导出物体的形状轮廓和位置等信息，如图 6–4 所示。

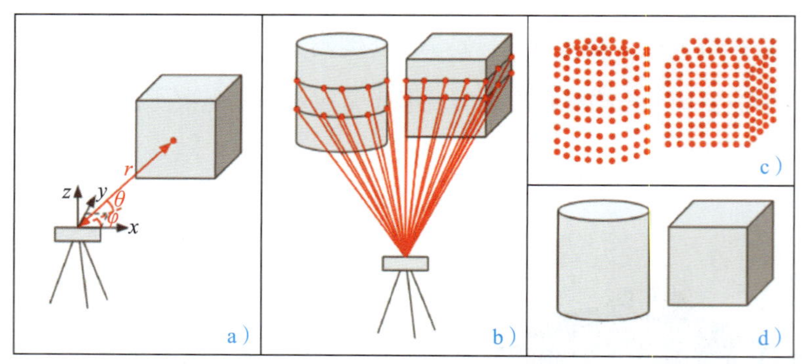

图 6–4 激光雷达点云的生成与探测原理

（3）激光雷达建模

激光雷达在自动驾驶领域可以建模形成 3D 图像，便于识别和测量目标位置。激光雷达建模可以分为三种建模方式：理想点云模型、功率衰减模型和考虑天气噪点的物理模型。

1）激光雷达的理想点云模型

激光雷达的数据通过单位采样时间内，在同一空间参考系下表达目标空间分布和目标表面光谱特性的海量位置点集合形成点云来呈现，点云是激光雷达扫描数据的通用表现形式。若将激光束按照某种轨迹进行扫描，边扫描边记录反射的激光点信息，则能够得到大量的激光点，形成激光点云。理想点云模型根据虚拟环境中的目标全局位置、主车全局位置、目标车的位置、激光雷达的视野角来输出目标的相对位置，分为三个关键部分：

① 目标模型

根据计算需求采用包围盒或更复杂的多面体包络来描述目标的形状特征并定义关键点，这种将虚拟目标转换为几何参数化的描述可以方便激光雷达的建模。

② 激光雷达光锥模型

将雷达包络或单束激光光束几何参数化，根据测量要求定义探测范围，激光的类型可以采用直线、棱锥和圆锥等表示。

③ 环境模型

为了更好地描述主车和目标车间的相对位置关系，需要建立环境的模型。如图 6-5 所示为环境的激光点云模型。

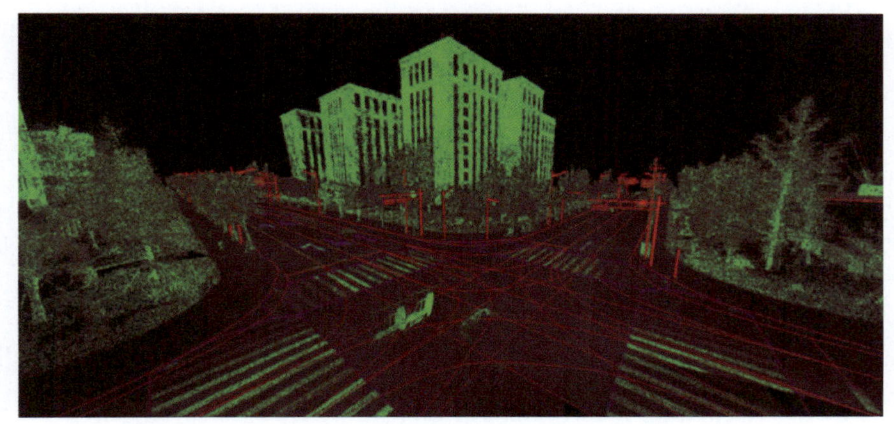

图 6-5　环境的激光点云模型

激光雷达的理想点云模型包括目标模型、光锥模型和环境模型，为了形成 3D 的激光画面，将激光雷达的目标模型的求解分为四个步骤：

① 场景裁剪

所扫描覆盖的范围如同圆锥，因此激光雷达的光锥模型和目标模型快速筛选环境中与光锥相交的物体作为潜在目标。

② 可见判断

根据目标模型的关键点排除不能被激光雷达扫描的潜在目标。

③ 遮挡判断

根据潜在目标在环境中的位置以及目标模型的关键点，排除被遮挡的潜在目标。

④ 位置计算

计算余下的潜在目标在激光雷达坐标系下的位置信息。

2）激光雷达的功率衰减模型

通过对雨、雪、雾和霾等天气因素建模，确定不同环境条件下激光雷达的探测极限距离。需要描述不同天气条件对激光雷达带来的功率衰减影响。因此需要建立激光雷达的功率衰减模型，激光雷达的探测能力可以从能量的角度来描述激光雷达的作用距离。

激光雷达的功率衰减方程可表示为如下公式：

$$P_R = \frac{P_T G_T \sigma}{4\pi R^2 4\pi R^2} \frac{\pi D^2}{4} \eta_{Atm} \eta_{Sys}$$

式中，P_R 是接收激光功率（W）；P_T 是反射激光功率（W）；G_T 是发射天线增益；σ 是目标散射截面；D 是接收孔径（m）；R 是激光雷达到目标的距离（m）；η_{Atm} 是单程大气传输系数；η_{Sys} 是激光雷达光学系统的传输系数。

在一定的探测条件下，用最大可探测距离来表示激光雷达可探测到物体的最远距离。激光接收器探测功率最小时，回波功率会出现在最大探测距离。当激光雷达的探测目标大于雷达光斑时，将目标看作扩展目标，此时的散射面积与传输距离 R、目标平面反光系数 ρ_T，以及雷达的波束发散角 φ 有关，激光雷达到目标的作用距离可表示为如下公式：

$$R_{max}^4 = \frac{P_T D^4 \eta_{Sys} \eta_{Atm} \sigma}{16\lambda^2 K_\sigma^2 P_{Rmin}}$$

令 $A = \frac{P_T D^4 \eta_{Sys}}{16\lambda P_{Rmin}}$，可以将激光雷达的最大可探测距离看作系统常数 A、目标反射率 ρ_T 和衰减系数 γ 的函数。对于特定雷达，A 是定值，ρ_T 与探测目标的属性有关，γ 与传播途径有关，在不同的天气条件下，衰减系数 γ 有所不同。

影响激光波长的因素中，与天气状况有关的是大气分子衰减系数和气溶胶衰减系数。目前市场的激光雷达波长大多为 905 nm，根据国际电信联盟无线电通信组的建议，当波长大于 800 nm 时可以忽略大气分子的瑞利散射对信号的损耗。因此可以不考虑大气分子引起的散射和吸收损耗对 905 nm 波长激光的影响，这时可以将衰减系数近似看作气溶胶带来的衰减系数 $\gamma_{aerosol}$。

在物理模型中按照天气对衰减模型进行建模，衰减系数可表示为公式：

$$\gamma(\lambda) = \gamma_{haze}(\lambda) + \gamma_{fog}(\lambda) + \gamma_{rain}(\lambda) + \gamma_{snow}(\lambda)$$

式中，$\gamma_{haze}(\lambda)$ 是雾霾天的衰减系数；$\gamma_{fog}(\lambda)$ 是雾天衰减系数；$\gamma_{rain}(\lambda)$ 是雨天衰减系数；$\gamma_{snow}(\lambda)$ 是雪天衰减系数。因此，针对雨天、雪天和雾霾天等不同天气条件对激光雷达带来的功率衰减影响进行建模，可以确定在恶劣天气下的雷达探测极限距离。

3）激光雷达的考虑天气噪点的物理模型

“虚警”是激光雷达检测不存在目标时仍然返回的信号，它的产生是由于大气分子或雨雪粒子等反射生成干扰光束，接收器混淆了目标物反射光束和天气的干扰光束，建立了错误的激光点云数据或噪点。激光雷达的建模应考虑此虚警噪点的问题，建模步骤如图 6–6 所示。

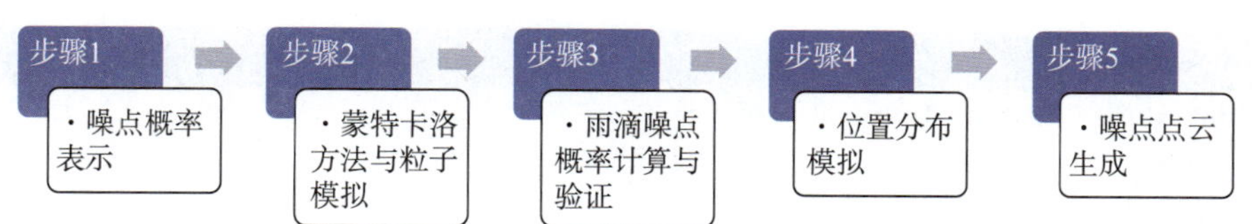

图 6-6　激光雷达虚警噪点建模的步骤

（4）激光雷达的转速及其设置

激光雷达的转速国际标准单位为 rps（转 / 秒）或 rpm（转 / 分），1 200 rpm 意思是当前激光雷达的电动机引擎转速是每分钟转 1 200 圈。与帧率一样，转速越高，设备对外界环境的感知速度越大。激光雷达的转速可以根据应用需求进行设置。激光雷达转速的设置步骤如下：

1）启动智能网联传感器实训平台，进入参数配置界面，如图 6-7 所示。

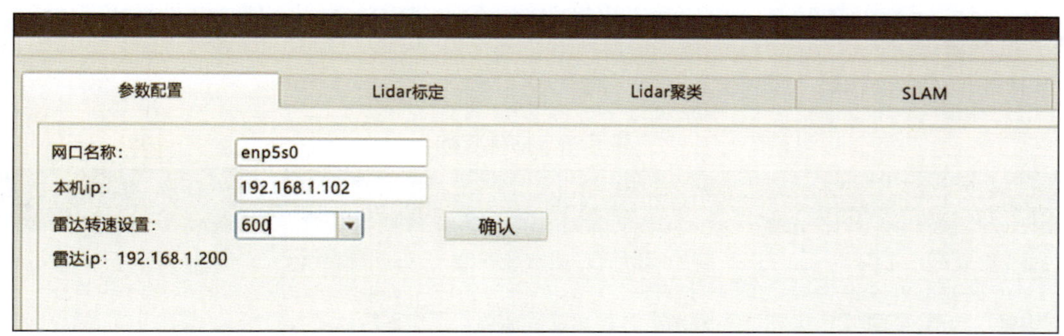

图 6-7　激光雷达参数配置界面

2）在激光雷达转速设置下拉框里选择要更改的转速，单击“确认”按钮。

3）在提示窗口中单击“Yes”按钮，在弹出的终端中输入密码“123456”，如图 6-8 所示。

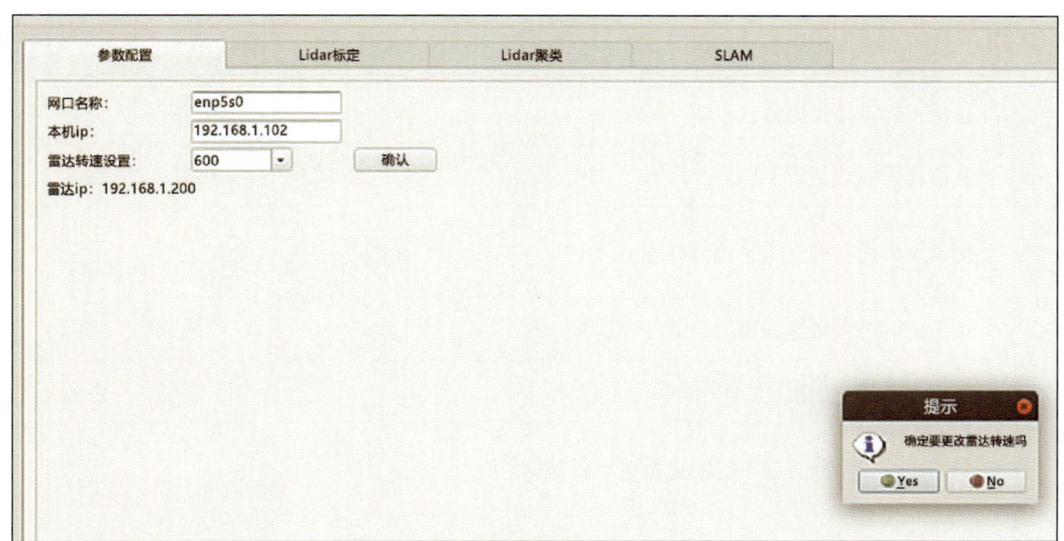

图 6-8　激光雷达转速设置界面

4）如图 6-9 所示，从终端界面可以检查激光雷达转速更改是否完成。

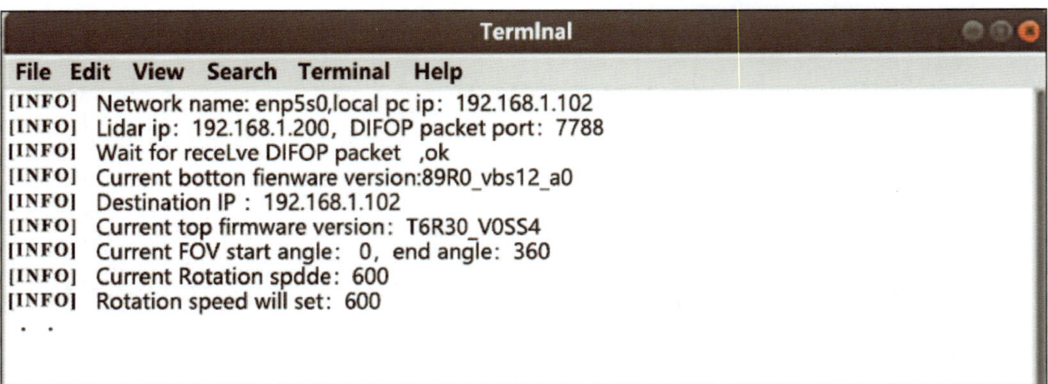
Terminal
File Edit View Search Terminal Help
[INFO] Network name: enp5s0,local pc ip: 192.168.1.102
[INFO] Lidar ip: 192.168.1.200, DIFOP packet port: 7788
[INFO] Wait for receLve DIFOP packet ,ok
[INFO] Current botton fienware version:89R0_vbs12_a0
[INFO] Destination IP : 192.168.1.102
[INFO] Current top firmware version: T6R30_V0SS4
[INFO] Current FOV start angle: 0, end angle: 360
[INFO] Current Rotation spdde: 600
[INFO] Rotation speed will set: 600

图 6-9　激光雷达转速设置终端界面

2. 技能操作

（1）操作准备

准备技能操作所需物料，见表 6-1。

表 6-1　物料准备

类别	所需物料
教学整车 / 实训平台	智能网联汽车或智能网联传感器装调平台
设备、仪器、工具	激光雷达、测试目标物、工作台等

（2）激光雷达转速设置

启动激光雷达，设置不同的转速，将工作内容记录在表 6-2 中。

表 6-2　激光雷达转速设置记录表

序号	内容	结果
1	是否正确连接激光雷达系统	是□　否□
2	是否正确启动调试主机	是□　否□
3	系统是否显示激光雷达点云数据	是□　否□ 当前激光雷达转速值：
4	是否正确进入转速设置界面	是□　否□
5	是否完成转速设置	是□　否□
6	系统是否显示新转速下的激光雷达点云数据	是□　否□ 当前激光雷达转速值：
7	转速调整前后点云变化情况	

二、激光雷达测距功能的测试

1. 知识学习

（1）激光雷达测距的原理

激光的理论基础起源于物理学家爱因斯坦于 1917 年提出的“光与物质相互作用”技术理论。在组成物质的原子中，有不同数量的粒子（电子）分布在不同的能级上，在高能级上的粒子受到某种光子的激发，会从高能级跳（跃迁）到低能级上，这时将会辐射出与激发它的光相同性质的光，而且在某种状态下，能出现一个弱光激发出一个强光的现象叫作“受激辐射的光放大”，简称激光。

激光雷达以激光束为信息载体，利用相位、振幅、频率等来搭载信息，并将辐射源频率提高到光频段，能够探测极微小的目标。激光雷达是一种采用非接触激光测距技术的扫描式传感器，是一种主动传感器，通过发射激光光束来探测目标，并通过搜集反射回来的光束形成点云和获取数据，数据经光电处理后可生成为精确的三维立体图像。

激光雷达在汽车智能驾驶上主要用于测距和点云成像，以获取目标物体的信息。在测距方面，直接飞行时间和连续波振幅调制相位是两种典型的方法。

1）直接飞行时间

直接飞行时间（direct time of flight）简称 DTOF，DTOF 探测原理可描述为根据从激光发射器发射激光到接收器捕获目标物反射能量整个过程耗费的时间来确定激光雷达与目标物之间的距离，如图 6-10 所示，可用下列公式进行计算：

$$d=\frac{tc}{2}$$

式中，d 是激光雷达与目标物之间的距离；t 是激光从发射到接收的时间；c 是光速。

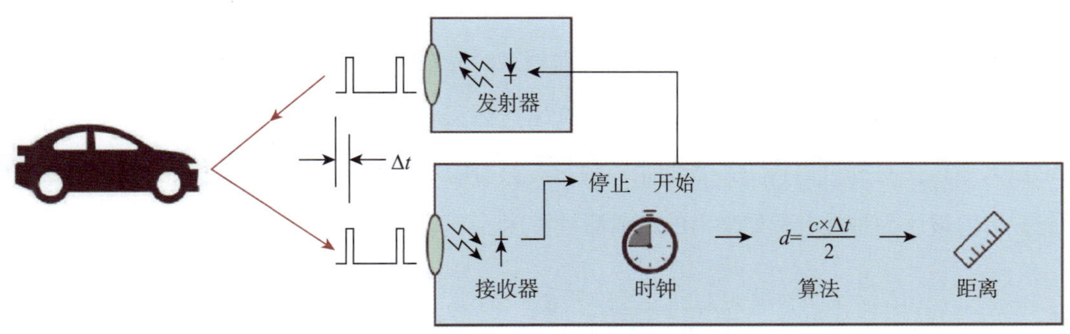

图 6-10　DTOF 探测原理

2）连续波振幅调制相位

连续波振幅调制相位的工作原理是根据激光雷达的输出信号与接收信号之间的相位差计算探测距离，如图 6-11 所示。相位差可表示为公式：

$$\Delta\varphi=2\pi ft=\frac{4\pi d}{Tc}$$

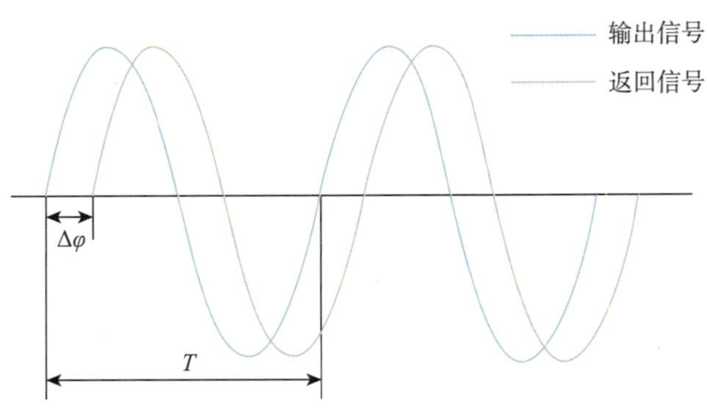

图 6-11 输出信号与接收信号之间的相位差

得到探测距离的公式为：

$$d=\frac{Tc\Delta\varphi}{4\pi}$$

式中，T 是信号周期；t 是激光从发射到接收的时间；c 是光速；$\Delta\varphi$ 是输出信号与接收信号之间的相位差。激光雷达在实际探测过程中会受到诸多因素的影响，激光的传输衰减是主要影响因素。光束在传播过程中遇到大气分子或气溶胶时，其能量会被吸收并发生散射现象，使得接收器接收到的激光能量不足，无法正确识别目标，因此需要建立前文所述的激光雷达的功率衰减模型。

（2）激光雷达测距的方法

根据雷达所发射的激光信号形式可以将激光测距方式分为激光相位测距法、激光脉冲测距法和激光干涉测距法。

1）激光相位测距法

激光相位测距法利用由激光发射器发出强度可以调制的连续激光信号，通过该激光信号照射到障碍物后反射回来，产生雷达与障碍物之间发射波与接收波的相位差$\Delta\varphi$，可以计算出障碍物与车辆的距离 L。激光相位测距法的工作原理示意图如图 6-12 所示，通过激光发射器发出一个经过频率调制的正弦波光束，经过障碍物反射，激光接收器会接收反射回来的光束。激光雷达内部计算机根据这两束光波之间的相位差，计算出障碍物的距离。相位测距激光雷达体积小、精度高、结构简单、不受光照条件的限制，无论白天还是夜晚都可以提供准确的距离信息，具有稳定性高、空间性小、易与其他设备集成化发展的性能，目前被认为是最有发展潜力的距离测量雷达。

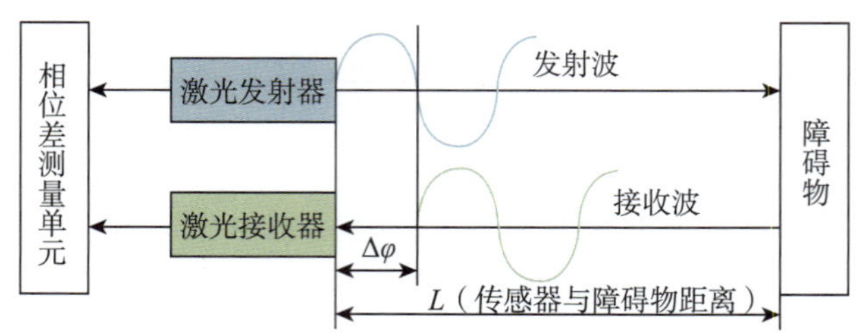

图 6-12 激光相位测距法的工作原理示意图

2）激光脉冲测距法

用激光脉冲测距法测量距离时，先通过激光发射器发出激光脉冲照射到周围环境障碍物，同时设定的计数器开始计数，当接触到物体后会有部分激光反射回来，当激光接收器接收到反射回来的激光脉冲时，计数器停止计数。激光雷达内部计算机会记录计数器的时间，也就是激光脉冲从发射到接收所用的时间。由于光速是一个固定值，根据光速就可以计算出障碍物的距离，因此，这种测距方法通过得到激光从发射到接收所用的时间就可以算出障碍物的距离，如图 6–13 所示。激光脉冲测距法的发射功率较高、测量距离较远、最大射程可达数万米，但是它的分辨率和精度与发射信号带宽或处理后的脉冲宽度有关，脉冲宽度越小，雷达性能越好。

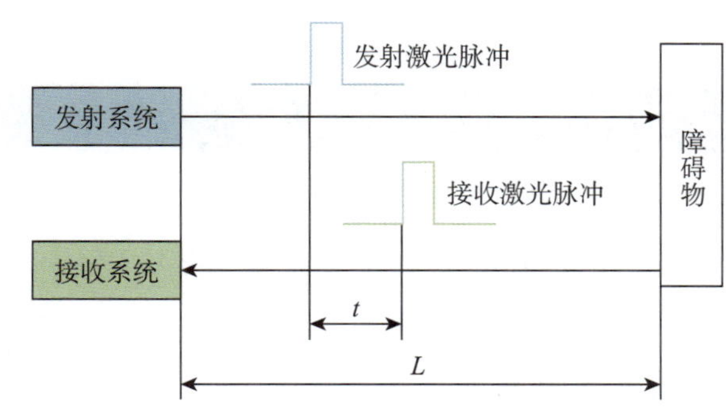

图 6–13 激光脉冲测距法的工作原理示意图

3）激光干涉测距法

激光干涉测距法与前两种测距法不同的是它利用了激光光波的干涉特性实现了距离的测量。产生光波干涉现象的条件是有两列振动方向相同、频率相同的光波互相叠加在一起，而且这两列光波的相位差是固定的。图 6–14 所示为激光干涉测距法的工作原理示意图，通过分光镜将激光发射器发射出的一束激光分为两束相干的光波 S1 和 S2，这两束光波各自经过反射镜 M1 和 M2 反射回来，反射后的光波又在分光镜处汇集到一起。由于障碍物的形状不同，两束光波来回的相位差不同，通过干涉后形成的明暗条纹也不同，这时激光雷达内部计算机会将干涉的明暗条纹转换为电信号，根据电信号的变化就可以计算出障碍物的距离，实现测距功能。

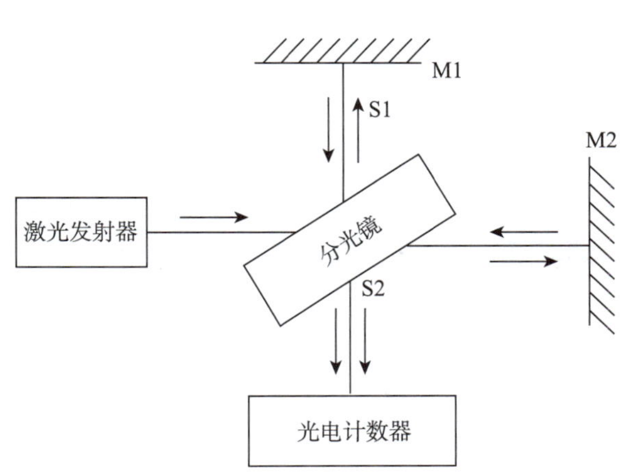

图 6–14 激光干涉测距法的工作原理示意图

激光干涉测距法测量精度高、效果好、应用成熟，但是它往往应用于测量障碍物距离的变化，而不适合直接测量距离，所以在陀螺仪、干涉仪和测振仪中使用更为广泛。

2. 技能操作

（1）操作准备

准备技能操作所需物料，见表 6–3。

表 6-3 物料准备

类别	所需物料
教学整车 / 实训平台	智能网联汽车或智能网联传感器装调平台
设备、仪器、工具	激光雷达、测试目标物、工作台等

（2）激光雷达测距功能测试

激光雷达测量周围环境距离，将工作内容记录在表 6-4 中。

表 6-4 激光雷达测距功能测试记录表

序号	内容	结果
1	开启实训平台总电源，电源指示灯是否点亮	是□ 否□
2	是否在工作区放置工作指示牌并清理周围杂物	是□ 否□
3	是否平整且无遮挡地将激光雷达安装在支架上	是□ 否□
4	是否将目标模拟器放置在固定位置	是□ 否□
5	打开实训台计算机的激光雷达图标并设置激光雷达转速	转速：________ rpm
6	启动激光雷达并扫描周围环境，是否观察到点云图像	是□ 否□
7	移动目标物，是否观察到点云变化	是□ 否□
8	记录目标测量物相对激光雷达的位置信息	距离： 速度： 角度：

三、激光雷达的标定

1. 知识学习

（1）标定的目的

激光雷达不断探测车辆自身与周边环境的距离，会出现激光雷达的测量点，也就是激光雷达本体，与作为车辆空间参考点的车后轴中心点并不重合的情况。为了统一两者的坐标系，需要对激光雷达进行标定。

（2）标定的步骤

激光雷达标定主要分为激光雷达与车后轴中心点之间的矢量测量、主机标定模块开启、参数标定、标定结果复验四个步骤，如图 6-15 所示。

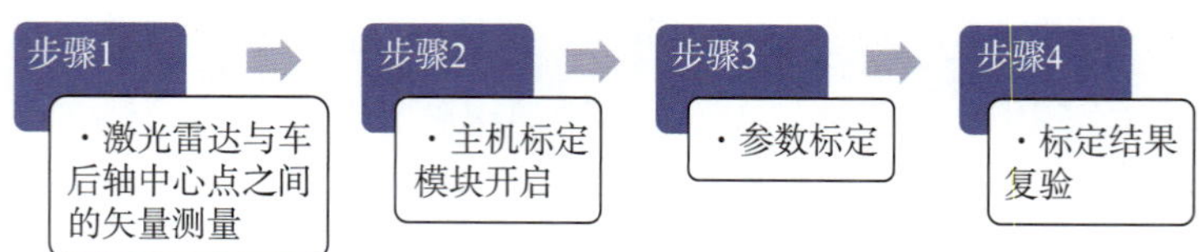

图 6-15 激光雷达标定的步骤

1）激光雷达与车后轴中心点之间的矢量测量

运用卷尺和量角器测量车后轴中心点和激光雷达的位置距离，如图 6-16 所示。测量激光雷达角度时需注意量角器与坐标轴平面（如 *xz* 平面）平行，量角器水平气泡位于中间，测取另一坐标轴（*y* 轴）的旋转角度。

2）主机标定模块开启

打开实训平台系统进入激光雷达标定模块，勾选“PointCloud2”复选框，可查看点云数据，如图 6-17 所示。

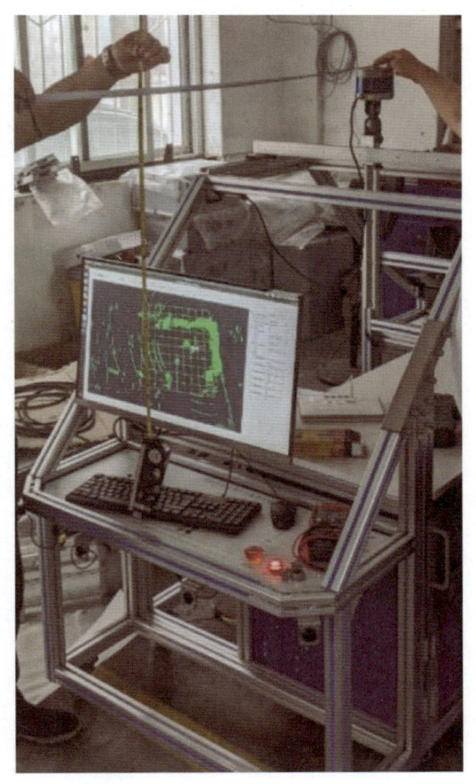

图 6-16　激光雷达与车后轴中心点之间的矢量测量

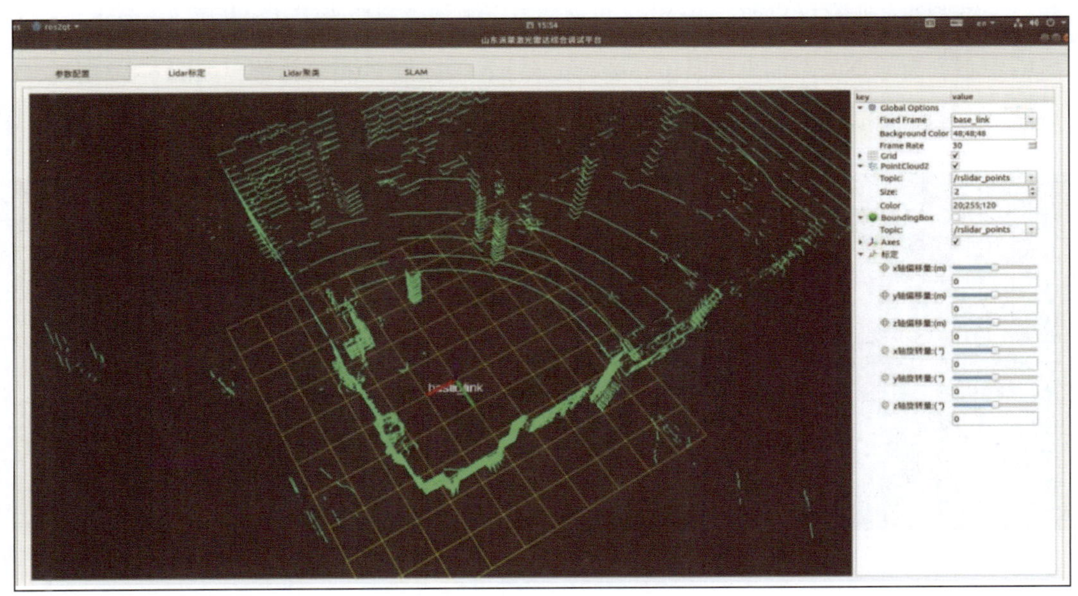

图 6-17　激光雷达标定模块的点云数据

情境二

3）参数标定

在激光雷达的参数标定界面，把之前的测量结果通过滑块或直接输入，如图 6-18 所示，其中“base_link”代表车后轴中心点，“rslidar_points”代表激光点云。

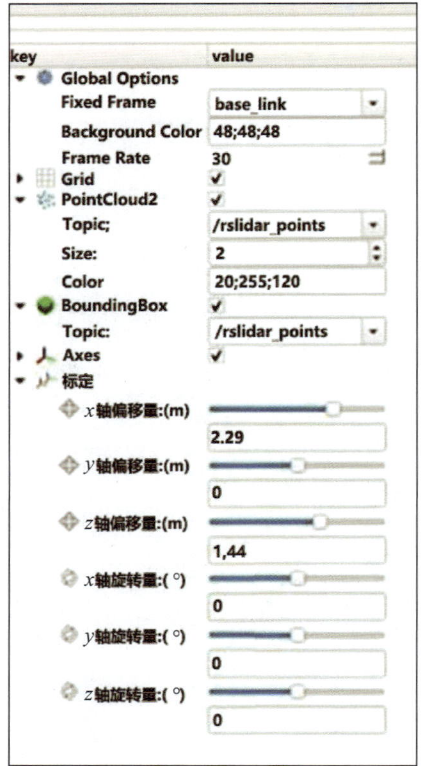

图 6-18　激光雷达参数标定界面

4）标定结果复验

激光雷达标定结果复验方法有结果目测查验法和实测法两种。

结果目测查验法。观察标定前后 RSView 界面的点云数据中，激光雷达坐标系（一旁标记有 rslidar）和以车后轴中心点为原点的车辆坐标系（一旁标记有 base_link）的相对位置，如图 6-19 所示，右图为标定后数据，可通过观察两个坐标系相对位置与实车是否相符，基本判断标定是否完成。

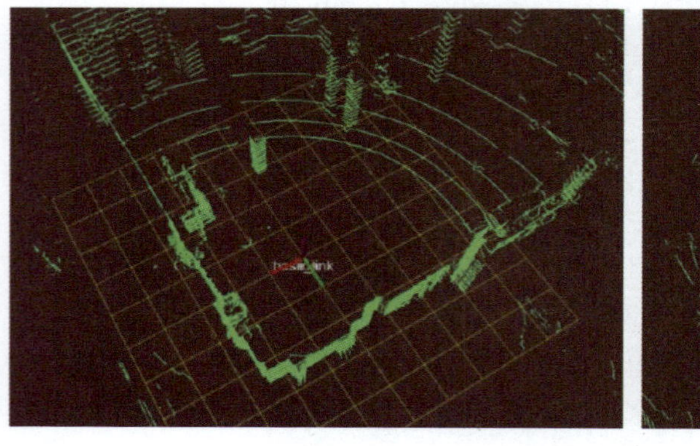

a）

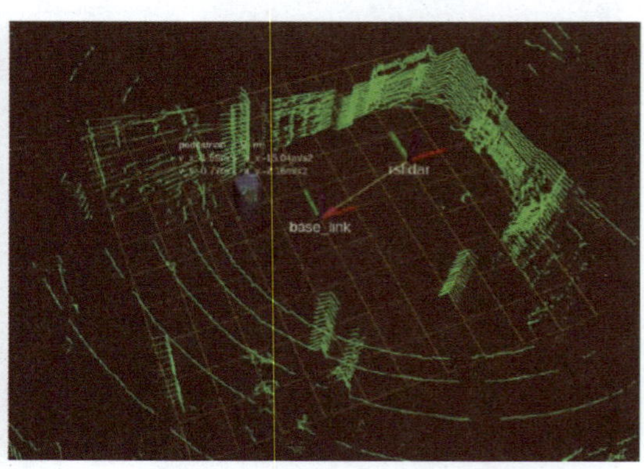

b）

图 6-19　标定前后点云数据对比

a）标定前数据　b）标定后数据

实测法。打开标定模块的“BoundingBox”进行距离测试。将人员作为目标或专用测试目标物体静止放置于车辆附近某个位置，该目标被激光雷达识别后，在图 6–20 中显示为蓝色立方体，并显示距离数值。将方位和距离数值与实际目标物和实车相对位置的参数进行对比，查验是否一致。如果一致，表明标定成功，若不一致则需重新标定。

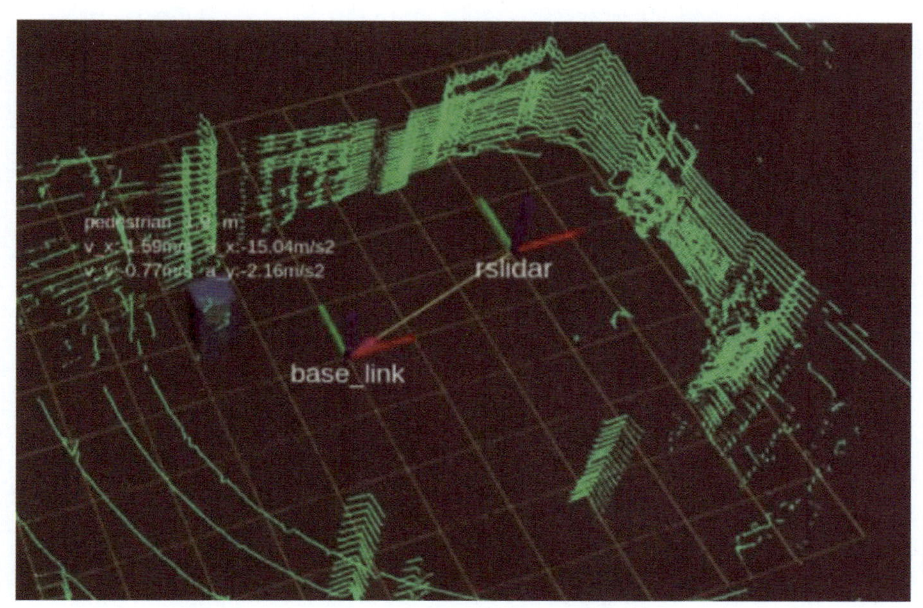

图 6–20　实测法的点云图

2. 技能操作

（1）操作准备

准备技能操作所需物料，见表 6–5。

表 6–5　物料准备

类别	所需物料
教学整车 / 实训平台	智能网联汽车或智能网联传感器装调平台
设备、仪器、工具	激光雷达、卷尺、量角器、坐标尺、工作台等

（2）激光雷达标定

使用合适的工具，对激光雷达进行标定，将工作内容记录在表 6–6 中。

表 6–6　激光雷达标定记录表

序号	内容	结果
1	打开实训台计算机的激光雷达图标并设置激光雷达转速	________ rpm
2	启动激光雷达并扫描周围环境，是否观察到点云图像	是□　　否□
3	用卷尺测量车后轴中心点与雷达的 x 轴偏移量	_________mm

续表

序号	内容	结果
4	用卷尺测量车后轴中心点与雷达的 y 轴偏移量	________mm
5	用卷尺测量车后轴中心点与雷达的 z 轴偏移量	________mm
6	用量角器辅助坐标尺测量车后轴中心点与雷达的 x 轴旋转量	________°
7	用量角器辅助坐标尺测量车后轴中心点与雷达的 y 轴旋转量	________°
8	用量角器辅助坐标尺测量车后轴中心点与雷达的 z 轴旋转量	________°
9	是否开启主机雷达标定模块	是□　否□
10	是否在主机雷达标定模块完成参数标定	是□　否□
11	标定结果复验方法	结果目测查验法□　实测法□
12	是否在画面中找到激光雷达坐标系	坐标标识：
13	是否在画面中找到车辆坐标系	坐标标识：
14	实测法探测目标物相对车辆实际距离	
15	点云中探测目标物测量距离	
16	是否完成标定	是□　否□

检查评估

对本任务的学习情况进行检查，并将相关内容填写在表 6-7 中。

表 6-7　检查表

检查项目	检查结果	结果点评
激光雷达转速的设置		
是否完成转速调整	是□　否□	
是否记录转速调整前后点云变化	是□　否□	
激光雷达测距功能的测试		
是否能够解释激光测距原理	是□　否□	
是否根据点云数据判断物体相对车辆远近关系	是□　否□	

续表

检查项目	检查结果	结果点评
是否成功读取目标距离数据	是□　否□	
激光雷达的标定		
是否正确完成激光雷达与车后轴中心的矢量测量	是□　否□	
是否完成标定	是□　否□	
是否完成标定复验	是□　否□	
整理及恢复		
工具、设备是否整理恢复	是□　否□	
实训工位是否打扫干净	是□　否□	
工作页是否填写完整	是□　否□	

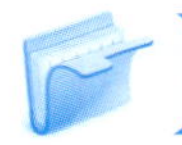

任务小结

本任务小结如图 6-21 所示。

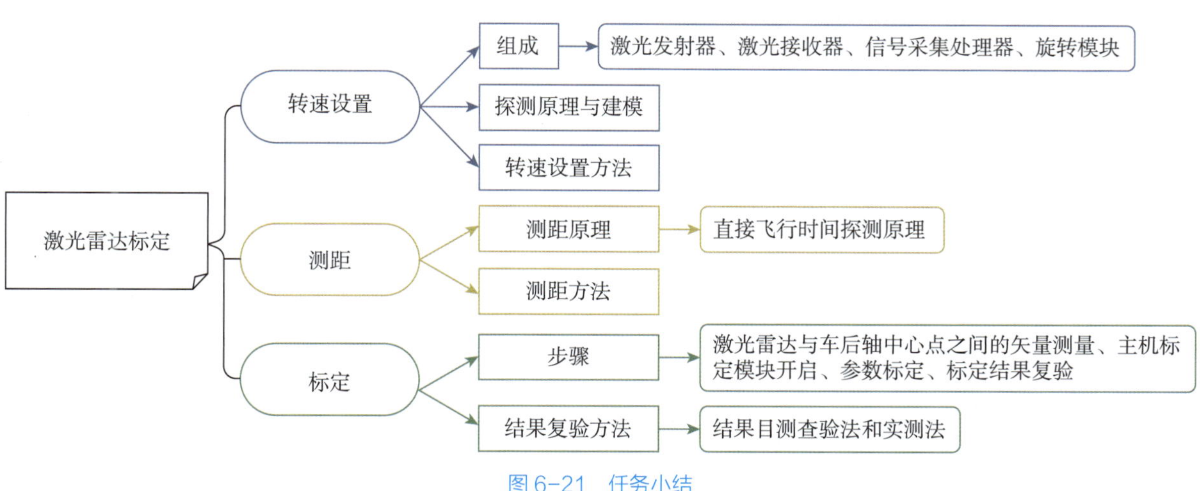

图 6-21　任务小结

任务七 激光雷达数据解析与点云聚类

任务导入

场景：某国产自主品牌汽车试制车间

人物：车间班组长王师傅、实习试制装调技师小宋

情节：小宋观察到在激光雷达工作时装调主机中的数据画面不断滚动，他希望了解这些激光雷达数据的含义，便去请教王师傅，王师傅将指导小宋学习如何查看激光雷达的数据，以及这些数据是怎么使车辆发现前方障碍物的。请你跟随小宋，一起学习掌握激光雷达更深入的技术技能吧。

任务目标

- 能根据设计文档正确操作装调主机、读取激光雷达数据流，并对激光雷达数据进行检查和解析。
- 能根据激光雷达装调文档规范操作计算机主机，完成激光雷达的点云聚类操作及参数调试。

任务实施

一、激光雷达数据解析

1. 知识学习

（1）激光雷达坐标系统

激光雷达利用光的反射原理，根据从发射激光至接收反射激光的时间间隔，来计算出雷达与被测物

体的实际间距，利用简单的三角函数，根据激光的发射角度计算出被测物体的位置信息，从而达到定位的作用。

激光雷达的坐标系统如图 7–1 所示。在顶视图中，激光雷达电气接口朝向与 y 轴方向共线。空间中的探测点，即图中的数据点，相对于激光雷达的角度和距离通过计算测得后，投影到坐标系统，利用图左下角的公式可以计算出数据点与坐标轴的距离，通过进一步换算得到数据点与车辆的距离。

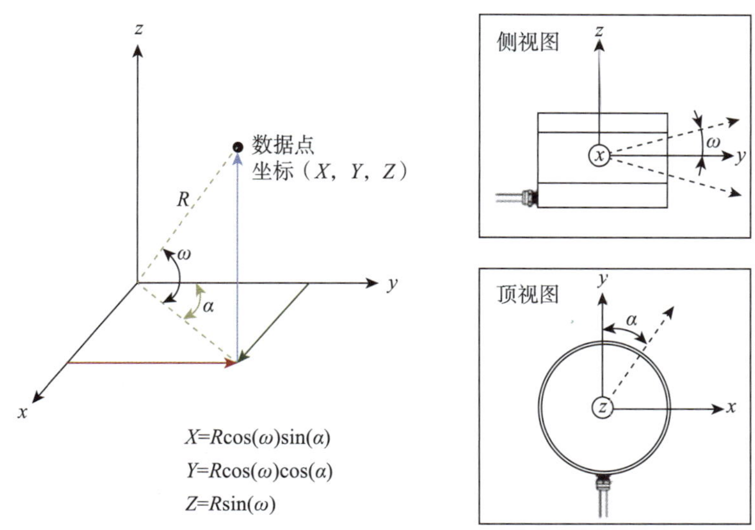

图 7–1　激光雷达的坐标系统

（2）激光雷达帧数据的组成与解析方法

以 16 线激光雷达为例，其在垂直平面有 16 根激光束。激光雷达在采集三维数据时，每一步的旋转都可在空间上采集 16 个点的三维数据。此过程中，对旋转频率也就是转速可进行设定，频率不同，旋转的步进角度不同。在垂直方向上的视角范围为 –15°~+15°，每个激光束对应的垂直角度见表 7–1。

表 7–1　激光束 ID 与垂直角对应表

Laser ID	垂直角	Laser ID	垂直角
0	–15°	8	–7°
1	1°	9	9°
2	–13°	10	–5°
3	–3°	11	11°
4	–11°	12	–3°
5	5°	13	13°
6	–9°	14	–1°
7	7°	15	15°

激光雷达采用 UDP 协议传输数据，每一帧的数据长度固定为 1 248 字节，分别为前 42 字节的前数据包标识、12 组数据包、4 字节时间戳和最后两字节雷达型号参数。

12 组数据包中前两字节为数据包的开头标识，接下来两字节为旋转角度值和连续 32×3 字节（2 字节的距离值 +1 字节的激光反射强度值）的距离信息，每个数据包开头所携带的旋转角度值是指当前数据包前 16×3 字节对应的角度值。

以图 7-2 为例，图中数据包的最左边 00000h 表示行标识，左图第一行画红线部分 FF EE 为数据包的开头标识，E0 63 为十六进制两字节标识当前旋转角度值，B6 07 2A 的前两字节 B6 07 标识激光雷达的探测距离信息，2A 表示激光反射强度值。右图画红线部分最后面六个字节表示数据帧的时间戳和雷达信息参数。

```
00000h: FF EE E0 63 B6 07 2A C4 0E 7C CB 08 17 C4 0E 85
00010h: 29 0A 08 C5 0E 1A 1A 0C 02 D6 0E 82 02 0F 11 E6
00020h: 0E 94 A3 0E 06 DF 0E 6B CE 0E 81 0B 0F 63 CE 0E
00030h: 94 0A 0F 64 B8 07 2A C5 0E 7C C8 08 18 BE 0E 85
00040h: 2B 0A 08 C9 0E 19 24 0C 03 D2 0E 82 07 0F 0B EA
00050h: 0E 94 B0 0E 06 F1 0E 57 CF 0E 83 07 0F 64 D2 0E
00060h: 94 0E 0F 5E FF EE 09 64 BA 07 2A C7 0E 7C C7 08
00070h: 17 BF 0E 85 29 0A 08 D1 0E 19 22 0C 02 D6 0E 82
00080h: 02 0F 03 E8 0E 93 E4 0E 1A 00 0F 73 D0 0E 83 FB
00090h: 0E 77 D2 0E 94 14 0F 5E B6 07 2A CB 0E 7B C9 08
000a0h: 17 C1 0E 85 27 0A 08 CB 0E 18 24 0C 02 DA 0E 82
000b0h: FE 0E 01 E4 0E 93 E4 0E 20 01 0F 70 D6 0E 84 16
000c0h: 0F 7C CE 0E 94 10 0F 5E FF EE 30 64 B2 07 2C C9
000d0h: 0E 7B CD 08 17 C1 0E 85 27 0A 0A CB 0E 19 23 0C
000e0h: 02 DA 0E 82 E9 0E 0B E8 0E 93 E4 0E 1C FF 0E 70
000f0h: D7 0E 83 15 0F 7F CE 0E 94 10 0F 64 B4 07 2C C5
00100h: 0E 7B CA 08 18 C5 0E 85 25 0A 0A CF 0E 18 21 0C
00110h: 02 D8 0E 82 EC 0E 0D EC 0E 93 E0 0E 1A FE 0E 6E
00120h: D7 0E 83 1B 0F 7F D7 0E 93 12 0F 64 FF EE 57 64
00130h: B6 07 29 C9 0E 7B C7 08 17 C2 0E 85 2D 0A 11 D1
00140h: 0E 19 1D 0C 02 DA 0E 82 F0 0E 0D EF 0E 93 E0 0E
00150h: 1A 01 0F 70 D4 0E 83 17 0F 7F DB 0E 93 16 0F 61
```

```
00360h: 15 02 11 E7 0E 16 0E 02 01 EA 0E 83 01 0F 04 00
00370h: 0F 93 EF 0E 19 13 0F 70 E8 0E 84 25 0F 7F E7 0E
00380h: 92 2C 0F 5E FF EE 46 65 F1 01 16 E0 0E 7C 0A 02
00390h: 14 DA 0E 82 0D 02 1A E7 0E 17 18 02 05 ED 0E 83
003a0h: 08 0F 03 FE 0E 93 F0 0E 19 1A 0F 72 EC 0E 84 29
003b0h: 0F 7E E5 0E 92 2C 0F 64 E8 01 1F DD 0E 7C 00 02
003c0h: 1C DE 0E 82 06 02 1B E5 0E 17 1E 02 10 F3 0E 83
003d0h: 1A 0F 01 03 0F 93 EE 0E 18 18 0F 72 F0 0E 84 2D
003e0h: 0F 7E E9 0E 92 2C 0F 64 FF EE 6E 65 E7 01 21 DD
003f0h: 0E 7C F9 01 19 E2 0E 82 08 02 1E E7 0E 15 14 02
00400h: 20 F1 0E 83 00 00 0F 03 0F 93 F1 0E 14 16 0F 72
00410h: EE 0E 84 33 0F 7E EB 0E 92 30 0F 61 E6 01 25 E2
00420h: 0E 7C F1 01 1B DF 0E 84 02 02 1A E6 0E 12 06 02
00430h: 13 EF 0E 83 1E 02 01 0A 0F 93 F2 0E 0F 1C 0F 72
00440h: EE 0E 84 35 0F 7E ED 0E 92 32 0F 5E FF EE 96 65
00450h: E3 01 32 E5 0E 7B EB 01 27 E0 0E 82 FA 01 19 EC
00460h: 0E 13 FF 01 17 F3 0E 83 15 02 04 09 0F 93 FA 0E
00470h: 0A 20 0F 73 F2 0E 84 31 0F 7E ED 0E 92 36 0F 5B
00480h: DE 01 38 E9 0E 7C EB 01 2D E2 0E 82 F4 01 1D EA
00490h: 0E 12 FB 01 1C F7 0E 83 0E 02 07 09 0F 92 FD 0E
004a0h: 07 24 0F 73 F4 0E 84 37 0F 7E ED 0E 92 34 0F 5E
004b0h: 6D 69 94 0F 37 22
```

图 7-2　激光雷达数据包示例

2. 技能操作

（1）操作准备

准备技能操作所需物料，见表 7-2。

表 7-2　物料准备

类别	所需物料
教学整车 / 实训平台	智能网联汽车或智能网联传感器装调平台
设备、仪器、工具	激光雷达、工作台等

（2）激光雷达数据解析

开启激光雷达主机，从数据流中截取数据图，根据设计文档和产品手册进行数据解析，将工作内容记录在表 7-3 中。

表 7-3　激光雷达数据解析记录表

序号	内容	结果	备注
1	激光雷达参数 - 激光线束数		
2	Laser ID 为 0 的垂直角		
3	Laser ID 为 1 的垂直角		
4	Laser ID 为 2 的垂直角		
5	是否可以在数据包中标注开头标识	是□　否□	
6	是否可以在数据包中标注当前旋转角度	是□　否□	
7	是否可以在数据包中标注探测距离	是□　否□	
8	是否可以在数据包中标注激光反射强度	是□　否□	

二、激光雷达点云聚类

1. 知识学习

（1）激光雷达点云

点云（point cloud），顾名思义是数量庞大的点在空间中像云朵一样分布。严格定义下的点云是空间中点的数据集，可以表示三维形状或对象，通常通过激光雷达等三维扫描仪获取，如图 7-3 所示。

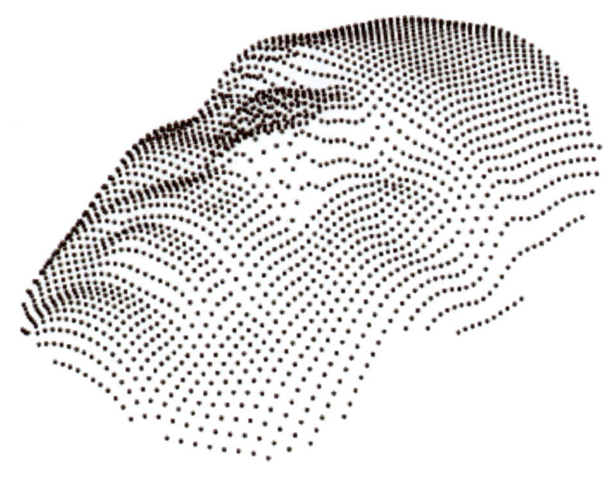

图 7-3　点云示例

点云中每个点的位置都由一组笛卡尔坐标（x，y，z）描述，同时还含有色彩（RGB）信息和物体反射面强度（intensity）信息。强度信息的获取是激光雷达接收元件采集到的回波强度，此强度信息与目标的表面材质、粗糙度、入射角方向，以及仪器的发射能量、激光波长有关。因此点云数据经过各种算法处理以及可视化后，可以高度保真地呈现所感知环境。图 7-4 所示为点云呈现的环境感知结果，可以看到点云呈现的道路、树木、车道线等各种交通环境元素。

图 7-4　点云呈现的环境感知结果

（2）点云聚类一般的应用场景

激光雷达通过建立高精度电子地图可以对周围环境的目标进行定位、障碍物识别、车道线检测、可通行空间检测、目标分类与运动跟踪、障碍物轨迹预测等。它的功能非常全面，是智能网联汽车中非常重要的传感器。通过激光雷达的“眼睛”功能，智能网联汽车能够根据扫描到的点云数据快速绘制 3D 全景地图，主要应用的场景包括高精度电子地图和定位、障碍物轨迹预测、障碍物识别与分割和可通行空间检测。

1）高精度电子地图和定位

利用多线束激光雷达的点云信息与车载组合惯导采集的信息，进行 3D 电子地图的制作。智能网联无人驾驶汽车可以利用激光点云信息与高精度电子地图匹配，能够达到对目标的高精度定位。

2）障碍物轨迹预测

根据激光雷达的感知数据与障碍物所在车道的道路连接关系进行轨迹的预测，通过计算机计算和规划来实施无人驾驶汽车的避障、换道、超车等操作。

3）障碍物识别与分割

利用高精度电子地图限定感兴趣区域（ROI）后，基于点云特征预测障碍物的相关属性，实现前景障碍物识别与分割，其中识别是利用激光雷达高精度电子地图限定感兴趣区域后，根据存储在系统中的障碍物特征和识别算法，进行障碍物识别。如果障碍物是石墩或者固定物体，无人驾驶车辆需要进行自我改变行驶路线来避让，如果是人类或者动物等活体目标，则车辆需要对目标行为进行预判，从而进行下一步的规划和操作。

4）可通行空间检测

利用高精度电子地图限定 ROI 后，可以根据 ROI 内部（如可行驶道路和交叉口）点云的高度及连续性信息判断点云处是否可通行。

(3) 点云聚类在 ADAS 中的应用

1）车道偏离预警

激光雷达可以检测车辆前方车道上的障碍物，并标识出潜在的活体障碍物。同时也可以根据车辆目前行驶状态规划出行驶的车道，如果车辆出现偏离路线的情况，系统就会立即发出预警提醒驾驶员。

2）自动紧急制动

现代交通路况非常复杂，简单依靠车技和经验无法避免所有的突发状况，如前车突然停止，或者小孩子突然冲出马路，根据反应速度人类无法及时停止车辆避免事故。如图 7-5 所示，激光雷达就可以辅助驾驶员对车辆行驶前方所有静止和移动的物体进行实时监测，通过判断它们的外形和状态，当要发生危险时采取自动紧急制动，避免交通事故的发生。

图 7-5　激光雷达应用于自动紧急制动

3）交通拥堵辅助

城市的早晚高峰交通十分拥堵，驾驶员需要在堵车的过程中不断地启停车辆缓慢向前行驶，这种操作非常耗费精力。激光雷达能够在时速限制小于 30 km/h 的路况下根据与前车的距离自动控制车速，驾驶员只需掌握好汽车转向盘，可以一定程度地消除频繁启停而带来的烦恼，缓和的加 / 减速度和可靠的行人保护功能使车辆驾驶既安全又安心。

4）低速防碰撞功能

激光雷达具备低速防碰撞功能，可避免车速在 30 km/h 以下时由于司机慌神引起的交通事故。激光雷达可以监测和分析前方的路况，若发现与前方物体距离过近，车辆则会立即停止行驶避免碰撞发生。

（4）欧几里得聚类算法

激光雷达的探测结果为点云数据。点云聚类（point cloud clustering）是处理激光雷达点云数据的常见操作，即通过计算机算法将点云中距离相近或特征相似的点视为聚合在一起，识别为一个物体或相近物体，如图 7–6 所示。经典的聚类算法在 CPU 上以毫秒级运行，减轻了人工对实例物体的标记工作，同时可以使车辆更好地适应全新的场景。

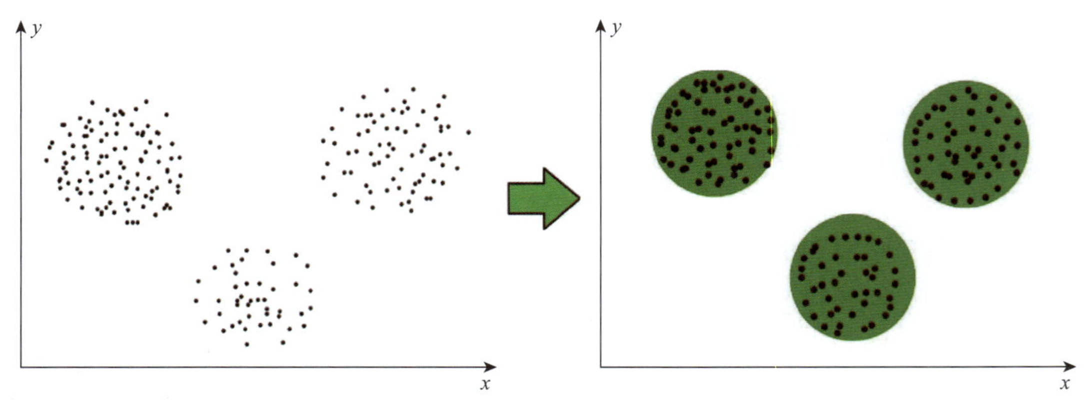

图 7–6　点云聚类概念示意

激光雷达点云聚类可以通过不同算法实现，算法各有优劣。比较常见的激光雷达聚类算法为欧几里得聚类（euclidean clustering）算法，该算法采用一个基本的数据结构——KD Tree（k– 维树），其本质上是一个每个节点都为 k 维点的二叉树。由于点云是三维的，因此激光雷达点云聚类使用三维树。

1）聚类算法的基本概念

为了方便理解，以图 7–7 所示的二维树为例，可见图中有 *A* 到 *G* 共七个点。点与点的距离表示其邻近程度，二叉树的所有非叶子节点可以分割平面的线。节点左边的子树代表在线左边的点，节点右边的子树代表在线右边的点。选择线的方法一般为从 *A* 点出发，沿着水平或者竖直方向进行。

首先从 *A* 点开始画垂直线，图形被分为左右两部分。左右图形中，靠近分界线的有 *B* 点和 *C* 点。*B* 点比 *A* 点靠左，即 *B* 点的横坐标较小。*C* 点比 *A* 点靠右，即 *C* 点的横坐标较大。编写数据结构：如果将图形视为颠倒放置的树，在右图中记录根为 *A*，树枝部分左边为 *B*（横坐标较小的点）和右边为 *C*（横坐标较大的点）。

其次，从 *B* 点和 *C* 点开始继续画水平线。从 *B* 点开始，水平线的上下分别是 *D* 点和 *E* 点。*D* 点比 *B* 点靠上，即 *D* 点纵坐标较大。*E* 点比 *B* 点靠下，即 *E* 点纵坐标较小。编写数据结构：在右图中记录根为 *B*，树枝部分左边为 *E*（纵坐标较小的点）和右边为 *D*（纵坐标较大的点）。

同理，从 *C* 点开始画水平线，线的两端为 *F* 点和 *G* 点，编写数据结构：在右图中从 *C* 延伸出 *F* 和 *G*。

最后，左边的 7 个点在二维图中的相对位置关系被编写为右图树状的数据结构。计算机使用右图的数据结构，按照“树枝”就可以得到一个聚类结果，即将 *D*、*E*、*B* 划分为一类；将 *C*、*F*、*G* 划分为另

外一类。对应到点云图上，点 *D*、*E*、*B* 是一“撮”点，表示一个外界交通环境物体。点 *C*、*F*、*G* 是与之不同的另外一“撮”点，表示另外一个外界交通环境物体。

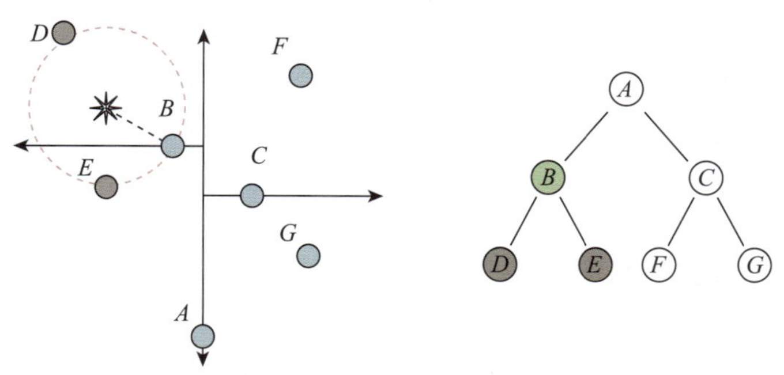

图 7-7　欧几里得聚类算法的基本概念

以基本算法思路为基础，实际应用的算法会对点的选择、点之间是否“接近”的判定方式等添加条件，例如图中的“星”形点代表一个圆心，算法找到一个圆使得 *D*、*B*、*E* 三点同在圆上，通过该圆的半径可以判断 *D*、*B*、*E* 三点的聚合程度。

2）聚类算法的参数

欧几里得聚类算法最主要的参数为聚类半径（表示为 Cluster_D）、最小聚类点数（Cluster_Min）和最大聚类点数（Cluster_Max）。

聚类半径用来设定聚类时的半径阈值，在这个半径内整个球体内的点将被聚类成一个点云簇。当聚类半径参数选择太小时，真实世界的物体可能被错误地识别为多个聚类（即多个物体），如果聚类半径参数被设定太大，真实世界的多个物体可能被错误地识别为一个聚类（即一个物体）。实际应用时需通过不断调试，实现最合理的参数设置。

最大和最小聚类点数阈值是当聚类的点云簇的点数在这两个阈值以内才会被返回。该参数的用途是供人为设置算法停止运算的条件，避免过度使用计算平台算力。可以理解为，当算法将点云数据聚合到一定程度，结果足够识别物体就适时停止聚类操作。在实际工作中，当点的数量足够多到可以完整表示形状实现物体识别（如一辆汽车）时，停止继续进行聚类操作。某典型智能网联汽车聚类算法运算结果如图 7-8 所示，车辆可以通过“方盒”的位置、大小，合理规划自己的行车路线，避免发生碰撞。

智能网联汽车实际行驶过程中，单纯依靠欧几里得聚类算法进行点云聚类受非道路元素，如路边树木、绿化带、电线杆等的影响很大，造成大量算力消耗。一种技术解决方案是将高精度电子地图与激光雷达感知进行融合，采用高精度电子地图彻底剔除不在可行驶区域上的点，节省聚类算力，同时排除很多非道路因素的干扰，提高了环境感知的准确性与可靠性。

（5）点云聚类操作

在激光雷达装调过程中，聚类操作主要用于观察激光雷达环境感知效果，同时验证系统对于聚类算法的执行是否正常。

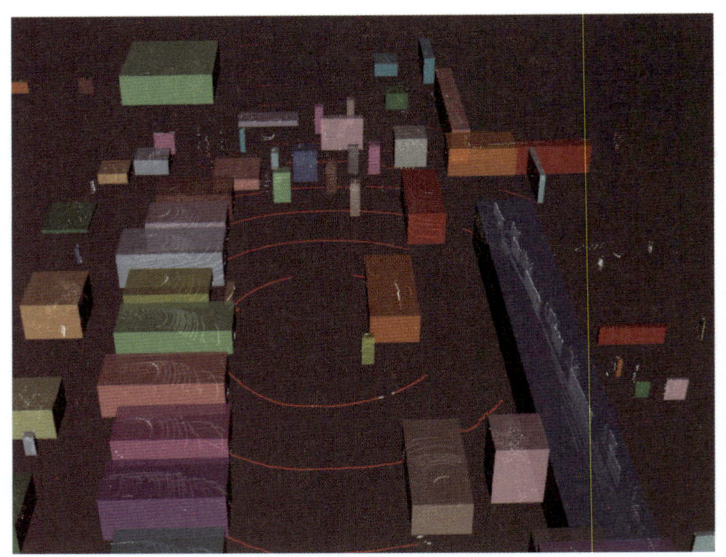

图 7-8　聚类算法运算结果示例

点云聚类操作的步骤主要为打开调试主机并查看点云数据、开启聚类功能并运用聚类算法、调整聚类参数，如图 7-9 所示。

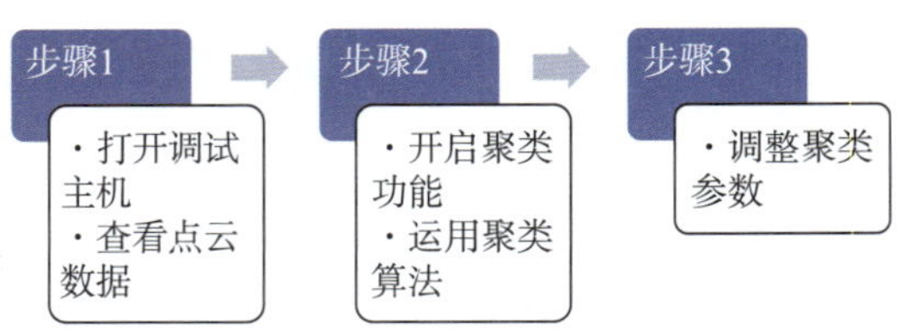

图 7-9　点云聚类操作的步骤

1）聚类操作准备

打开调试主机，查看当前点云数据，如图 7-10 所示。

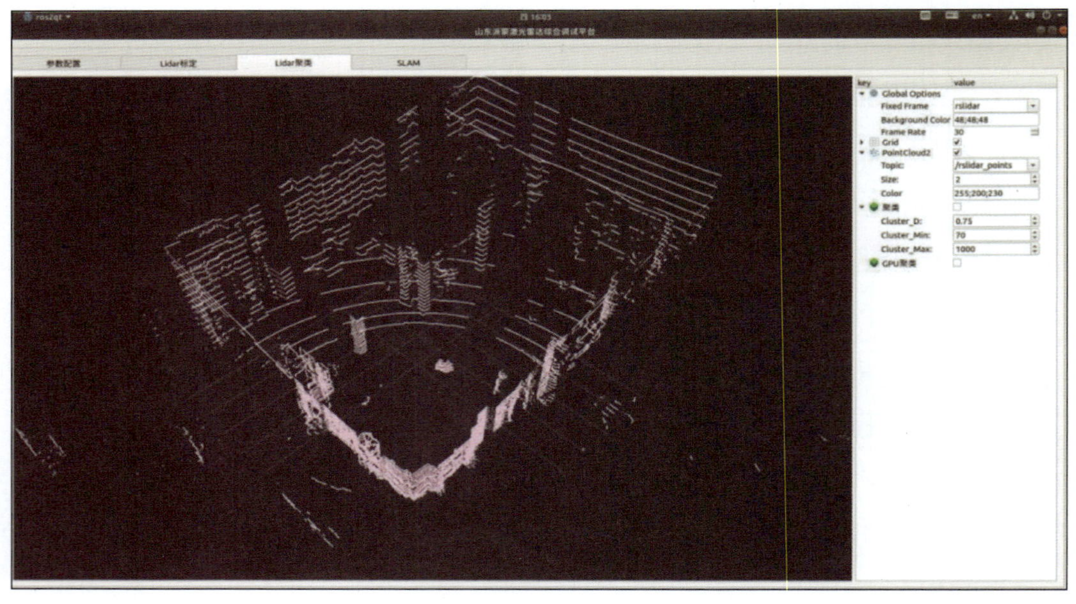

图 7-10　激光雷达当前点云数据

2）开启聚类功能并运用聚类算法

在系统内勾选“欧几里得聚类”复选框，如图 7–11 所示，开启欧几里得聚类算法。

key	value
Global Options	
Fixed Frame	rslidar
Background Color	48;48;48
Frame Rate	30
Grid	✓
PointCloud2	✓
Topic:	/rslidar_points
Size:	2
Color	255;200;230
欧几里得聚类	✓
Cluster_D:	0.75
Cluster_Min:	70
Cluster_Max:	1000
二次开发:	
	..
	编译
	测试
GPU聚类	
深度学习	
Topic:	/rslidar_points

图 7–11　欧几里得聚类算法开启界面

点云聚类运算结果出现在屏幕上，对比聚类开启前后点云数据，如图 7–12 所示。

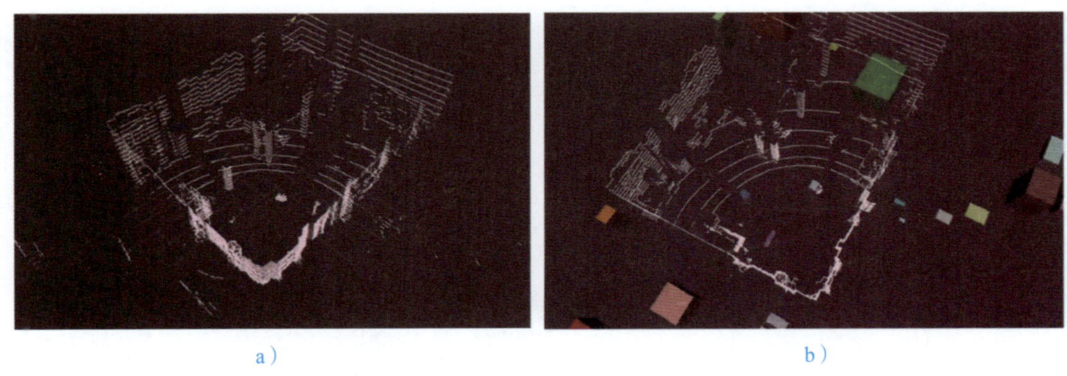

a）　　b）

图 7–12　聚类开启前后点云数据

a）聚类开启前　b）聚类开启后

3）调整聚类参数

观察点云界面，在聚类开启界面调整算法参数如“Cluster_D”（聚类半径）、“Cluster_MIN”（最小聚类点数）、“Cluster_MAX”（最大聚类点数），获得激光雷达运算结果所表示的车辆周围环境特征最突出和丰富的参数组合。

2. 技能操作

（1）操作准备

准备技能操作所需物料，见表 7-4。

表 7-4　物料准备

类别	所需物料
教学整车 / 实训平台	智能网联汽车或智能网联传感器装调平台
设备、仪器、工具	激光雷达、警示牌、防护栏、工作台等

（2）数据结构绘制

根据表 7-5 左侧的平面图，使用 KD Tree（k- 维树）的思想，编写数据结构并记录在下表的右侧。

表 7-5　数据结构绘制

点云	数据结构
C B D E H F G A	

（3）点云聚类操作

根据设计文档和装调技术文件对激光雷达生成的点云数据进行聚类操作，将工作内容记录在表 7-6 中。

表 7-6　点云聚类操作记录表

序号	内容	结果
1	主机开启是否正常	是□　否□
2	是否可查看当前点云数据	是□　否□ 使用软件：
3	聚类功能界面开启是否正常	是□　否□

续表

序号	内容	结果
4	是否勾选“欧几里得聚类”复选框	是□　　否□
5	是否可在点云数据界面查看聚类效果	是□　　否□
6	Cluster_D 参数名称	
7	Cluster_MIN 参数名称	
8	Cluster_MAX 参数名称	
9	调大 Cluster_D 参数，其他参数不变，点云聚类效果描述	
10	调小 Cluster_D 参数，其他参数不变，点云聚类效果描述	
11	调大 Cluster_MIN 参数，其他参数不变，点云聚类效果描述	
12	调小 Cluster_MIN 参数，其他参数不变，点云聚类效果描述	
13	调大 Cluster_MAX 参数，其他参数不变，点云聚类效果描述	
14	调小 Cluster_MAX 参数，其他参数不变，点云聚类效果描述	
15	综合调整各项参数，获得一组满意的参数组合	Cluster_D： Cluster_MIN： Cluster_MAX：

检查评估

对本任务的学习情况进行检查，并将相关内容填写在表 7–7 中。

表 7–7　检查表

检查项目	检查结果	结果点评
激光雷达数据解析		
是否能够调取激光雷达数据流	是□　否□	
是否能够找到数据包开头标识	是□　否□	
是否能够读取当前旋转角度值	是□　否□	

续表

检查项目	检查结果	结果点评
激光雷达点云聚类		
是否完成聚类算法数据结构绘制	是□ 否□	
是否正确开启聚类功能界面	是□ 否□	
是否找到一组合适的聚类参数	是□ 否□	
整理及恢复		
工具、设备是否整理恢复	是□ 否□	
实训工位是否打扫干净	是□ 否□	
工作页是否填写完整	是□ 否□	

任务小结

本任务小结如图 7-13 所示。

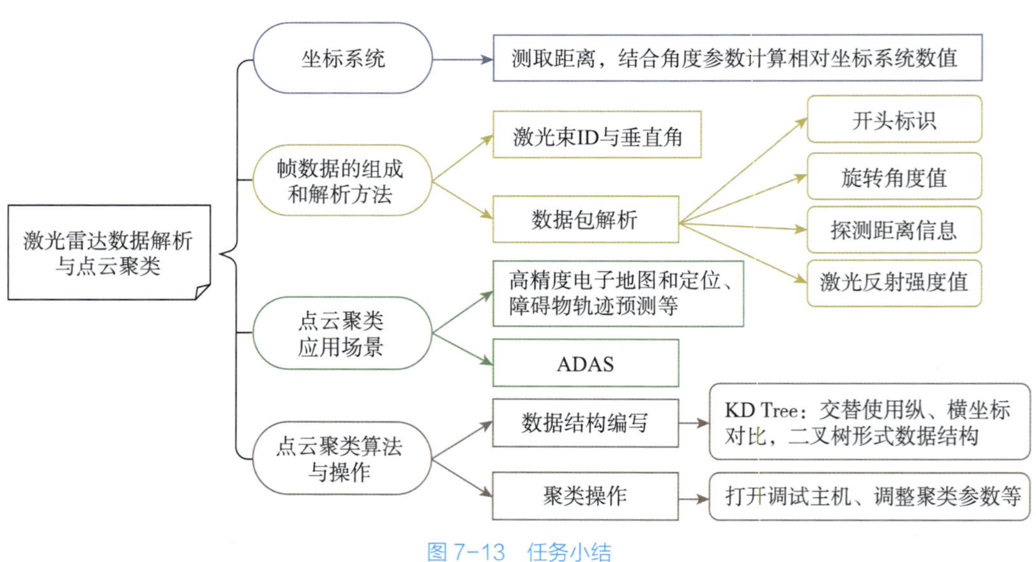

图 7-13 任务小结

任务八
激光雷达系统检修与维护

任务导入

场景：某国产自主品牌汽车试制车间

人物：车间班组长王师傅、实习试制装调技师小宋

情节：这次装车完成后，在试制车辆交付装车评审前，王师傅把车辆开动进行动态试车，在行驶一段时间后，车辆故障灯亮起，显示车辆出现激光雷达有关故障，现在王师傅要带领小宋对激光雷达系统进行检修，并对修好的系统进行必要维护。如果你是小宋，你将如何开始工作？

任务目标

- 能根据设计文档和产品手册正确操作工具，完成激光雷达系统故障的检修。
- 能根据设计文档和产品手册按照正确流程，完成对激光雷达固件的更新。

任务实施

一、激光雷达系统故障检修

1. 知识学习

（1）激光雷达常见故障

激光雷达属于智能网联汽车上的精密部件，激光雷达产品标准配置一般为激光雷达主部件和接线盒两部分，如图 8–1 所示。车辆其他系统通过接线盒与激光雷达主部件相连。

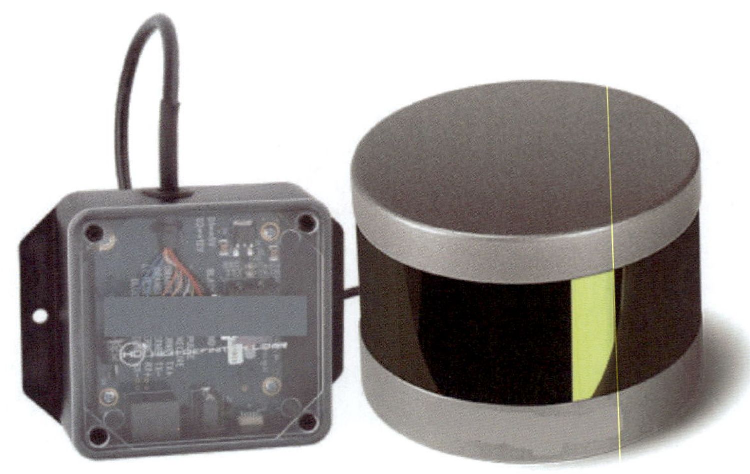

图 8-1　激光雷达主部件和接线盒

激光雷达系统会由于感光区域污损、机械部件异常磨损、产品质量缺陷、连接线路故障等产生故障，造成车辆相关环境感知功能受到影响或失效。

在进行激光雷达系统检修时，一般需先明确激光雷达的故障现象。激光雷达常见的故障现象有接线盒（interface box）LED 灯不亮、激光雷达旋转部件不转动、激光雷达旋转部件转动但系统无法获取数据、通信正常但主机无法查看点云数据、无法进入主机调试界面、激光雷达数据丢失等。

（2）接线盒故障检修

激光雷达接线盒工作状态可以通过盒体上的 LED 灯进行查看。如果 LED 灯不亮，可以断定系统存在接线盒相关故障。典型激光雷达接线盒内部结构与外部接口位置如图 8-2 所示。

图 8-2　接线盒内部结构与外部接口位置示例

接线盒故障检修方法如下：

1）查看接线盒供电是否正常，是否存在供电线路松动和正负极接反故障。典型激光雷达接线盒工作电压在 9~18 V 之间，最大工作电流为 0.9 A。

2）检查接线盒内部熔丝，如果发现熔丝烧毁，需更换熔丝。

熔丝更换的步骤为断开接线盒电源线，小心缓慢取下接线盒外罩，取下旧熔丝并更换新部件，安装外罩，给接线盒上电，更换完成。

（3）激光雷达旋转部件不转动故障检修

激光雷达正常工作时，雷达上部的旋转部件 360° 不停旋转对周围进行扫描。旋转部件不旋转的原因主要为激光雷达供电故障，检修方法为从接线盒开始，进行供电故障检修，基本步骤同接线盒故障检修。

（4）激光雷达旋转部件转动但系统无法获取数据故障检修

激光雷达可以正常旋转但系统无法获取数据的故障检修流程如下：

1）检查接线盒与主机之间的网线是否正常。必要时更换新网线查看故障是否排除。

2）检查数据接收并查看软件如 Wireshark 或者 RSView 是否安装正常。

3）检查计算机主机网络设置是否正常。

4）检查计算机主机 IP 地址设置是否正常。

5）确认计算机主机中没有防病毒软件屏蔽数据接收信号。

（5）通信正常但主机无法查看点云故障检修

RSView 软件无法查看点云数据主要的原因可能为计算机主机防火墙的作用。检查方法为关闭计算机主机防火墙，检查 IP 地址。

（6）无法进入主机调试界面故障检修

当无法在主机上进入调试界面时，需要依次检查以太网连接、IP 地址设置、RSView 安装、防火墙状态灯情况，如果都没有发现问题，一般应重新安装主机系统以排除故障。

（7）激光雷达数据丢失故障检修

激光雷达数据丢失故障应首先检查系统中的设置，如激光雷达的水平视角是否为 360°，即是否存在某个角度范围内雷达不工作的情况。检查整个车辆网络通信系统是否存在设计缺陷，造成激光雷达向车辆传输数据存在阻塞和延迟。检查计算机主机选型是否存在算力不足的问题。

（8）元器件故障检修

激光雷达内部有大量精密电子元器件，如图 8-3 所示。发射电路中有激光器、光束控制器、激光调制器等元器件；接收系统中有光电探测器，信息处理系统中有放大器，扫描系统中有旋转电机、扫描镜、准直镜头、窄带滤光片等元器件。内部元器件由震动、缺乏维护保养、制造缺陷等造成的损坏会影响激光雷达系统无法正常运行。激光雷达内部元器件故障一般需进行整体更换维修。

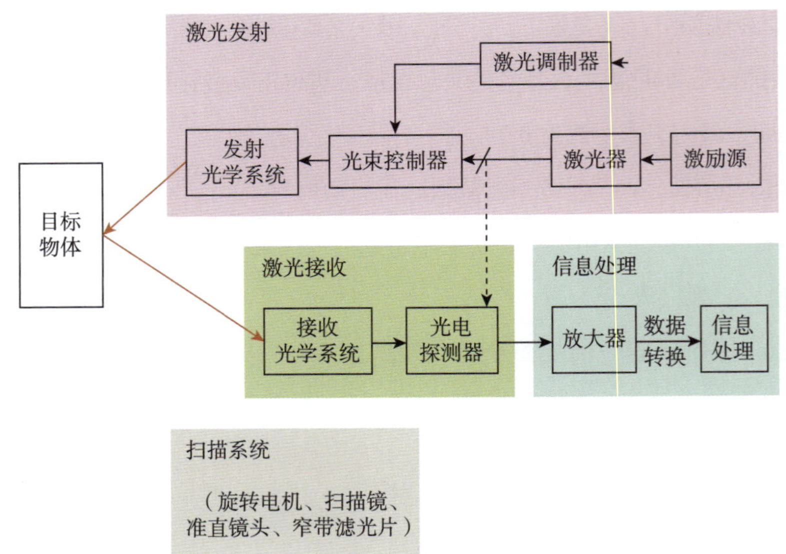

图 8-3　激光雷达内部元器件

（9）线束安装故障检修

激光雷达通常安装于车辆顶部，接线盒一般在前仪表板内部或其他车内利于电子设备通风散热的位置。某车型激光雷达系统线束布置如图 8-4 所示。

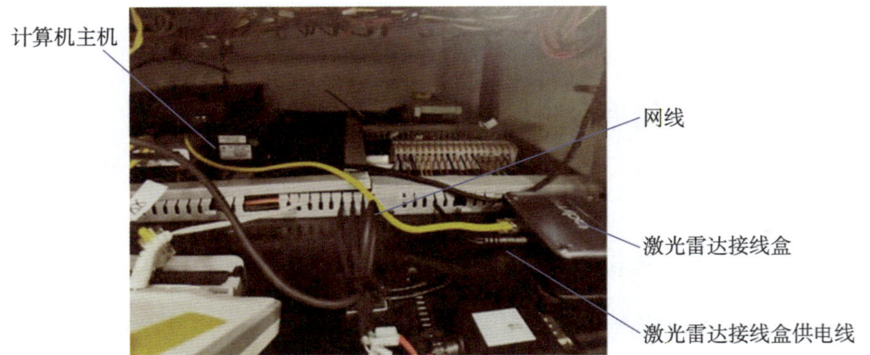

图 8-4　激光雷达系统线束布置示例

线束安装故障检修内容如下：

1）检查线束是否根据布线图要求铺设，是否根据线束所依附物体的走向规范布置，线束应呈现横平竖直的走向，尽量避免斜拉现象。

2）线束装配绑扎后应平顺，线束两端长度应余量适当，一般为线束的总长加 20~40 cm。

3）当有多束线一同绑扎时，线束间应平行布置，严禁扭曲缠绕。

2. 技能操作

（1）操作准备

准备技能操作所需物料，见表 8-1。

表 8-1　物料准备

类别	所需物料
教学整车 / 实训平台	智能网联汽车或智能网联传感器装调平台
设备、仪器、工具	激光雷达、万用表、示波器、水平仪、绝缘手套、绝缘工具箱、绝缘胶带、实训工装、工作台等

（2）系统电路图拆画

根据试制技术文件，在表 8-2 中拆画激光雷达系统电路图。

表 8-2　激光雷达系统电路图

电路图

（3）激光雷达系统故障检修

检查激光雷达系统，如果存在故障，将故障诊断过程记录在表 8-3 中。

表 8-3　激光雷达系统故障检修记录表

序号	内容	结果	维修措施
1	激光雷达故障现象描述		
2	接线盒指示灯是否亮起	是□　　否□	
3	接线盒供电检查	是否松动：是□　　否□ 是否断路：是□　　否□ 是否正负极接反：是□　　否□	
4	接线盒熔丝是否完好	是□　　否□	
5	网线是否连接正常	是□　　否□	
6	数据接收与查看软件是否正常	软件名称： 状态：是□　　否□	

续表

序号	内容	结果	维修措施
7	主机 IP 地址是否设置正确	是□ 否□ 主机 IP 地址：	
8	是否存在元器件故障	激光雷达故障：是□ 否□ 接线盒故障：是□ 否□	
9	是否存在线束安装问题	是□ 否□ 问题描述：	
10	激光雷达系统故障是否排除	是□ 否□	

二、激光雷达固件更新

1. 知识学习

（1）激光雷达固件及其作用

激光雷达是属于车载计算平台环境感知系统的一种硬件。激光雷达固件（firmware）是激光雷达系统承担最基础工作的软件。通过固件，汽车计算机主机操作系统才能按照标准的设备驱动实现特定激光雷达的运行动作和通信。固件相对于普通软件的特点在于固件是专门为硬件设备而设计的软件，另外固件不需要考虑人机界面等有关用户使用的因素。

不同车载计算平台主机系统操作硬件的方式不同。为了使某一个特定的激光雷达产品适配具有各种系统的多种车型，同时也为了同一款激光雷达可以被多种软件调用，激光雷达生产厂家编写专门的固件以实现上述功能，让自身的产品操纵起来更容易，简化软件与硬件之间的交互。

固件升级又称固件刷新，是指把新的固件写入计算机中，代替原有固件的一项车载智能传感器运行维护专门工作。

激光雷达固件需要升级更新的主要原因是解决兼容性问题，解决产品使用中发现的 Bug（计算机程序错误或者漏洞），以及通过固件升级使激光雷达具有更多的功能。具体原因有以下几点：

1）解决兼容性问题

在激光雷达安装于车上后，随着时间变化整个汽车计算平台系统硬件和软件都会不断更新，可以同理理解为计算机的视窗（Windows）操作系统每隔几年会发布和自动安装新的版本，计算平台也如此，因此激光雷达可能出现与硬件、软件不兼容的问题，需要更新激光雷达固件，以使硬件能兼容新的系统及软件。

2）解决漏洞与缺陷

任何软、硬件都有可能存在一些缺陷。激光雷达固件更新可用于修正以前版本中存在的漏洞和缺陷。

3）功能优化

在原有的硬件基础上，激光雷达的生产者通过固件更新的方式可以为现有激光雷达产品增加新功能。

激光雷达固件更新主要分为两个大步骤，首先对现有固件进行检查以确认是否需要更新，再进行更新操作。

（2）激光雷达固件检查

激光雷达固件检查用于对现有激光雷达系统的固件版本进行查看，与车辆主机厂家发布的激光雷达最新固件版本进行比较，确认是否有必要进行固件更新。

1）按照车辆主机厂家提供的网址，查看当前发布的最新固件的版本。

2）操作车载主机，打开激光雷达信息查询界面。查看“固件”或者“Firmware”相关信息，将“版本”或者“Version”信息进行记录。查询界面示例如图 8–5 所示，固件版本信息在红色框内。

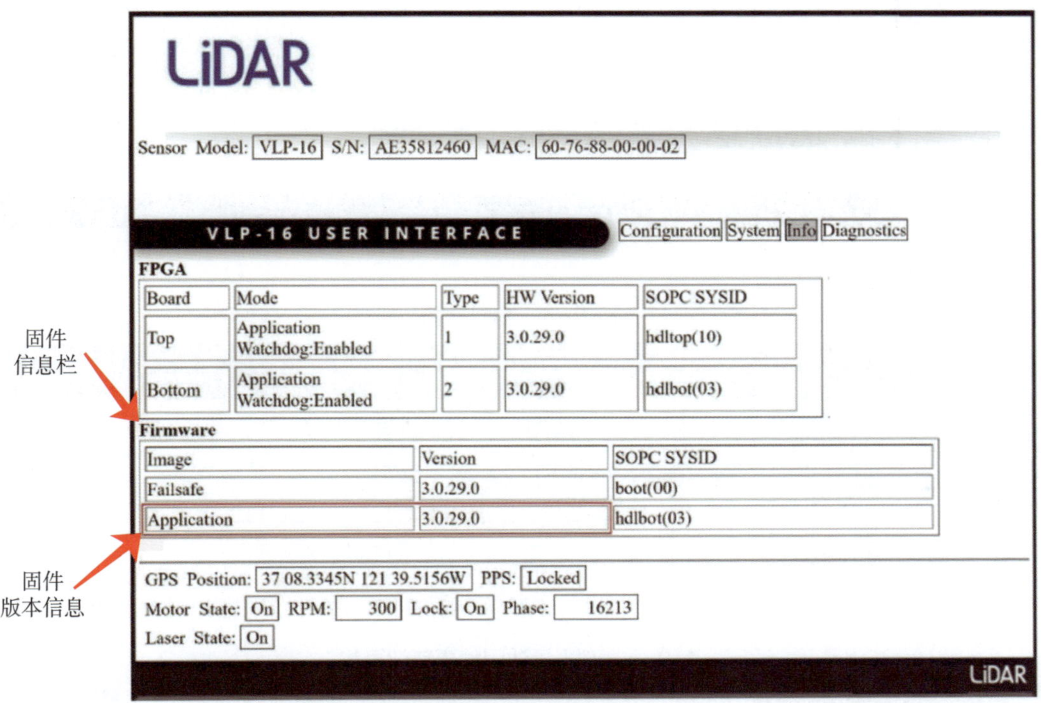

图 8–5　激光雷达信息查询界面示例

3）对比车辆主机厂家发布的激光雷达最新固件版本的版本号与目前车上激光雷达固件的版本号。若相同，则不需要进行进一步操作。若发现当前车上的固件版本较低，则需要进行固件更新操作。

（3）激光雷达固件更新

激光雷达固件更新步骤为下载最新固件，在安装界面完成固件安装。

在激光雷达固件安装界面进行安装文件选择，如图 8–6 所示，单击“Update”（更新）按钮，查看安装进度。安装完毕后，主机会出现安装完毕提示。

2. 技能操作

（1）操作准备

准备技能操作所需物料，见表 8–4。

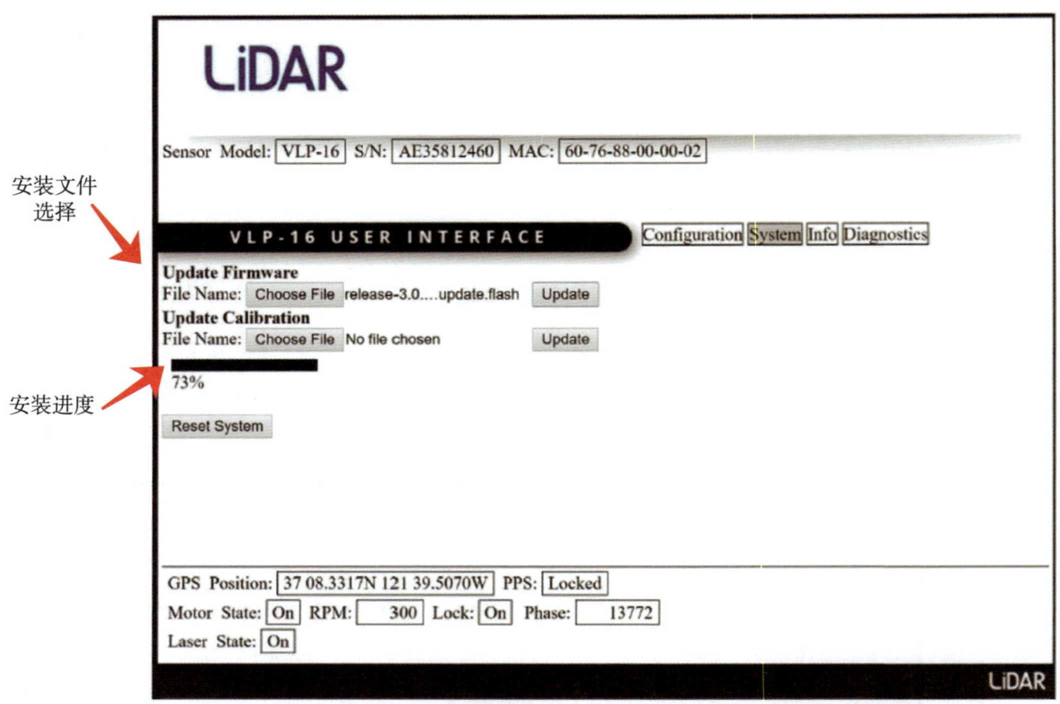

图 8-6　激光雷达固件安装界面

表 8-4　物料准备

类别	所需物料
教学整车 / 实训平台	智能网联汽车或智能网联传感器装调平台
设备、仪器、工具	激光雷达、装调主机、工作台等

（2）激光雷达固件更新

根据试制技术文件，进行激光雷达固件版本检查与更新工作，将工作内容记录在表 8-5 中。

表 8-5　激光雷达固件更新记录表

序号	内容	结果	备注
1	是否查询到主机厂家最新固件版本	是□　　否□ 网址：	
2	是否打开激光雷达信息查询界面	是□　　否□	
3	当前激光雷达固件版本号		
4	是否需要固件版本更新	是□　　否□	
5	是否完成新版本固件下载	是□　　否□ 文件存储位置：	
6	是否找到安装进度条	是□　　否□	
7	是否完成固件更新	是□　　否□	

检查评估

对本任务的学习情况进行检查，并将相关内容填写在表 8-6 中。

表 8-6　检查表

检查项目	检查结果	结果点评
激光雷达系统故障检修		
是否正确记录激光雷达故障现象	是□　否□	
检修流程是否规范	是□　否□	
是否排除故障	是□　否□	
激光雷达固件更新		
是否找到主机厂家最新固件版本号	是□　否□	
是否查找到当前激光雷达系统版本	是□　否□	
是否完成固件更新	是□　否□	
整理及恢复		
工具、设备是否整理恢复	是□　否□	
实训工位是否打扫干净	是□　否□	
工作页是否填写完整	是□　否□	

任务小结

本任务小结如图 8-7 所示。

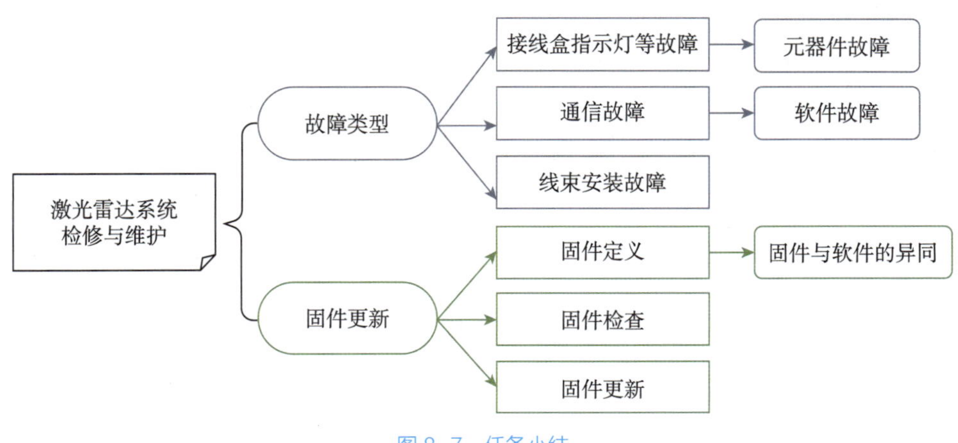

图 8-7　任务小结

情境二

情境三
毫米波雷达装调与测试

情境介绍

毫米波雷达是目前广泛被应用于智能网联汽车多方位障碍物探测的环境感知智能传感器。毫米波雷达对物体距离和速度具有精准的探测能力，并较少受到环境能见度的影响，因此成为自动紧急制动、变道等 ADAS 的主要探测部件。毫米波雷达的装调与标定等相关工作的作业水平对车辆安全性、智能驾驶的实现具有重要意义。

本情境包含毫米波雷达安装准备、毫米波雷达装调与标定、毫米波雷达部件与系统测试、视觉传感器与毫米波雷达融合标定四个任务，具体内容包括毫米波雷达安装、毫米波雷达标定等。

情境目标

▸ 能根据图纸和装调手册正确使用工具，完成毫米波雷达的安装与调试。

▸ 能根据装调手册正确操作标定系统，完成毫米波雷达的标定。

▸ 能根据装调手册根据毫米波雷达探测原理完成毫米波雷达目标探测的测试。

▸ 能根据装调手册正确操作主机，完成视觉传感器与毫米波雷达融合的标定。

任务九 毫米波雷达安装准备

任务导入

场景：某国产自主品牌汽车试制车间

人物：车间班组长王师傅、实习试制装调技师小刘

情节：智能网联汽车是融合多项先进科技的新一代汽车产品。装调技师小刘听说在这轮试制装车工作中，自己要跟着王师傅安装一种战斗机上才有的"黑科技"，对此他感到十分好奇。王师傅让小刘跟随自己去库房领取叫做毫米波雷达的零件，于是小刘开启了这项"神秘"的工作。现在你也要和小刘一样，开始新一轮挑战。

任务目标

- 能根据图纸和装调手册正确核对毫米波雷达基本的参数，进行毫米波雷达装配前的检查与准备工作。
- 能根据图纸和装调手册正确使用工具，在图纸规定位置完成毫米波雷达的安装与调试。

任务实施

一、毫米波雷达部件检查

1. 知识学习

（1）毫米波雷达的定义

车用雷达（radio detection and ranging，radar）是一种通过向目标区域发射电磁波并接收目标反

射波以获取目标距离和速度信息的智能传感器。如图 9–1 所示，毫米波雷达（millimeter wave radar，mmWave）是发射 1~10 mm 波长电磁波的车用雷达，是智能网联汽车先进辅助驾驶系统的核心传感器，在智能驾驶方面主要用于采集车辆前方和侧向运动目标的方位、距离和运动速度。此外，毫米波雷达还有安装在智能座舱内用于驾驶员探测的应用。

图 9–1　毫米波雷达的外观及其应用场景

（2）毫米波雷达的分类

毫米波雷达可以按照工作原理、探测距离和频段进行分类，如图 9–2 所示。

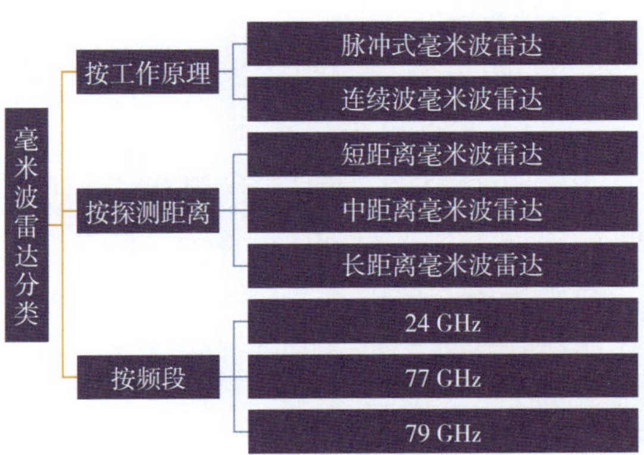

图 9–2　毫米波雷达的分类

1）按工作原理分类

根据工作原理分类，毫米波雷达可分为脉冲式毫米波雷达和连续波毫米波雷达两大类。

脉冲式毫米波雷达利用发射脉冲信号与接收脉冲信号之间的时间差来计算目标距离，但在测量距离低于 1 000 km 的汽车应用上，时间间距太短，技术上不易实现解算，另外硬件结构复杂、成本高，因此脉冲式毫米波雷达在汽车上实际应用很少。

连续波毫米波雷达是利用多普勒效应（doppler effect）进行不同目标的距离和速度测量的雷达。连续波雷达发射功率低、尺寸小、成本、测量目标距离和速度的性能与周围环境的光照情况无关，并不需要额外的辅助光源提供照明，另外连续波毫米波雷达较高的工作频率意味着整体解决方案的尺寸更小。因此目前大多数车载毫米波雷达都采用连续波毫米波雷达。

连续波毫米波雷达根据工作原理的不同又可以分为频移键控型（FSK）、相移键控型（PSK）、单频连续波型（CW）、调频连续波型（FMCW）。调频连续波型毫米波雷达具有探测精度高、调制方式简单的优点，目前汽车较多使用调频连续波型（FMCW）毫米波雷达。

2）按探测距离分类

毫米波雷达按探测距离分为三种：一是短距离毫米波雷达（short range radar，SRR），最远探测距离 60 m 左右；二是中距离毫米波雷达（middle range radar，MRR），最远探测距离 100 m 左右；三是长距离毫米波雷达（long range radar，LRR），最远探测距离 250 m 左右。

3）按频段分类

毫米波雷达按工作频段分类有 24 GHz、77 GHz 和 79 GHz 三个频段的毫米波雷达。

24 GHz 毫米波雷达主要用于 30~70 m 中、短距离探测，最远距离可达 120 m，探测幅度宽，识别精度高（厘米级）。77 GHz 毫米波雷达主要用于 100~250 m 中、长距离探测，最远距离可达 280 m，且探测幅度窄，识别精度高（厘米级）。79 GHz 毫米波在中国尚未开放民用。毫米波雷达的探测距离与频率关系的示意如图 9–3 所示。

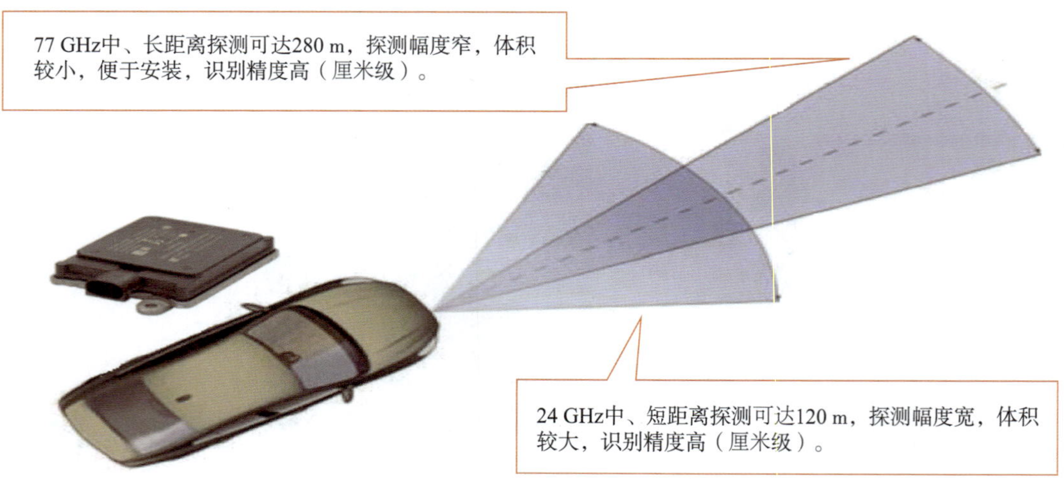

图 9–3　毫米波雷达探测距离与频率关系的示意

24 GHz 毫米波雷达应用频段为 24.05~24.25 GHz，如图 9–4 所示。窄带带宽为 250 MHz，波长大于 1 cm。严格来讲 24 GHz 雷达属于厘米波雷达。负责短距离探测的 24 GHz 毫米波雷达探测距离是 30 m、探测角度是水平 80° ，主要可以用于盲点检测系统和后碰撞预警系统等。

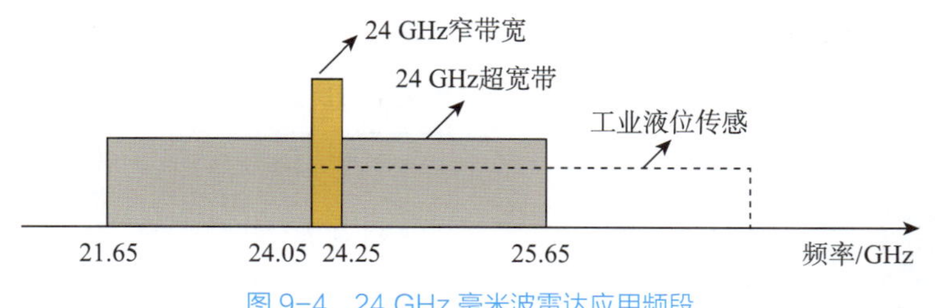

图 9-4　24 GHz 毫米波雷达应用频段

77 GHz 毫米波雷达应用频段如图 9-5 所示，其中 76~77 GHz 频段用于远程车载雷达，并且该频段有等效同性各向辐射功率的优势，同时满足高传输功率和宽工作带宽，可以同时做到长距离探测和高距离分辨率。77~81 GHz 短距离雷达频段是新加入的频段，可提供高达 4 GHz 的宽扫描带宽，非常适合需要高范围分辨率的应用。77 GHz 毫米波雷达主要负责中长距离探测，中距离毫米波雷达的探测距离是 80 m、探测角度是水平 40°，主要可以用于侧向交通辅助系统和变道辅助系统等；长距离毫米波雷达的探测距离是 200 m、探测角度是水平 18°，主要可以用于自适应巡航系统、自动紧急制动系统和前碰撞预警系统等。

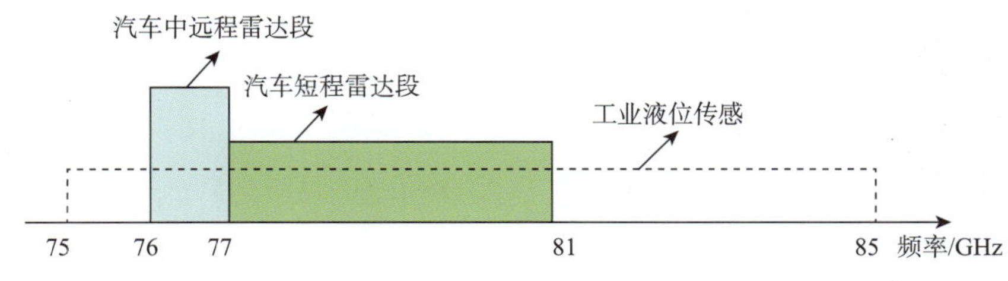

图 9-5　77 GHz 毫米波雷达应用频段

2015 年日内瓦世界无线电通信大会将 77.5~78 GHz 频段划分给无线电定位业务，以支持短距离高分辨率车载雷达的发展，从而使 76~81 GHz 都可用于车载雷达。77 GHz 带宽更大、分辨率更高、抗干扰能力更强，并且毫米波对行人的反射波识别能力较弱，使用分辨率更高的 77 GHz 会加强毫米波雷达对物体的识别能力。

现阶段智能网联汽车主要应用 24 GHz SRR 系统 +77 GHz LRR 系统的技术路线。

24 GHz 毫米波雷达与 77 GHz 毫米波雷达具有以下不同点：

24 GHz 毫米波雷达的体积比 77 GHz 毫米波雷达的体积大，因为 77 GHz 毫米波雷达的工作波长更短所以收发天线面积大幅减小，而 24 GHz 毫米波雷达的频率更低、波长更长，所需要的天线就更长，很难实现小体积。以自适应巡航系统为例，77 GHz 毫米波雷达的体积仅为 24 GHz 毫米波雷达的 33.3%，识别率是其 3 倍，精准度则达到其 3~5 倍。全球范围内 77 GHz 及 79 GHz 毫米波雷达是主流产品。

77 GHz 毫米波雷达所需要的工艺更高，且 77 GHz 毫米波雷达的检测精度更好。相比于 24 GHz 毫米波雷达，77 GHz 毫米波雷达的波长更短，虽然绕射能力比 24 GHz 毫米波雷达弱，但是其检测精度更高。对于检测精度要求高的场合，77 GHz 毫米波雷达更具优势。目前国产 77 GHz 毫米波雷达产品还未实现大规模量产，79 GHz 频率还未向民用开放，因此我国市场上的多数毫米波雷达产品以 24 GHz 毫米波雷达产品为主。不同频率毫米波雷达参数对比见表 9–1。

表 9–1 不同频率毫米波雷达对比

频率	24 GHz	77 GHz	79 GHz
探测距离	SRR/MRR （30~120 m）	MRR/LRR （可达 200 m 及以上）	SRR/MRR/LRR （30 m 以上）
探测角度	大	小	大
体积	大	天线是 24 GHz 的 33%， 体积小	小
识别精度	0.5 m 左右	高，可达厘米级	最高，4~8 cm
车速上限	150 km/h	250 km/h	260 km/h
主要应用场景	盲区检测 BSD 车道偏离预警 LDW 车道保持辅助 LKA 泊车辅助 PA 变道辅助 LCA	自适应巡航 ACC 自动紧急制动 AEB 前向碰撞预警 FCW 自动驾驶系统 ADS	泊车辅助 PA 开门预警 DOW 盲点监测 BSD 变道辅助 LCA 行人监测 PD
市场价格	300 元左右	前向：350~450 元 角雷达：250~300 元	中国尚未开放民用
汽车安装位置	车辆前方、后方	车辆前方、两侧	车辆前方、后方、两侧

（3）毫米波雷达的特性

毫米波雷达的工作频段如图 9–6 所示。

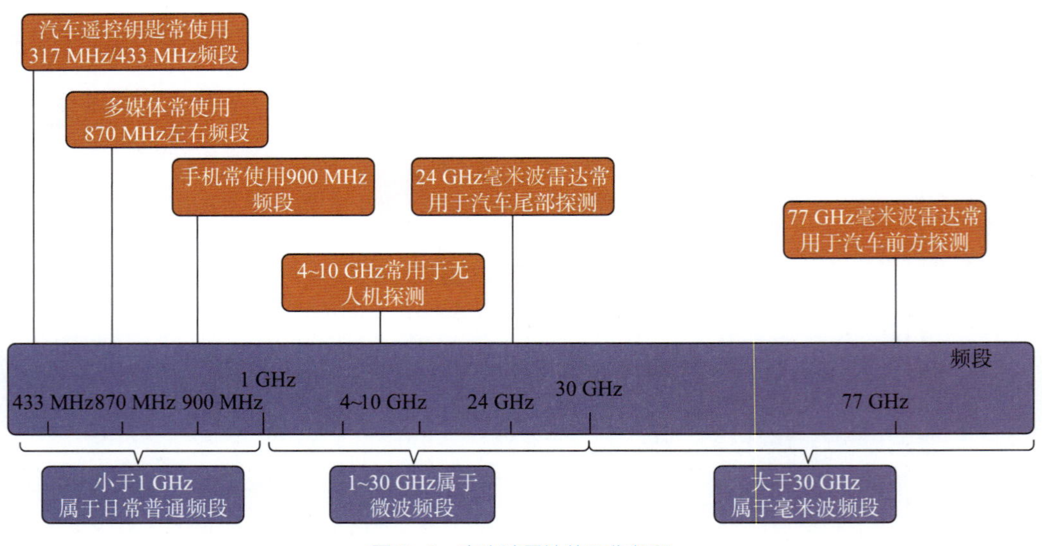

图 9–6 毫米波雷达的工作频段

在电磁频谱中，毫米波的波长被视为短波长，其波长位于微波与远红外波交叠的波长范围内，所以毫米波具有微波和远红外波这两种波谱的优点，其理论和技术分别是微波向高频的延伸和光波向低频的发展。同时毫米波也具有其独特的性质，根据波的传播理论，频率越高，波长越短，分辨率越高，穿透力越强，但是在传播过程中的损耗越大，传输距离越短；反之，频率越低，波长越长，绕射能力越强，传输距离越远。所以与微波相比，毫米波的分辨率高、指向性好、抗干扰能力强和探测性能好。与红外波相比，毫米波的大气衰减小，对烟雾和灰尘具有更好的穿透性，受天气影响小，具体分析如下。

1）传输速度快，内容多

毫米波带宽超过从直流到微波带宽之和的 10 倍。即使考虑大气吸收，在大气中传播时使用四个主要窗口，但这四个窗口的总带宽也可达 135 GHz，是微波以下各频段带宽之和的 5 倍，可以容纳大量系统信号在该频段工作而不会产生相互干扰。国外众多 5G 通信技术也使用了毫米波频段。

2）适应能力强

毫米波波长为 1~10 mm，频率介于红外波和厘米波之间，所以综合了二者的一些优点：既能像厘米波一样在全天候环境使用，抗干扰能力强，不受物体表面形状、颜色的干扰，又具有红外波一样的高分辨率。短波长的另一项优势是高准确度，77 GHz 左右（对应波长约为 4 mm）的毫米波系统能够检测小至零点几毫米的移动，可以分辨相距更近的小目标，更能清晰地观察目标的细节，易于利用多普勒效应对动态目标进行识别。

3）探测距离远

毫米波在非大气窗口频率传播时，大气对毫米波具有较强的衰减作用，尤其是在 60 GHz、120 GHz、180 GHz 这三个频段附近衰减出现极大值，即衰减峰，如图 9–7 所示。但是即使如此，毫米波相对于激光、红外线，对水滴、尘埃和烟雾的穿透能力更强。在目前智能网联汽车使用的环境感知雷达中，毫米波雷达几乎是唯一可以全天候工作的。车载毫米波雷达的探测距离一般是 150~200 m，有些能够达到 300 m，能够满足高速行驶环境下对较大距离范围的环境监测需要。

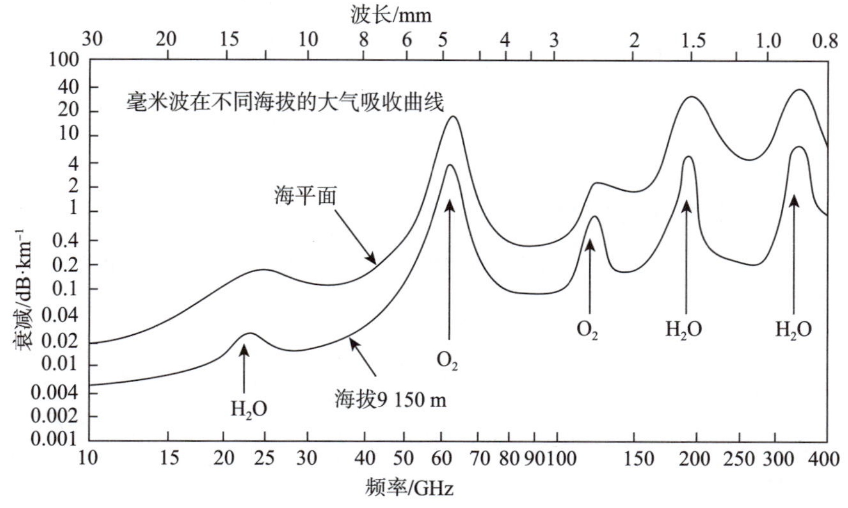

图 9–7　毫米波的衰减曲线

情境三

（4）部件检查工作的内容

毫米波雷达部件检查主要有零部件性能参数检查与零部件外观检查两大项内容。

1）零部件性能参数检查

毫米波雷达的性能参数主要有调制方式、测距范围、距离测量分辨率、距离测量精度、测角范围、角精度、速度范围、速度分辨率、速度精度等，一款 77 GHz 中短距毫米波雷达性能参数见表 9–2。

表 9–2 77 GHz 中短距毫米波雷达性能参数表（示例）

项目	性能参数
调制方式	FMCW
测距范围	0.20~170 m@±4°，0.20~120 m@±9°（中长距模式） 0.20~70 m@±9°，0.20~40 m@±45°（短距模式）
距离测量分辨率	0.68 m，在满足 1.5 到 2 倍分辨率的条件下可对两个物体进行区分
距离测量精度	±0.30 m
测角范围	±45° @–16 dB
角精度	±0.1°（长距模式），±0.3° @0° ±1° @±45°（短距模式）
速度范围	–200~+300 km/h（–表示远离目标，+表示靠近目标）
速度分辨率	±1.23 km/h
速度精度	±0.5 km/h
天线通道数	2TX/4RX=8 通道
循环周期	60 ms
俯仰波束	14°
方位波束	18°

在对零部件进行检查时，应查看并核实部件零件号、性能参数是否与试制图纸上的参数相同，避免误领零部件。

测距范围是毫米波雷达最主要性能的参数，图 9–8 所示为表 9–2 示例毫米波雷达的视场角（FOV），结合该图可以看到毫米波雷达参数表中测距范围一般与视场角即探测视角直接相关。探测视角越小，探测距离越远。在参数表中，此项“@”符号前为参数值、“@”符号后为该参数值的条件，例如上表中长距模式下视场角为 ±9° 时毫米波雷达探测范围为 0.2~120 m。

在雷达图像中，当两个目标及两个以上目标位于同一方位角的不同距离时，各目标被雷达区分出来的最小距离则是距离测量分辨率。毫米波雷达的距离测量分辨率由脉冲的宽度所决定，开发时减小脉冲宽度以达到较高距离测量分辨率。

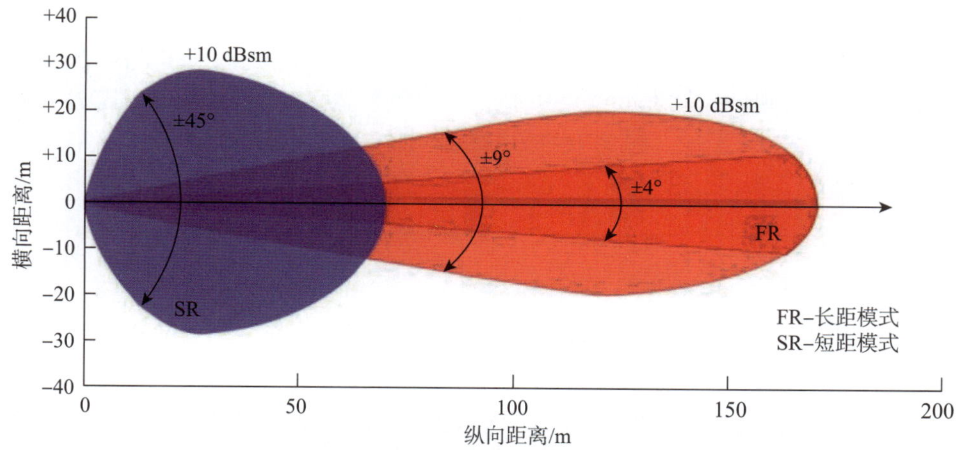

图 9-8　77 GHz 中短距毫米波雷达的视场角（FOV）（示例）

距离测量精度用于描述雷达对单个目标距离参数估计的准确度。

角分辨率是毫米波雷达的方位角分辨率，一般指水平角分辨率，表征毫米波雷达在角度上区分邻近目标的能力，通常以最小可分辨的角度来度量。雷达的角分辨率取决于雷达的工作波长 λ 和天线口径尺寸。

2）零部件外观检查

毫米波雷达外观一般为如图 9-9 所示的长方体。在对毫米波雷达外观进行检查时，需查看毫米波雷达零部件壳体是否存在裂纹、污损等，电气接口是否针脚完好，安装部位（如安装耳及安装孔）是否完好。

图 9-9　典型毫米波雷达外观

2. 技能操作

（1）操作准备

准备技能操作所需的物料，见表 9-3。

表 9-3 物料准备

类别	所需物料
教学整车 / 实训平台	智能网联汽车或智能网联传感器装调平台
仪器、设备、工具	毫米波雷达、笔、纸、手套等

（2）零部件性能参数检查

根据毫米波雷达部件壳体上的信息和装调手册，将零部件的信息记录在表 9-4 中。

表 9-4 零部件性能参数检查记录表

序号	类别	内容	结果	备注
1	安装信息	零件号		
2		零部件型号		
3		零部件安装形式	卡扣连接□ 螺栓连接□ 其他□	
4	性能参数	调制方式		
5		雷达发射频率		
6		测距范围		
7		距离测量分辨率		
8		距离测量精度		
9		测角范围		
10		角精度		
11		速度范围		
12		速度分辨率		
13		外形尺寸		
14		重量		
15	电气参数	电源类型与电压		
16		功耗		
17	核对结果	零部件号是否与图纸对应	是□ 否□	
18		产品性能参数是否与图纸对应	是□ 否□	

（3）零部件外观检查

对毫米波雷达零部件进行外观检查，将零部件的信息记录在表 9-5 中。

表 9-5　零部件外观检查记录表

序号	类别	内容	结果	备注及处置记录
1	壳体检查	是否存在裂纹	是□　否□	
2		是否有污损	是□　否□	
3	电气接口检查	针脚是否完好	是□　否□	
4		是否有污损	是□　否□	
5	安装部位检查	是否存在裂纹	是□　否□	
6	记录方式	是否对检查出的问题进行拍照记录	是□　否□	

二、毫米波雷达安装位置确认

1. 知识学习

（1）毫米波雷达的应用方式

毫米波雷达具有多种类型，满足智能网联汽车不同的使用要求。毫米波雷达在智能网联汽车 ADAS 中起到重要作用，其应用方式见表 9-6。

表 9-6　毫米波雷达的应用方式

毫米波雷达类型		短距离雷达（SRR）	中距离雷达（MRR）	长距离雷达（LRR）
工作频段		24 GHz	77 GHz	77 GHz
探测距离		小于 60 m	100 m 左右	大于 220 m
ADAS 功能	自适应巡航控制系统	/	前方	前方
	前向碰撞预警系统	/	前方	前方
	自动制动辅助系统	/	前方	前方
	盲区检测系统	侧方	侧方	/
	自动泊车辅助系统	前方、后方	侧方	/
	变道辅助系统	后方	后方	/
	后向碰撞预警系统	后方	后方	/
	行人检测系统	前方	前方	/
	驻车开门辅助系统	侧方		/

（2）安装位置示例

以某主流毫米波雷达安装方案为例，如图 9-10 所示，该型号毫米波雷达适用于汽车 AEB、FCW 和 ACC 等相关 ADAS 的应用，用于自动驾驶车辆全向感知。

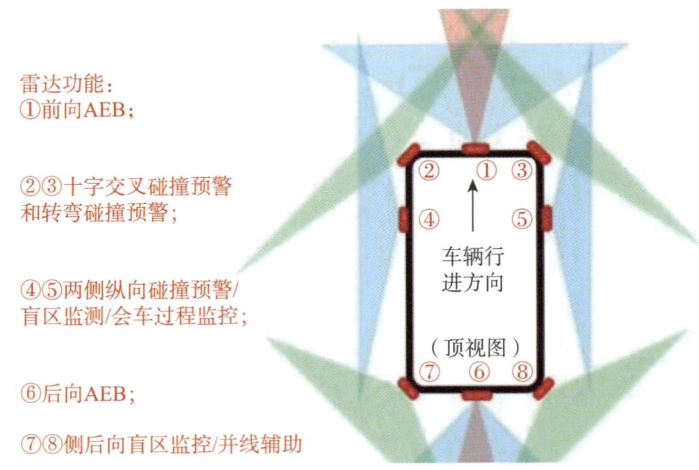

图 9-10　毫米波雷达安装方案示例

（3）实车安装的位置

毫米波雷达在智能网联汽车前部安装的位置一般在保险杠前方或者上方，也有些车型直接安装在车标的背面，如图 9-11 所示。

a）

b）

图 9-11　毫米波雷达实车安装的位置

a）前保险杠上方安装　b）车标后方安装

（4）安装位置确认步骤

在进行毫米波雷达装调前需要完成安装位置确认工作。

1）对部件安装的位置、数量、高度、角度进行图纸确认。

2）在试制样车上根据图纸信息，检查车辆上对应位置各安装支架和安装孔是否符合要求，例如安装孔的类型、孔径、安装平面是否平整无焊渣等。

2. 技能操作

（1）操作准备

准备技能操作所需的物料见表 9–7。

表 9–7　物料准备

类别	所需物料
教学整车 / 实训平台	智能网联汽车或智能网联传感器装调平台
仪器、设备、工具	毫米波雷达、笔、纸、手套等

（2）安装位置图纸检查

根据装调手册和图纸，将毫米波雷达的安装位置信息记录在表 9–8 中。

表 9–8　安装位置信息记录表

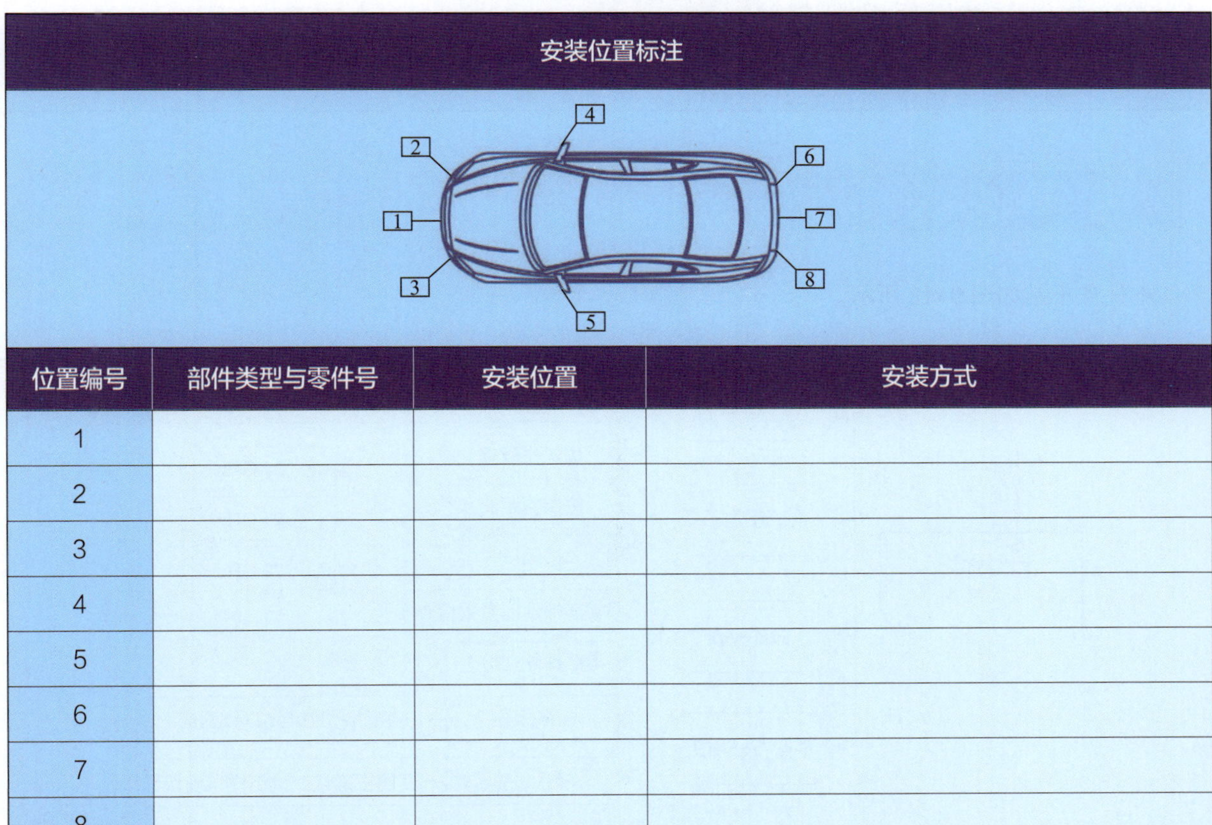

安装位置标注			
位置编号	部件类型与零件号	安装位置	安装方式
1			
2			
3			
4			
5			
6			
7			
8			

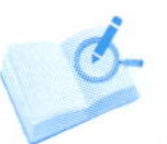

检查评估

对本任务的学习情况进行检查，并将相关内容填写在表 9–9 中。

表 9-9　检查表

检查项目	检查结果	结果点评
毫米波雷达的外观检查		
识别毫米波雷达的型号	是□　否□	
毫米波雷达外观是否完好	是□　否□	
毫米波雷达各接头是否完好	是□　否□	
毫米波雷达的功能和应用记录		
识别不同型号毫米波雷达的测距范围	是□　否□	
毫米波雷达的功能	是□　否□	
毫米波雷达的应用	是□　否□	
整理及恢复		
工具、设备是否整理恢复	是□　否□	
实训工位是否打扫干净	是□　否□	

任务小结

本任务小结如图 9-12 所示。

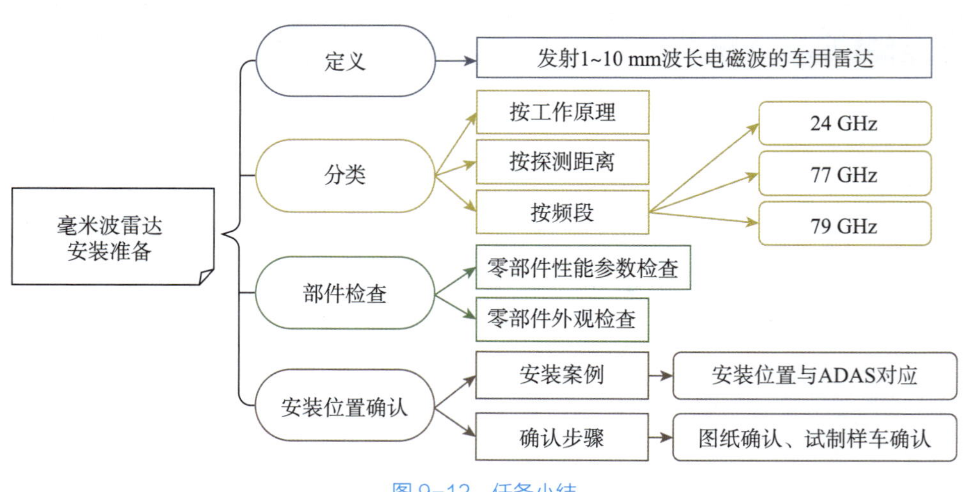

图 9-12　任务小结

任务十
毫米波雷达装调与标定

任务导入

场景：某国产自主品牌汽车试制车间

人物：车间班组长王师傅、实习试制装调技师小刘

情节：王师傅带领小刘认识了毫米波雷达部件及其安装位置后，小刘接下来要完成的任务是把毫米波雷达装在试制样车上。毫米波雷达关系到车辆避免碰撞发生的有关探测，因此毫米波雷达的装调与标定作为装车任务非常重要。如果你是小刘，你将如何开始自己的工作?

任务目标

- 能根据图纸和装调手册正确使用工具，规范完成毫米波雷达的安装工作。
- 能根据装调手册正确使用标定工具，规范完成毫米波雷达的标定工作。

任务实施

一、毫米波雷达安装

1. 知识学习

（1）毫米波雷达的探测区域

毫米波雷达的探测区域在几何上大致为弧面，由雷达探测中心点向雷达前方延伸，如图 10-1 所示。整个探测区域取决于毫米波雷达天线波束的宽度和最远探测距离。描述毫米波雷达天线波束的宽度主要使用方位面和俯仰面两个角度参数。不同毫米波雷达对参数的表示存在差异，一些毫米波雷达的参数表

中采用“测角范围”，以正负角度的形式（如 ±45°）表示方位面角度，此时方位面角度就是 90°。俯仰面角度参数决定毫米波雷达在高度方向的探测能力，一些功能较为简单的毫米波雷达的天线波束只在水平方向左右扫描，没有在垂直方向扫描，所以不具备识别目标的高度信息的能力。

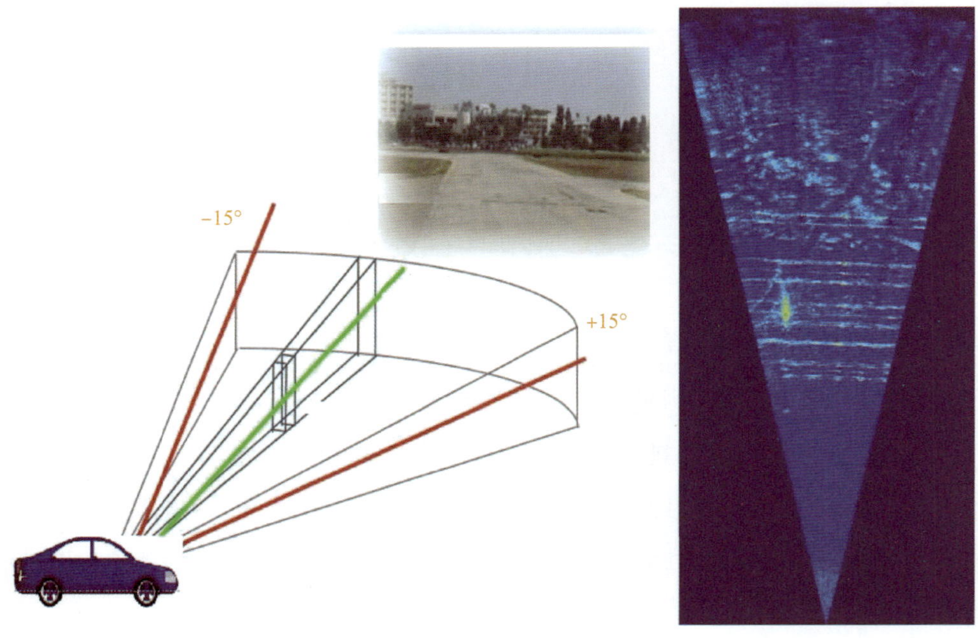

图 10-1　毫米波雷达的探测区域

毫米波雷达方位面角度参数直接关系到雷达的用途、探测区域和安装位置。以安装在车辆前部，向正前方探测的毫米波雷达为例，雷达探测方位如图 10-2 所示，当毫米波雷达坐标与车辆坐标相对关系固定后，换算探测方位图中的被探测目标的“角度 - 距离”信息，即可得到被测目标相对车辆的笛卡尔“*x*–*y*”坐标信息。

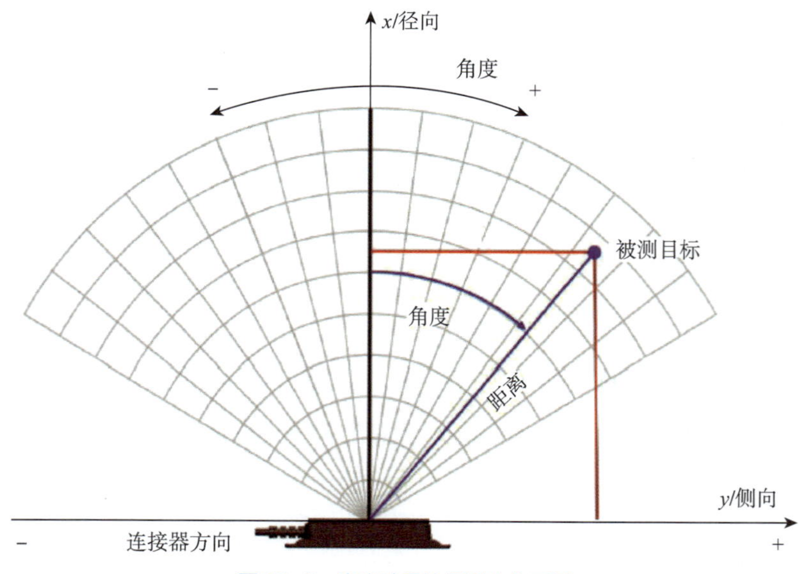

图 10-2　毫米波雷达探测方位示例

（2）毫米波雷达安装高度选择

毫米波雷达的安装高度是地面到雷达模块中心点的距离。

当毫米波雷达安装于乘用车前方时，由于毫米波雷达在 z 方向探测角度一般只有 ±5°，雷达安装高度存在完整运行区域，即在该区域内雷达可以充分发挥作用。该区域之外的部分一般称为性能受限区，雷达安装高度太高会导致下盲区增大，太低又会导致雷达波束射向地面时地面反射带来杂波干扰，影响雷达的判断。因此，毫米波雷达的安装高度一般为：车辆满载状态距离地面不小于 0.5 m，空载状态距离地面不高于 0.8 m。

（3）毫米波雷达安装位置与车身外饰件

毫米波雷达内置信号发射与接收天线，最理想的状态是信号不受任何阻挡地到达被测目标。毫米波雷达的天线辐射锥前面的区域需要远离任何可能干扰雷达功能的材料，尤其是金属物体或外涂金属漆的物体。

实际的智能网联汽车因为造型和美观的要求，以前向探测毫米波雷达应用为例，一般会将毫米波雷达安装在车辆保险杠附近，隐藏在车辆保险杠外饰罩的后面。保险杠外饰罩的厚度、材料、外形、与雷达的距离和角度、喷漆等都会对雷达性能造成影响，降低雷达探测灵敏度和覆盖范围。造成影响的原因主要有雷达波不能完全透过保险杠外饰罩使雷达有效辐射功率减小，包括反射损耗和介质损耗；雷达天线波束畸变使得雷达作用区域发生变化，可能导致雷达受后向目标干扰；保险杠外饰罩使雷达驻波变差。此外，雷达前方覆盖件与雷达的距离过近容易触发雷达的遮挡检测功能，过远容易被错误地识别为前方物体。

（4）毫米波雷达安装的方法

毫米波雷达的安装主要有毫米波雷达部件安装、电气连接、车身外饰件安装三个步骤。在安装完毕后，需要对毫米波雷达进行固件更新和安装定位与调整。总体上，毫米波雷达安装与调试的步骤如图 10–3 所示。

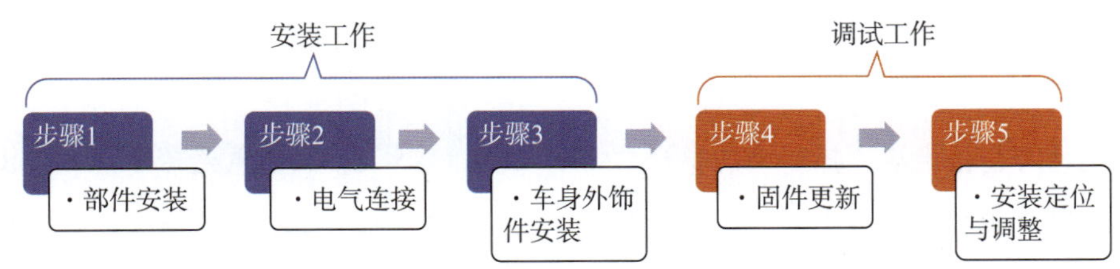

图 10–3　毫米波雷达安装与调试的步骤

1）部件安装

毫米波雷达部件安装步骤如下：

① 按照图纸和装调文件确定激光雷达的安装位置与安装角度。

② 对毫米波雷达部件进行检查。

③ 查看和清洁雷达。查看雷达外壳体是否存在冰粒或者水雾，雷达向外的壳体表面为天线罩表面，如果需要对雷达进行清洁，只能使用潮湿、无绒的棉布擦拭表面，不能刮擦、损害雷达表面。

④ 严格确认毫米波雷达部件电气插接口的朝向，一般雷达线束朝向左，具体默认安装方向需查看装调手册。由于毫米波雷达 TX（发射）天线与 RX（接收）天线孔径不一样，因此天线会受到安装朝向的影响。

⑤ 将毫米波雷达部件通过螺栓固定在安装位置处的安装支架上，如图 10–4 所示。毫米波雷达螺栓紧固力矩一般不能超过 7 N·m，避免扭矩过大造成安装支架变形，具体安装扭矩要求需查看车辆装调文件。

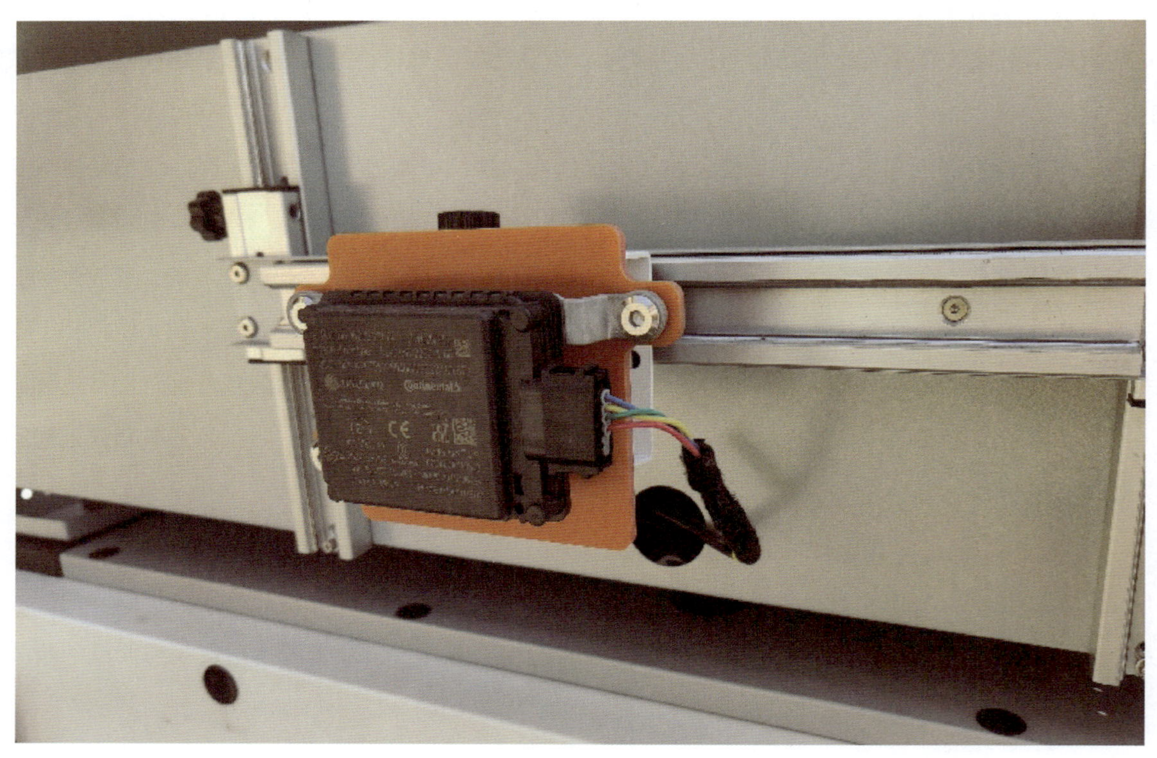

图 10–4　毫米波雷达部件安装示意

2）电气连接

毫米波雷达针脚包括电源正极、电源负极、CAN–H 和 CAN–L，其电气连接示意图如图 10–5 所示。雷达需通过电池供电或其他设备供电。供电线使用 10 A 导线。为了保证雷达免受电磁干扰的影响，接地线必须尽可能短。

实际车辆上，毫米波雷达与车辆之间连接采用一根整体线束。插接时需对准插接口，均匀用力插入，避免因为操作不当造成针脚损坏和卡口折断。

某型号毫米波雷达针脚的定义见表 10–1。

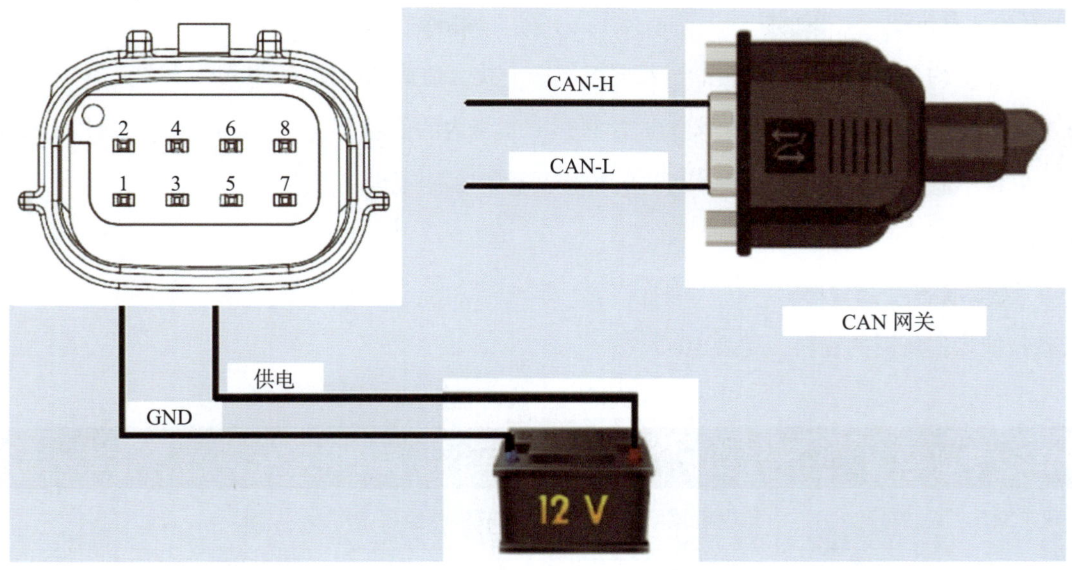

图 10-5　毫米波雷达电气连接示意图

表 10-1　毫米波雷达针脚的定义示例

插接件	针脚	信号	颜色	含义
	1	电源	红	9~16 V
	2	GND	黑	地
	3	CAN0-L	黄	CAN0 低信号
	4	CAN0-H	绿	CAN0 高信号
	5	CAN1-L	蓝	CAN1 低信号
	6	CAN1-H	橙	CAN1 高信号
	7	OUT1	白	输出口 1
	8	OUT2	褐	输出口 2

针脚 1 接直流电源；针脚 2 接地；针脚 3 与针脚 4 将雷达数据传输至 CAN 分析仪；针脚 5 与针脚 6 接收车身总线发送的数据；针脚 7 与针脚 8 用于触发或驱动 HSD 输出，例如控制 BSD 的报警灯。

CAN 接口上实现的功能包括输出原始测量点迹和跟踪后的目标航迹信息；输出雷达运行状态、故障信息；刷写固件及标定参数；接收车身信号，如车速、横摆速率等信号；配置雷达工作参数，可以配置各种过滤条件、碰撞区域、报警输出以及雷达工作模式等参数。

3）车身外饰件安装

在安装完毫米波雷达后，根据装调手册安装车身外饰件，注意安装时不得损坏卡口。

4）安装注意事项

毫米波雷达内部为精密电子元件，外接异常电磁干扰会造成部件损坏。

安装时需对工作环境进行检查：安装时尽量远离车身内的信号天线；安装时远离大的用电设备频繁启动的位置；不能在雷达传感器位置附近进行焊接活动。

2. 技能操作

（1）操作准备

准备技能操作所需的物料，见表 10–2。

表 10–2 物料准备

类别	所需物料
教学整车 / 实训平台	智能网联汽车或智能网联传感器装调平台
仪器、设备、工具	毫米波雷达、工具套装、手套、扭力扳手等

（2）电路图拆画

根据试制技术文件，在表 10–3 中拆画毫米波雷达系统电路图。

表 10–3 毫米波雷达系统电路图

电路图

（3）毫米波雷达安装

根据毫米波雷达装调手册安装部件，将工作内容记录在表 10–4 中。

表 10-4　毫米波雷达安装记录表

序号	类别	操作内容	操作记录	备注
1				
2				
3				
4				
5				
6				
7				
8				
9				
10				
11				
12				
13				
14				
15				
16				
17				
18				

二、毫米波雷达标定

1. 知识学习

（1）毫米波雷达安装精度

毫米波雷达安装精度是毫米波雷达安装在设计位置后，部件相对于车身坐标系在 x、y、z 方向上的距离值以及围绕坐标轴的角度值与图纸上设计值的偏差程度的衡量指标，可简单理解为用来衡量毫米波雷达是否装“偏”、装“歪”及其程度的指标。

由于毫米波雷达是以雷达为中心放射状照射（探测）目标区域，因此毫米波雷达安装的精度对雷达的性能具有重大影响，例如某车型毫米波雷达绕与地面垂直的轴线（雷达的 z 轴）偏离设计值 1°，将导致 50 m 处障碍物探测结果与实际位置横向偏离达到 0.87 m。因此，毫米波雷达安装应严格把控工作

情境三

质量。

在实际毫米波雷达安装作业中，除了安装人员操作规范性外，影响安装精度的因素还包括：

- 传感器支架因素：传感器支架存在整体尺寸误差、安装孔存在偏差。
- 车身因素：车身焊接质量造成的误差、车身与支架安装误差。
- 底盘悬架因素：底盘悬架安装误差造成车辆空载和满载状态的车身高度与设计值之间存在误差。

（2）毫米波雷达标定

为了保证每一辆车的毫米波雷达安装后都满足安装精度要求，排除支架、车身、底盘对于安装精度的影响，需要在毫米波雷达安装后进行调整。毫米波雷达标定（calibration）又称毫米波雷达校准（alignment），是检查与调整毫米波雷达安装偏差的工作。

毫米波雷达标定的应用场景不仅包括新车装车时，还包括毫米波更换维修之后、车辆前保险杠受到碰撞之后、毫米波相关的车辆 ADAS 发出故障警告之后。

毫米波雷达标定的步骤分为工作准备、垂直方向标定、水平方向标定，如图 10-6 所示。

图 10-6　毫米波雷达标定的步骤

1）工作准备

标定前准备工作为将车辆停放在平整地面；根据装调手册将车辆负载调整到位，有的车型要求驾驶员位置乘坐一人，具体要求需参看装调手册；完成车辆四轮定位；检查毫米波雷达表面是否存在污损，必要时用干净的柔软抹布进行清洁。

2）垂直方向标定（vertical calibration）

将毫米波雷达前方的车身外饰件卸下，露出毫米波雷达天线表面。使用气泡水平仪，将其轻轻贴近雷达上表面，如图 10-7 所示。查看气泡水平仪观察点的气泡是否在两对黑线之间，即检查该位置是否为水平状态，如图 10-8 所示。

如果水平仪测量结果不满足要求，使用长杆螺钉旋具以微小幅度旋拧毫米波雷达垂直方向的调整螺栓。注意螺钉旋具头部和杆部应缠绕胶布，保护毫米波雷达表面不会被因为工作失误而划伤。

重复以上步骤，即先用水平仪测量后用螺丝刀调整，直至满足水平仪观察点的气泡居中。

注意：不得一手拿水平仪一手操作螺钉旋具，该动作属于不规范操作，容易造成过度调节。

3）水平方向标定（horizontal calibration）

水平方向标定必须在垂直方向标定后进行，不得颠倒作业顺序。

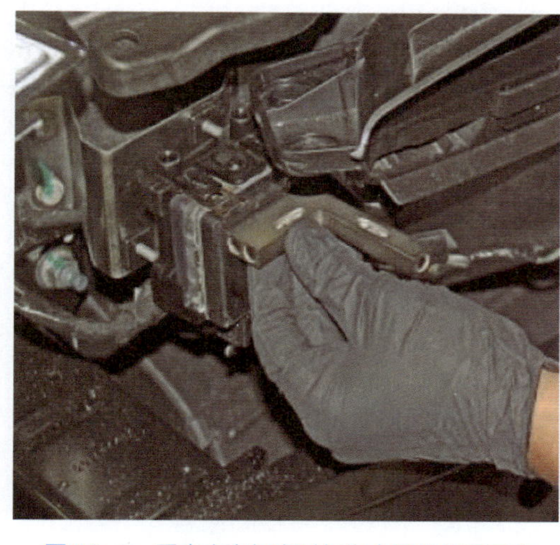

图 10-7　垂直方向标定时气泡水平仪放置示意

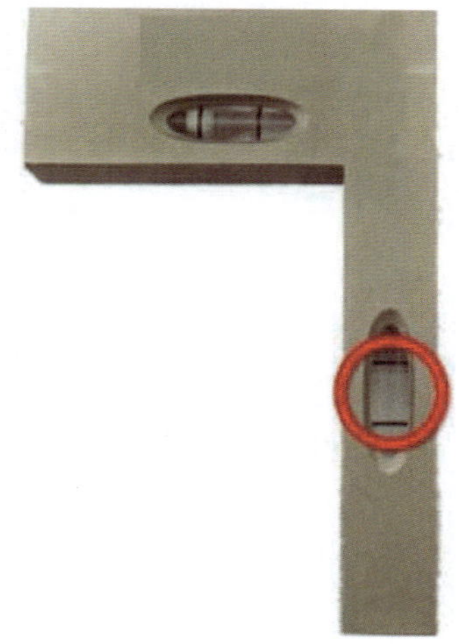

图 10-8　气泡水平仪观察点

对于水平方向标定，不同主机厂采用的方法存在差异，总体上有两种方法：自参照标定法和外部参照物标定法。

① 自参照标定法

自参照标定法对水平方向标定的作业是将车辆静置在停车场等外部环境物体较为丰富的场地。连接调试计算机与车辆，操作计算机进入毫米波雷达标定界面，系统将通过融合和对比前视摄像头、毫米波雷达以及其他传感器的感知结果，给出毫米波雷达是否需要标定以及对水平方向调整螺栓的旋拧角度指示。根据标定系统的指示，规范使用螺钉旋具以微小幅度旋拧水平方向调整螺栓，图 10–9 所示为某车型调整过程的图片，反复以上两个步骤直至标定系统显示毫米波雷达水平方向标定完成。

图 10-9　水平方向调整螺栓调节

② 外部参照物标定法

外部参照物标定法对水平方向标定的作业首先是将车辆静置在雷达前方有足够大的空间的场地，如图 10–10 所示为某车型标定场地。

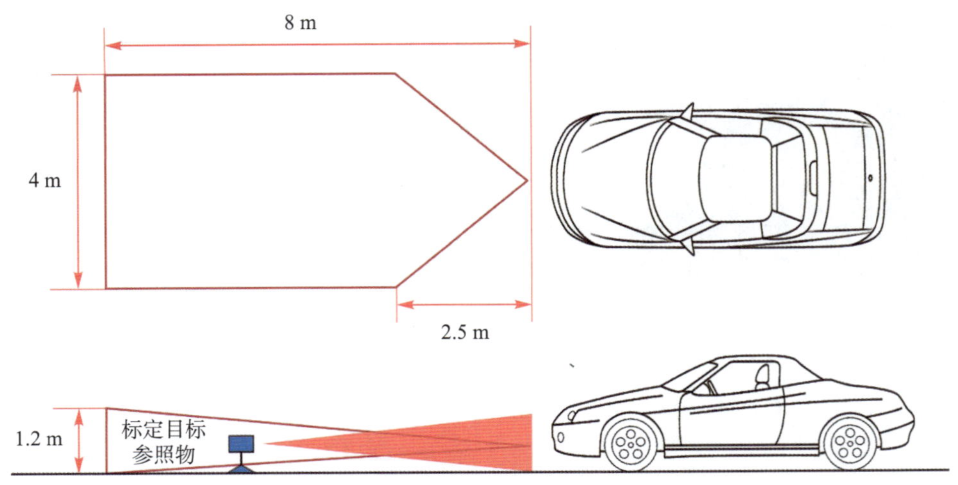

图 10–10　某车型毫米波雷达标定场地

在雷达前方规定位置点，精准架设毫米波雷达的标定支架及上面安装的目标参照物。目标参照物主要为金属反射角或反射板，如图 10–11 所示。

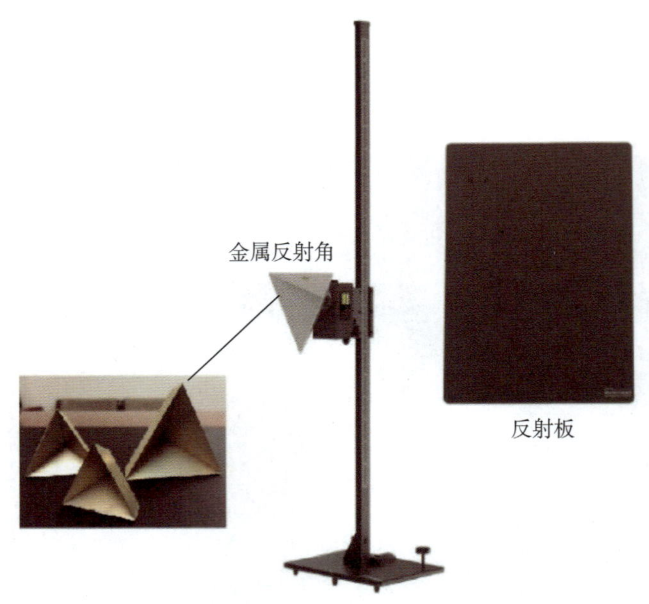

图 10–11　外部参照物标定法的目标参照物

支架的架设位置点一般为水平和垂直方向精确对准毫米波雷达的方位，不是此方位会造成标定失败。支架架设位置点可通过手动法和自动测量法两种方式进行。

手动法是利用铅垂线、胶带、直尺等，通过测量、标记的方式找到位置点的方法，过程中例如用铅垂线从雷达前表面中心垂下，寻找该点在地面的投影点。手动法的工作场景如图 10–12 所示。

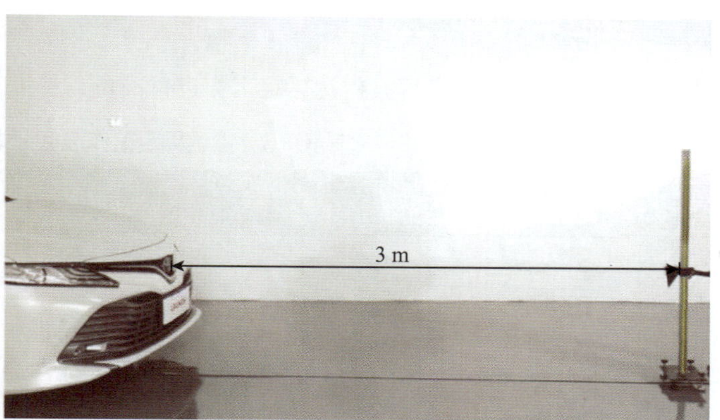

图 10-12　手动法的工作场景不同角度展示

自动测量法使用配装有激光测距仪等整套定位装置的标定设备，支架放置点可以由系统经过各方位的激光定位测量获得。该方法可节省人工成本，但是缺点是设备昂贵。

外部参照物标定法的标定结果由标定系统自动给出。单击系统“自动标定”按钮，系统将记录标定结果并自动完成标定工作，一般无需再用螺钉旋具进行机械调整。

4）标定方法总结

毫米波雷达标定方法总结如图 10-13 所示。

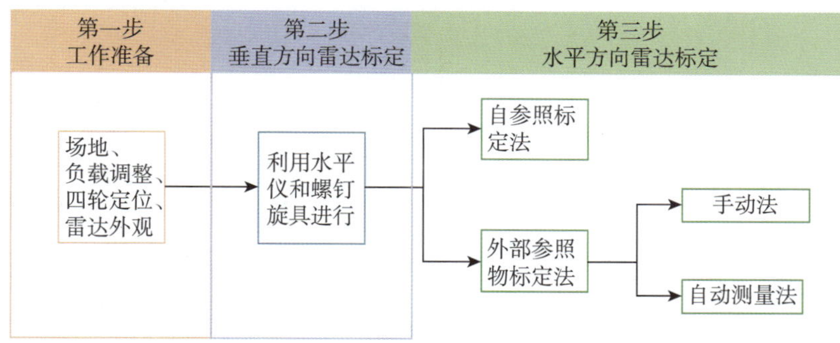

图 10-13　毫米波雷达标定方法总结

2. 技能操作

（1）操作准备

准备技能操作所需的物料，见表 10-5。

表 10-5　物料准备

类别	所需物料
教学整车 / 实训平台	智能网联汽车或智能网联传感器装调平台
仪器、设备、工具	毫米波雷达、工具套装、防静电手套、标定计算机、标定套件（含金属反射角、支架等）、胶布、铅垂线、细棉线、气泡水平仪、卷尺等

（2）工作准备

根据试制技术文件，对毫米波雷达标定工作进行准备，将工作内容记录在表 10-6 中。

表 10-6　雷达标定工作准备记录表

序号	内容	结果	备注
1	是否将车辆停放在平整地面	是□　否□	
2	是否按照装调手册调整负载	是□　否□ 负载状态：	
3	是否完成四轮定位 （车辆悬架状态确认）	是□　否□	
4	毫米波雷达检查 – 内容 1	检查内容： 检查结果： 处理措施：	
5	毫米波雷达检查 – 内容 2	检查内容： 检查结果： 处理措施：	
6	毫米波雷达安装位置		
7	毫米波雷达型号		
8	毫米波雷达调制方式		
9	毫米波雷达发射频率		
10	标定方法	是□　否□	
11	标定工具是否齐备	是□　否□	

（3）垂直方向标定

根据试制技术文件，对毫米波雷达进行垂直方向标定，将工作内容记录在表 10-7 中。

表 10-7　垂直方向标定记录表

序号	内容	结果	备注
1	雷达外部的车身外饰件名称		
2	车身外饰件紧固方式		
3	是否将车身外饰件拆下	是□　　否□	
4	是否正确选用气泡水平仪	是□　　否□ 气泡水平仪型号：	
5	气泡水平仪放置位置		
6	气泡水平仪放置位置是否正确	是□　　否□	
7	毫米波雷达是否需要垂直标定	是□　　否□	
8	垂直标定调整	主要使用工具： 调整位置：	
9	是否确认垂直标定效果	是□　　否□	
10	垂直标定调整	主要使用工具： 调整位置：	
11	是否确认垂直标定效果	是□　　否□	

（4）外部参照物标定法的水平方向标定

根据试制技术文件，对毫米波雷达进行水平方向标定，将工作内容记录在表 10-8 中。

表 10-8　外部参照物标定法的水平方向标定记录表

序号	内容	结果	备注
1	是否已完成垂直方向标定	是□　　否□	
2	标定场地是否满足要求	是□　　否□ 场地长度： 场地宽度：	
3	是否正确量取标定支架横向位置点	是□　　否□	
4	是否正确量取标定支架纵向位置点	是□　　否□	

情境三

续表

序号	内容	结果	备注
5	标定目标物类型	反射角□　反射板□	
6	是否完成标定目标物安装	是□　否□	
7	是否正确开启标定系统界面	是□　否□	
8	是否需要机械调整毫米波雷达位置	是□　否□	
9	系统是否完成毫米波雷达标定	是□　否□	

检查评估

对本任务的学习情况进行检查，并将相关内容填写在表 10-9 中。

表 10-9　检查表

检查项目	检查结果	结果点评
毫米波雷达安装		
是否正确完成毫米波雷达安装位置确认	是□　否□	
是否完成毫米波雷达安装检查	是□　否□	
是否正确连接毫米波雷达电路	是□　否□	
毫米波雷达标定		
是否选用正确的毫米波雷达标定方法	是□　否□	
是否规范完成标定准备	是□　否□	
是否正确标记毫米波雷达支架安装点	是□　否□	
是否完成毫米波雷达标定	是□　否□	
整理及恢复		
工具、设备是否整理恢复	是□　否□	
实训工位是否打扫干净	是□　否□	
工作页填写是否完整	是□　否□	

任务小结

本任务小结如图 10-14 所示。

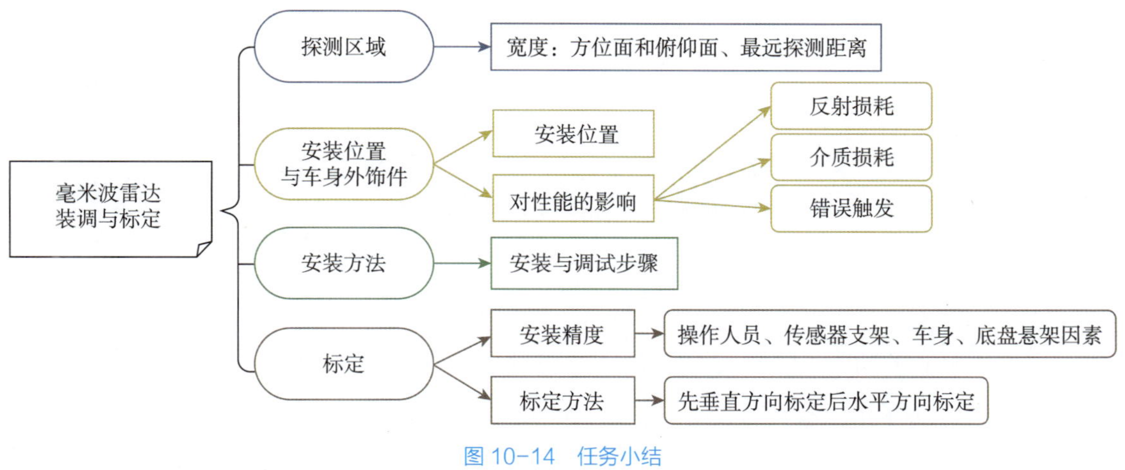

图 10-14　任务小结

任务十一
毫米波雷达部件与系统测试

任务导入

场景： 某国产自主品牌汽车试制车间

人物： 车间班组长王师傅、实习试制装调技师小刘

情节： 小刘完成了毫米波雷达的装调和标定，终于到了开启智能网联汽车“战斗机技术”的时刻。王师傅指导小刘，先熟悉如何测试一个毫米波雷达部件，再进行装车后系统级别的测试。小刘现在跃跃欲试，如果你是小刘，你将如何开始工作？

任务目标

- 能根据装调手册熟练连接设备和操作主机，规范完成毫米波雷达部件的测试。
- 能根据装调手册规范布置测试环境，完成整车级别的毫米波雷达系统的测试。

任务实施

一、毫米波雷达部件测试

1. 知识学习

（1）毫米波雷达的组成

毫米波雷达主要由上盖（雷达天线罩）、下壳体、电路板（PCB）、固定支架组成，其中，电路板上有雷达的发射天线和接收天线，如图 11-1 所示。

毫米波雷达的印刷电路板与电路芯片属于微波集成电路，微波集成电路采用平面技术，将元器件、传输线、互连线直接制作在砷化镓半导体基片上。微波集成电路包括多种功能电路，如低噪声放大器

（LNA）、功率放大器、混频器、上变频器、检波器、调制器、压控振荡器（VCO）、移相器、开关、收发前端，以及整个接收 / 发射组件（收发系统）。电路中数据处理部分的作用是消除不必要的信号（如杂波）和干扰信号，处理经中频放大的混频信号，从信号频谱中提取目标距离、速度等信息。电路具有损耗小、噪声低、频带宽、动态范围大、功率大、附加效率高、抗电磁辐射能力强等特点。

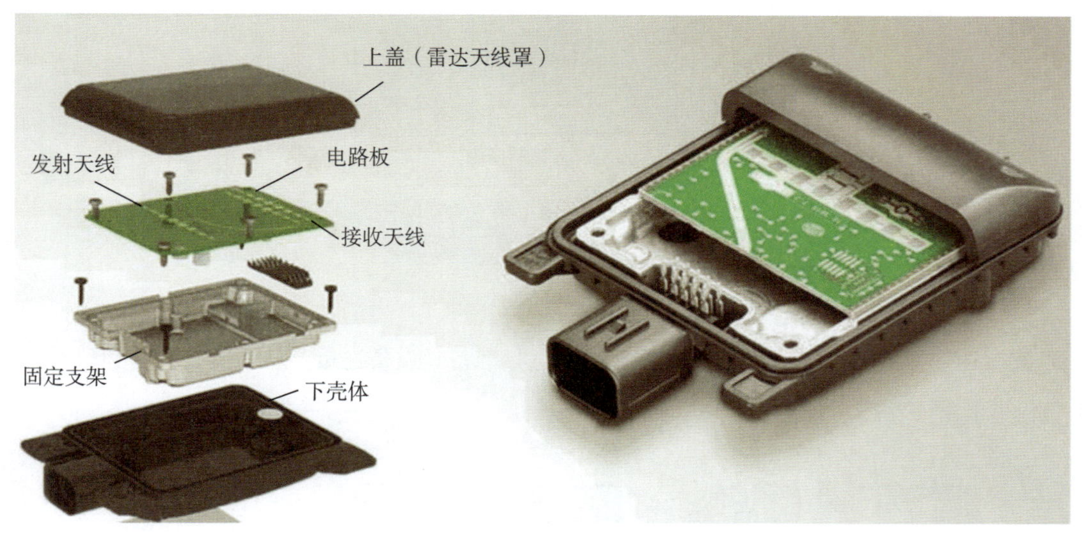

图 11-1　毫米波雷达的组成

雷达天线及其芯片电路是毫米波雷达的硬件核心。雷达天线包括发射天线和接收天线，分别用于发射和接收毫米波。毫米波雷达波长为几毫米，由于天线尺寸和波长相当，所以毫米波雷达的天线可以很小，从而可以使用多根天线来构成阵列天线，达到窄波束的目的，随着收发天线个数的增多，这个波束可以很窄。由于波长很短，毫米波雷达可以使用一种微带贴片天线，在印刷电路板上铺几个开路的微带线就能做成天线。毫米波雷达天线的主流方案是微带阵列，即将高频印刷电路集成在普通的印刷电路上实现天线的功能，这需要在较小的集成空间中保持足够的信号强度。雷达天线及其芯片电路的收发芯片通常使用一种特殊的半导体，如硅锗双极晶体管。

（2）毫米波雷达部件的功能

毫米波雷达在工作状态时，发射机生成射频电信号，通过天线将电信号（电能）转化为电磁波发出。雷达接收天线接收到射频信号后，将射频电信号转换为低频信号，再由信号处理器从信号中抽取距离、速度和角度等信息形成完整的工作回路。毫米波雷达信号收发部件功能及其工作过程如图 11-2 所示。

（3）毫米波雷达部件测试的方法

毫米波雷达部件测试主要通过将雷达与调试笔记本电脑连接，专门针对毫米波雷达零部件本体进行单独测试，用以进行安装前部件功能检查，或者系统出现故障时进行故障排除。为了验证毫米波雷达的探测功能，一般还会同时连接一个视觉传感器，将摄像头拍摄画面与雷达探测结果进行对比。毫米波雷达测试一般采用 HERYS 软件。

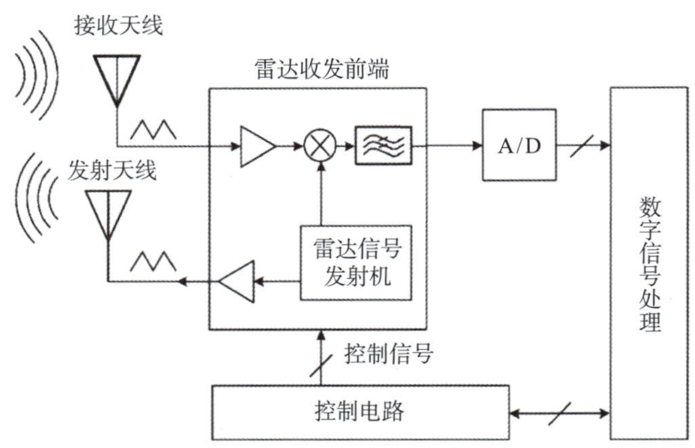

图 11-2　毫米波雷达部件的功能及其工作过程

毫米波雷达部件测试主要分为部件准备、测试工具准备、设备连接、软件安装与雷达启动、部件测试与参数设置共五个步骤，如图 11-3 所示。

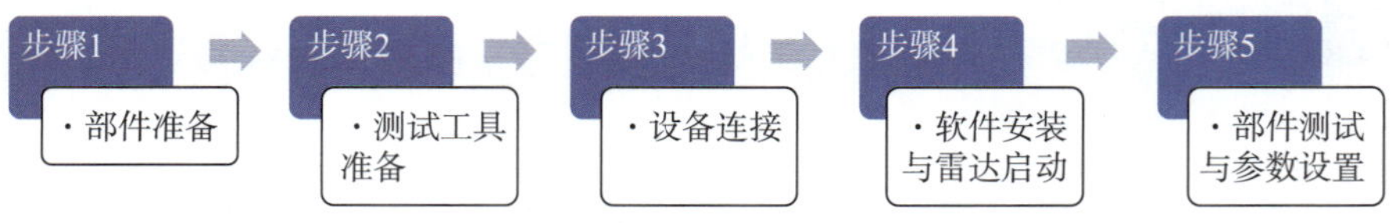

图 11-3　毫米波雷达部件测试的工作流程

测试方法见表 11-1。

表 11-1　毫米波雷达部件测试方法

序号	步骤	测试工作	示意图
1	部件准备	准备毫米波雷达部件与连接线束	
2	测试工具准备	准备测试工具：笔记本电脑（测试主机）、摄像头、CAN 分析仪（用于读取毫米波雷达探测数据）、外接电源（未显示在右图）	
3	设备连接	连接毫米波雷达与线束，注意不得将线束插接头接反，造成针脚损坏	

续表

序号	步骤	测试工作	示意图
4	设备连接	连接 CAN 分析仪与笔记本电脑	
5		连接 CAN 分析仪与毫米波雷达线束。一般线束的蓝线（CAN-H）、黄线（CAN-L）连接毫米波雷达与外接电源。 连接笔记本电脑与摄像头	
6		连接完毕后的系统如右图所示	
7	软件安装与雷达启动	安装 CAN 驱动，建立通信。 打开并查看雷达调试软件，右图中，左侧为毫米波雷达探测界面，右侧上方为摄像头拍摄画面	
8	部件测试与参数设置	对比毫米波雷达探测结果与摄像头拍摄画面，验证毫米波雷达是否工作正常	
9		根据检测结果，对雷达进行设置，例如配置雷达最大检测距离（最大工作距离）等参数。最大检测距离参数是选择雷达的纵向检测距离大小，在检测范围内进行选择	

2. 技能操作

（1）操作准备

准备技能操作所需的物料，见表 11-2。

表 11-2　物料准备

类别	所需物料
教学整车 / 实训平台	智能网联汽车或智能网联传感器装调平台，测试主机（笔记本电脑）
仪器、设备、工具	毫米波雷达、连接线束、摄像头、CAN 分析仪、毫米波雷达外接电源等

（2）毫米波雷达部件测试

根据试制技术文件，对毫米波雷达进行部件测试，将工作内容记录在表 11-3 中。

表 11-3　毫米波雷达部件测试记录表

序号	内容	结果	备注
1	是否完成毫米波雷达测试部件准备	是□　否□	
2	毫米波雷达型号		
3	毫米波雷达调制方式		
4	毫米波雷达发射频率		
5	是否完成测试工具准备	是□　否□ 工具名称：	
6	CAN 分析仪型号		
7	是否完成 CAN 分析仪与笔记本连接	是□　否□	
8	是否完成 CAN 分析仪与毫米波雷达连接	是□　否□ CAN-H 线束颜色： CAN-L 线束颜色：	
9	是否完成毫米波雷达与外接电源连接	是□　否□	
10	是否完成摄像头连接	是□　否□	
11	是否成功安装 CAN 驱动	是□　否□	
12	是否成功打开标定软件	是□　否□ 软件名称：	
13	摄像头是否拍取到画面	是□　否□	
14	毫米波雷达是否探测到物体	是□　否□	
15	毫米波雷达探测结果与摄像头画面是否一致	是□　否□ 如果不一致，现象是：	

续表

序号	内容	结果	备注
16	毫米波雷达调整参数	原值：　　调整值： 原值：　　调整值： 原值：　　调整值： 其他：	
17	是否成功完成部件测试	是□　　否□	

二、毫米波雷达系统测试

1. 知识学习

（1）多普勒效应

生活中，当一辆消防车迎面驶来时，警笛声的音高逐渐变高；而当消防车离去时，警笛声的音高又逐渐变低。这种现象就是多普勒效应（doppler effect），如图 11-4 所示。多普勒效应是指当声音、光和无线电波等振动源与观测者以相对速度 v 运动时，观测者所收到的振动频率与振动源所发出的频率有所不同，即当发射的电磁波和被探测目标有相对移动，回波的频率会和发射波的频率不同。物体辐射的波长 λ 因为波源和观测者的相对运动而产生变化。在运动的波源前面，波被压缩，波长变得较短，频率变得较高，即当目标向雷达天线靠近时，反射信号频率将高于发射信号频率；在运动的波源后面，波长变得较长，频率变得较低，波源的速度越高，所产生的效应越大，即当目标远离天线而去时，反射信号频率将低于发射信号频率。因此根据波移的程度，可以计算出波源循着观测方向运动的速度。

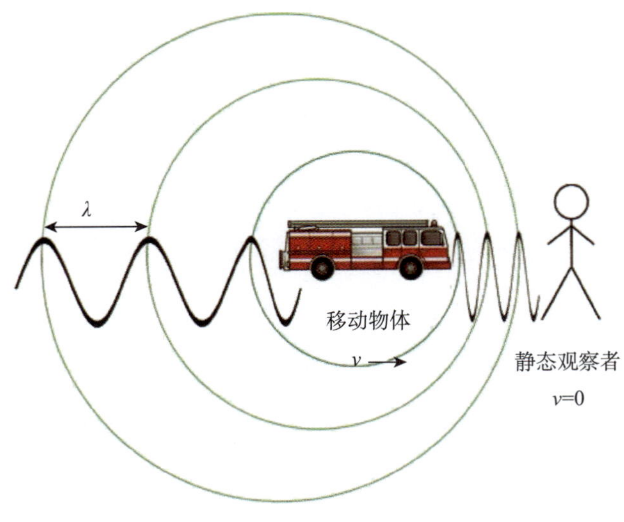

图 11-4　多普勒效应

（2）毫米波雷达探测的原理

1）测距原理

雷达调频器通过天线发射毫米波信号，发射信号遇到目标后，经目标的反射会产生回波信号，发射信号与回波信号相比形状相同，时间上存在差值，以应用 FMCW 调制的毫米波雷达为例，测距原理如图 11–5 所示。

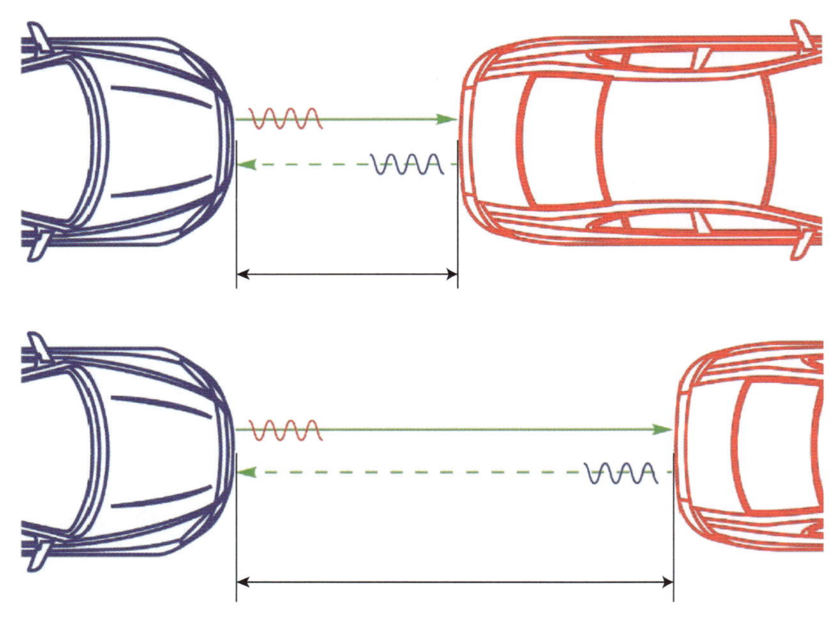

图 11–5　FMCW 调制的毫米波雷达测距原理

以雷达发射三角波信号为例，发射信号与返回的回波信号对比如图 11–5 所示。发射信号与反射信号间的频率差值直接取决于和目标之间的距离。距离越大，则发射信号接收的往返时间越长，并且发射频率与接收频率间的差值越大。

振荡器产生一个频率随时间逐渐增加的信号，信号遇到障碍物反射被接收，障碍物越远，回波收到的时间就越晚，时延 t_d 就越大。

$$t_d=2R/c$$

其中 R 是振荡器与障碍物的距离，c 是电磁波传播速度，在自由空间传播时等于光速。通过时延 t_d 就可以计算出雷达与障碍物的距离 R。

2）测速原理

多普勒效应所形成的频率变化称为多普勒频移（差拍频率），它与相对速度 v 成正比，与振动的频率成反比。通过检测这个频率差，可以测得目标相对于雷达的移动速度，也就是目标与雷达的相对速度。

3）测量方位角原理

测量障碍物的角度通过多个接收天线收到的信号时延来实现。多普勒测量方位角原理如图 11–6 所示，振荡器 TX 为发射源，频率为 f_0，发射波遇到目标返回，回波频移为 f_b 并分别被两个接收天线 RX1、RX2 收到。由于回波的路径不同，RX1、RX2 的回波信号有时间差，通过收到同一监测目标反射回来的毫米波的相位差，就可以计算出被监测目标的方位角。

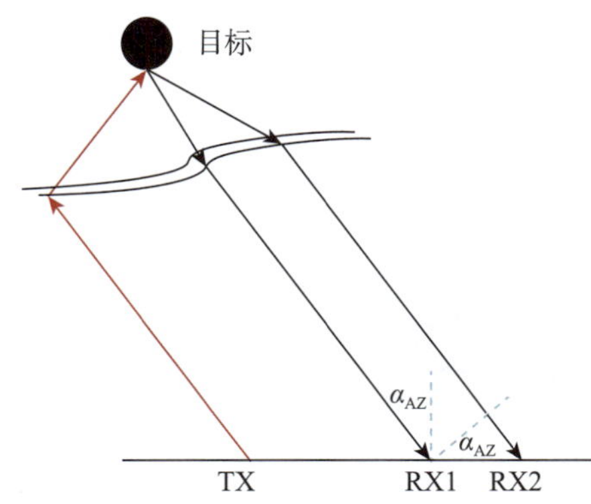

图 11-6　多普勒测量方位角原理

（3）毫米波雷达目标识别的流程

毫米波雷达的目标识别流程是通过分析回波特征信息，采用数学手段通过各种特征空间变换来抽取目标的特性参数，如大小、材质、形状等，并将抽取的特性参数与已建立的数据库中的目标特征参数进行比较、辨别和分类，如图 11-7 所示。

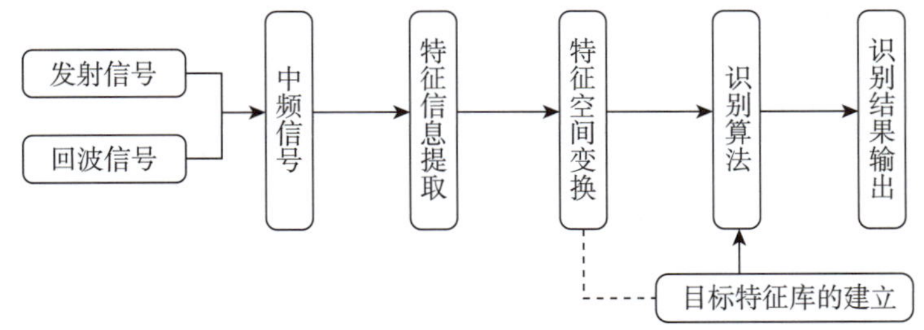

图 11-7　毫米波雷达目标识别的流程

特征信息提取是利用发射源与目标处于相对静止状态时的中频信号可以进行目标特征信息提取的特性，以有效进行目标识别。特征空间变换是利用梅林变换、沃尔什变换、马氏距离线性变换等正交变换方法，解除不同目标特征间的相关性，加强不同目标特征间的可分离性，最终剔除冗余特征，达到减少计算量的目的。识别算法主要有空目标去除、无效目标去除和静止目标去除。目标特征库的建立有三种方法：通过实际试验数据建立，通过半实物仿真数据建立，通过虚拟仿真数据建立。识别结果输出指把识别结果输出到有关的控制系统中，完成相应的控制功能。

2. 技能操作

（1）操作准备

准备技能操作所需的物料，见表 11-4。

表 11-4 物料准备

类别	所需物料
教学整车 / 实训平台	智能网联汽车或智能网联传感器装调平台
仪器、设备、工具	毫米波雷达等

（2）毫米波雷达系统测试

根据试制技术文件，对毫米波雷达进行系统测试，将工作内容记录在表 11-5 中。

表 11-5 毫米波雷达系统测试记录表

序号	内容	结果	备注
1	是否能正确口头复述多普勒效应	是□ 否□	
2	测试样车使用毫米波雷达实现的 ADAS 功能	ACC □ AEB □ 车后车侧盲区探测□ 其他□：	
3	毫米波雷达数量与安装位置	安装位置 1： 安装位置 2： 安装位置 3： 安装位置 4：	
4	毫米波雷达型号		
5	毫米波雷达调制方式		
6	毫米波雷达发射频率		
7	ADAS 功能是否正常开启	是□ 否□	
8	毫米波雷达是否工作	是□ 否□	
9	是否可查看毫米波雷达工作图像	是□ 否□	
10	ADAS 功能是否工作正常	是□ 否□	
11	是否需要调整毫米波雷达	是□ 否□ 措施：	
12	ADAS 测试条件	车速： 场地： 总用时：	

检查评估

对本任务的学习情况进行检查，并将相关内容填写在表 11-6 中。

表 11-6　检查表

检查项目	检查结果	结果点评
毫米波雷达部件测试		
是否正确连接毫米波雷达与 CAN 分析仪	是□　否□	
是否正确读取毫米波雷达数据	是□　否□	
是否完成毫米波雷达与摄像头探测结果对比	是□　否□	
毫米波雷达系统测试		
能否正确复述多普勒效应	是□　否□	
是否写明车辆全部毫米波雷达参数	是□　否□	
是否完成毫米波雷达相关 ADAS 功能开启	是□　否□	
是否完成毫米波雷达系统测试	是□　否□	
整理及恢复		
工具、设备是否整理恢复	是□　否□	
实训工位是否打扫干净	是□　否□	
工作页填写是否完整	是□　否□	

任务小结

本任务小结如图 11-8 所示。

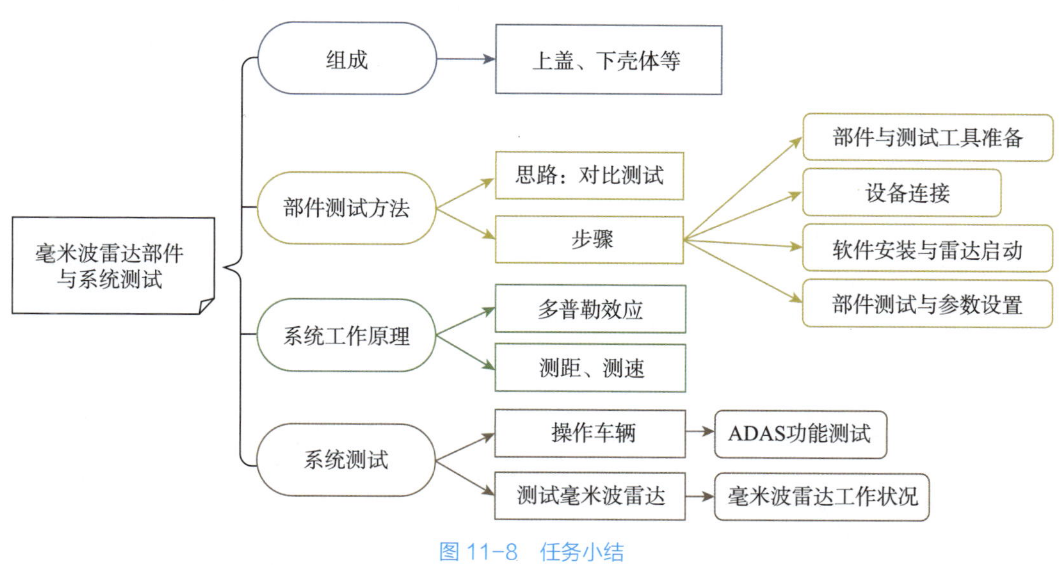

图 11-8　任务小结

情境三

任务十二 视觉传感器与毫米波雷达融合标定

任务导入

场景：某国产自主品牌汽车试制车间

人物：车间班组长王师傅、实习试制装调技师小刘

情节：智能网联汽车的 ADAS 功能与车辆安全息息相关，因此汽车设计上对 ADAS 的可靠性具有很高标准。智能传感器遍布全车的各个方位，同时为车辆不断地扫描周围环境提供 ADAS 所需要的信息。因此，汽车工程人员通过让系统采集多个传感器的信息并进行对比和强化，来确保对环境感知的高度可靠性。王师傅告诉小刘，要想让视觉传感器与毫米波雷达在时间和空间上融合工作，还需要完成重要的一步工作，那就是传感器融合标定。小刘对于新的工作满怀信心，如果你是小刘，你是否也有相同的感受？

任务目标

▸ 能根据设计图纸和装调手册熟悉车辆各 ADAS 传感器应用情况，规范完成传感器融合标定的准备工作。

▸ 能根据设计图纸和装调手册熟练操作系统主机，完成视觉传感器与毫米波雷达的融合标定。

任务实施

一、多传感器配置检查

1. 知识学习

（1）ADAS 与传感器应用

为了实现智能网联汽车多种先进驾驶辅助系统（ADAS）功能，在车辆上各个位置都装有不同的数

量和类型的智能传感器。智能网联汽车典型传感器应用方案如图 12–1 所示，不同色块代表不同的传感器类型与探测范围，色块中的标识为所属 ADAS。

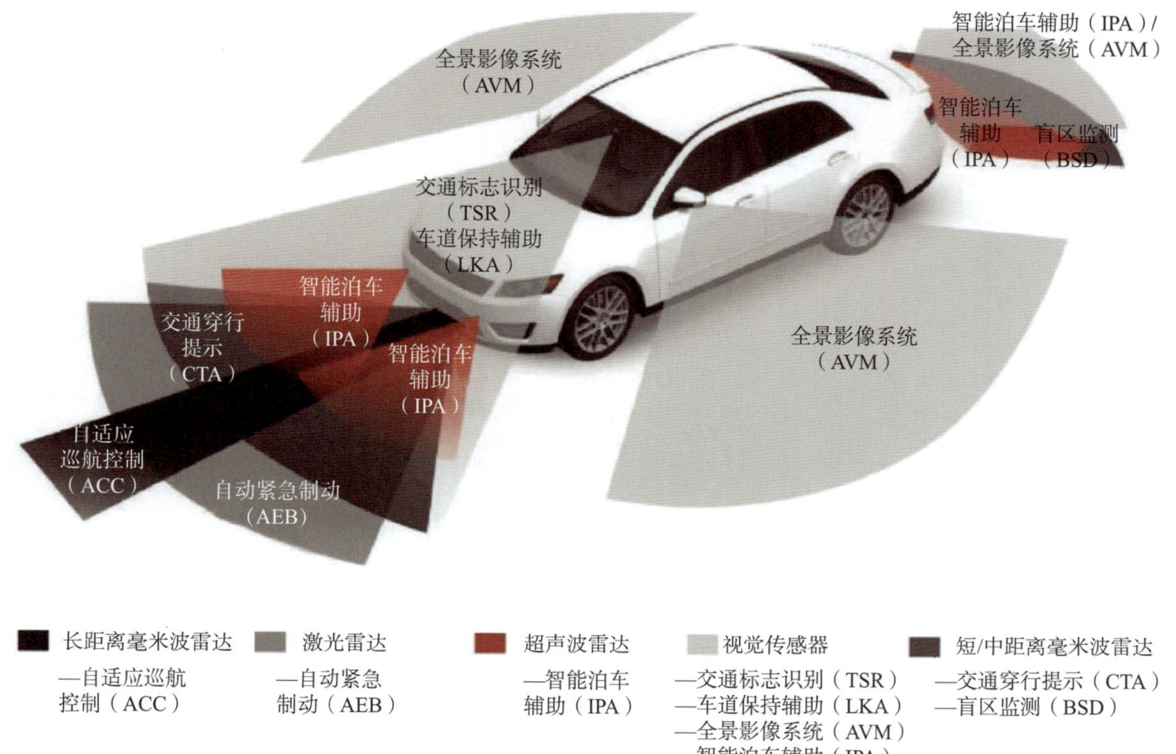

图 12–1 智能网联汽车典型传感器应用方案

智能网联汽车上安装的传感器包括超声波雷达、毫米波雷达、激光雷达、视觉传感器等。不同的传感器对应不同的工况环境和感知目标，毫米波雷达主要识别前向中远距离障碍物（0~100 m），如路面车辆、行人和路障等；超声波雷达主要识别车身近距离障碍物（0.2~10 m），如泊车过程中的路沿、静止的前后车辆以及过往的行人等信息。不同环境感知传感器在探测距离、受环境影响方面的对比见表 12–1。

表 12–1 环境感知传感器对比

	超声波雷达	毫米波雷达	激光雷达	视觉传感器
远距离探测	弱	强	强	较强
探测距离 / m	0.2~10	0~100	1~200	0.5~50
探测角度 / (°)	120	10~70	15~360	30~180
环境影响	不受光照影响，测量精度受物体表面形状、材质影响大	角度分辨率高，抗电磁干扰强	聚焦性好，易实现远程测量，能量高度集中，具有一定危害性	测量精度不受物体表面材质、形状等因素的影响，受环境光照强度影响大

续表

	超声波雷达	毫米波雷达	激光雷达	视觉传感器
夜间环境	强	强	强	弱
全天候	弱	强	强	弱
路标识别	—	—	—	支持
目标识别能力	弱	弱	较强	强
主要应用	泊车辅助	自适应巡航 自动紧急制动 前向碰撞预警 盲区监测	（可以建立车辆周边环境的三维模型） 自动紧急制动	车道偏离预警 车道保持辅助 盲区监测 前向碰撞预警 交通标志识别 交通信号灯识别 全景影像
成本	低	适中	高	适中

每种传感器各有优劣，使用单一传感器无法完成无人驾驶的功能性与安全性的全面覆盖，如仅靠视觉传感器识别物体，在遭遇大雾、雨雪等恶劣天气时很容易影响识别精度，因此应该根据各传感器的特点，在不同感知需求的场景下选择不同的传感器，并且综合运用各个传感器的感知结果对周围环境进行感知。

（2）环境感知传感器配置案例

环境感知传感器在智能网联汽车上的配置与自动驾驶级别密切相关，传感器的数量随着自动驾驶级别增高而变多。随着汽车智能化和网联化的发展，智能网联汽车配备的先进传感器的数量将会逐渐增加。

在智能网联汽车的自动驾驶功能实现上，各汽车企业围绕是否采用激光雷达分别采用两种不同的技术方案。

激光雷达与视觉传感器融合的技术方案中，激光雷达能通过 3D 空间建模降低对 AI 算法的要求，且在雨、雪天气时能发挥出精确的测距作用，在某一种传感器出现故障时可以额外提供一定冗余度。该技术方案主要的问题是激光雷达成本高，方案大规模商业化落地较难。

视觉传感器为主的技术方案不使用成本较高的激光雷达，采用毫米波雷达及超声波雷达组成的辅助视觉传感器，用高级 AI 技术提升视觉传感器环境感知精度。此方案利用海量数据训练视觉方案，改进算法，突破探测精度的瓶颈。

目前主流智能网联汽车车型的环境感知传感器配置见表 12–2。

表 12-2　智能网联汽车环境感知传感器配置

	激光雷达与视觉传感器融合的方案			视觉传感器为主的方案		
品牌	极狐阿尔法 S（华为）	小鹏 P5	蔚来 ET7	极氪 001（Mobileye）	威马 W6（百度）	特斯拉 Model3
激光雷达	3	2	1	—	—	—
视觉传感器	12	13	11	15	7	8
毫米波雷达	6	5	5	1	5	1
超声波雷达	13	12	12	12	12	12
高精定位	有	有	有	有	有	无
传感器数量	34	32	29	28	24	21

2. 技能操作

（1）操作准备

准备技能操作所需的物料，见表 12-3。

表 12-3　物料准备

类别	所需物料
教学整车 / 实训平台	智能网联汽车或智能网联传感器装调平台
仪器、设备、工具	纸、笔、装调文件等

（2）车辆环境感知传感器配置确认

根据装调手册和图纸，将车辆或传感器装调平台的环境感知传感器安装位置、类型和所属 ADAS 相关信息进行确认，标识在下图车辆图形上并记录在表 12-4 中。

表 12-4　车辆环境感知传感器配置确认记录表

配置信息确认
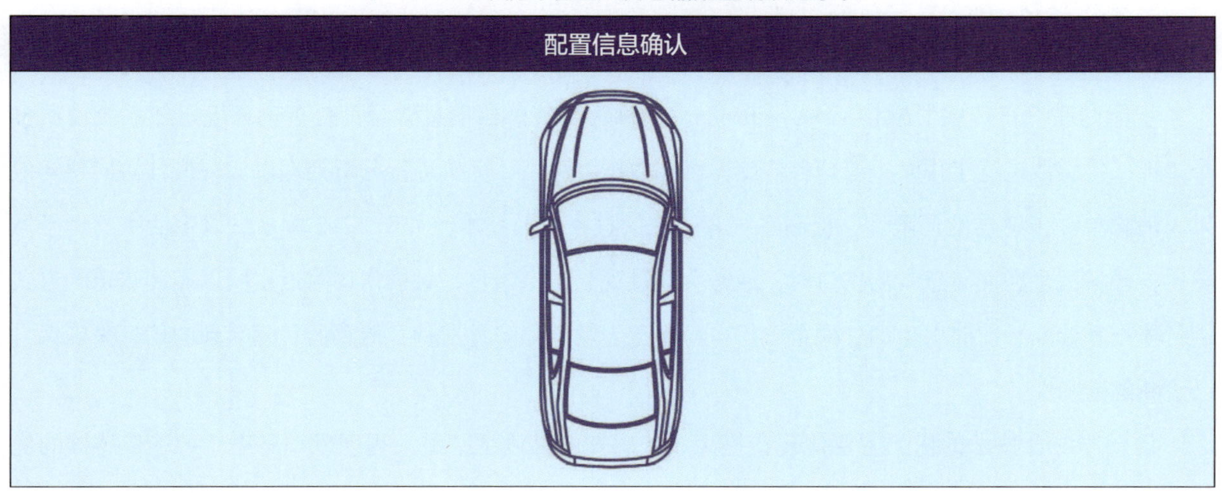

续表

序号	传感器	传感器信息	安装位置	所属 ADAS
（示例）	前视摄像头	双目摄像头	前风窗玻璃后侧、内后视镜背面	ACC
1				
2				
3				
4				
5				
6				
7				
8				
9				
10				
11				
12				
13				
14				
15				
16				

二、传感器融合标定

1. 知识学习

（1）传感器融合的定义和方法

智能网联汽车传感器融合（sensor fusion）全称为多传感器信息融合，是车辆环境感知系统使用多个（种）传感器进行工作时，综合各传感器感知数据，利用计算机进行分析处理以实现最佳协同感知效果，消除单一传感器的局限性，提高系统容错性的过程以及技术，如图 12-2 所示。以生活中的例子做类比，外科医生在面对患者的伤口时，通常会通过观察伤口颜色、触摸伤口附近皮肤以及闻味道的方式进行检查和诊断，此时医生即“融合”了自身视觉、触觉和嗅觉三种“传感器”感受到的信息来确保自己诊断的准确性。

传感器融合技术的优势主要体现在提高系统感知的准确度，最大程度发挥各个（种）传感器的优势；增加系统的感知维度，提高系统的可靠性和健壮性；增强环境适应能力，弥补单一传感器对空间的

分辨率低和环境的不确定性；有效减少成本，实现多个价格低廉的传感器代替价格昂贵的传感器设备。

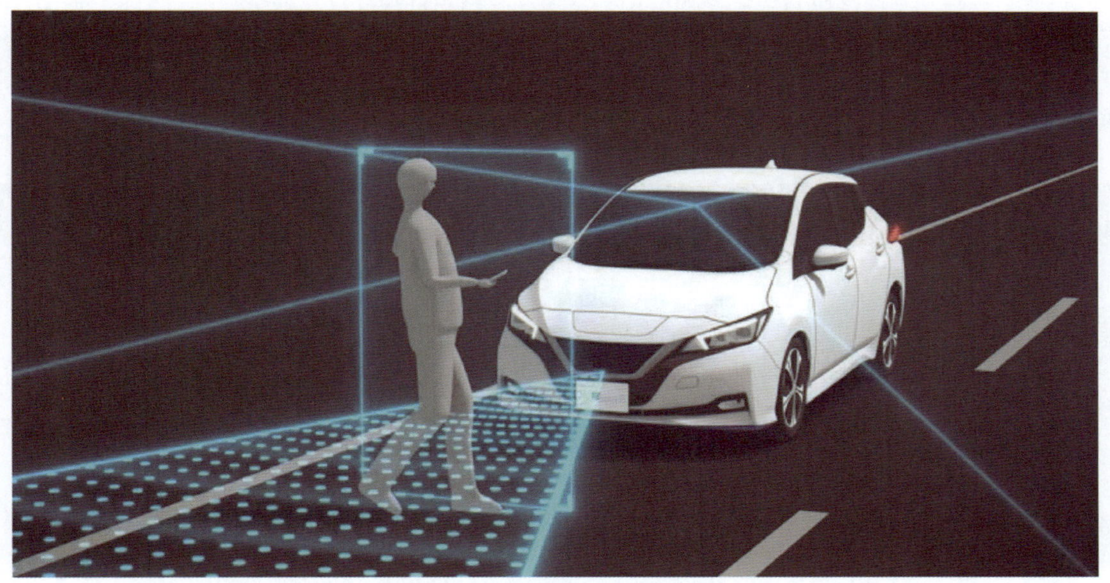

图 12-2　智能网联汽车传感器融合

（2）传感器融合对车载系统的要求

环境感知传感器信息融合过程中需要解决如下问题：

1）数据时空配准问题

在多传感器环境感知过程中，各传感器由于自身性能优劣、安装精度等多方面的原因，观测同一目标获得的数据可能不同步，因此需要对误差进行补偿，将不同传感器在不同时刻不同空间获得的目标数据转换到统一的时刻和空间。

2）探测的不确定性问题。处理传感器探测结果中的噪声信号。

3）数据关联问题

当环境感知传感器在进行多目标跟踪时，如车辆前方出现两个跑动着横穿马路，彼此距离又较近的行人时，车辆需要多个传感器的数据来将行人区分并跟踪两个人的运动轨迹。

4）不完整、不一致以及虚假数据问题

处理各个传感器数据中不一致、可以有多种解释方式以及因为噪声或者干扰因素导致不真实的问题。

为了解决以上问题，传感器融合对车载系统的要求主要包括：

1）统一的同步时钟

保证传感器信息的时间一致性和正确性。

2）准确的多传感器标定

保证相同时间下不同传感器信息的空间一致性。

情境三

（3）传感器数据融合方法

传感器数据融合方法按融合阶段数据的抽象程度分为数据级融合、特征级融合、目标级融合及决策级融合四类。其中，数据级融合与特征级融合又可称为前融合；目标级融合与决策级融合可看作各个感知单元的后处理过程，又称为后融合。各种融合方法见表 12–5。

表 12–5　传感器数据融合方法

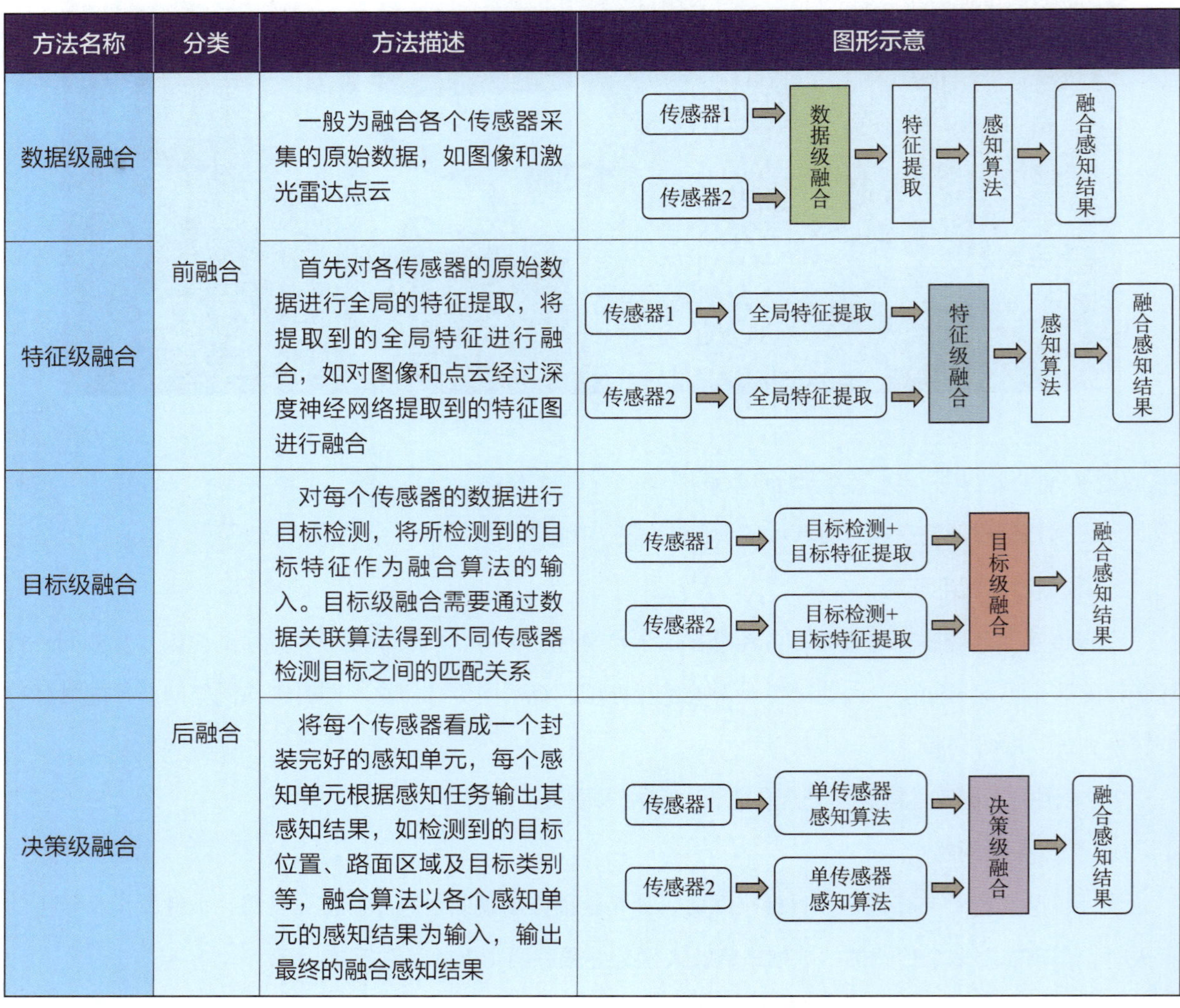

方法名称	分类	方法描述	图形示意
数据级融合	前融合	一般为融合各个传感器采集的原始数据，如图像和激光雷达点云	传感器1、传感器2 ⇒ 数据级融合 ⇒ 特征提取 ⇒ 感知算法 ⇒ 融合感知结果
特征级融合	前融合	首先对各传感器的原始数据进行全局的特征提取，将提取到的全局特征进行融合，如对图像和点云经过深度神经网络提取到的特征图进行融合	传感器1 ⇒ 全局特征提取；传感器2 ⇒ 全局特征提取 ⇒ 特征级融合 ⇒ 感知算法 ⇒ 融合感知结果
目标级融合	后融合	对每个传感器的数据进行目标检测，将所检测到的目标特征作为融合算法的输入。目标级融合需要通过数据关联算法得到不同传感器检测目标之间的匹配关系	传感器1 ⇒ 目标检测+目标特征提取；传感器2 ⇒ 目标检测+目标特征提取 ⇒ 目标级融合 ⇒ 融合感知结果
决策级融合	后融合	将每个传感器看成一个封装完好的感知单元，每个感知单元根据感知任务输出其感知结果，如检测到的目标位置、路面区域及目标类别等，融合算法以各个感知单元的感知结果为输入，输出最终的融合感知结果	传感器1 ⇒ 单传感器感知算法；传感器2 ⇒ 单传感器感知算法 ⇒ 决策级融合 ⇒ 融合感知结果

（4）视觉传感器与毫米波雷达融合方案

以视觉传感器为主、毫米波雷达为辅的方案是将毫米波雷达返回的目标点投影到图像上，围绕该点并结合先验知识，生成一个矩形的感兴趣区域，然后只在该区域内进行目标检测。如图 12–3 所示，图左侧为视觉传感器画面，不同颜色的矩形准确框住了前方车辆，图右侧为毫米波雷达探测图，绿色为探测获取的目标点，纵列绿点代表道路两侧栏杆，用红框框选的绿点代表俯视角度前方车辆相对于自车的位置。

视觉传感器与毫米波雷达方案的优点是可以迅速地排除大量不会有目标的区域，能极大地提高识别速度。对于前碰撞预警系统，可以迅速排除掉雷达探测到的非车辆目标，增强结果的可靠性，之后可以利用毫米波返回的目标的距离、角度、速度信息来进行碰撞时间计算，实现行人 / 车辆在预警时间阈值

内预警，避免单目视觉距离测量及障碍物速度估计不准的问题。因此视觉传感器和毫米波雷达相互配合并共同构成汽车的感知系统，融合后取长补短，实现更稳定可靠的 ADAS 功能。

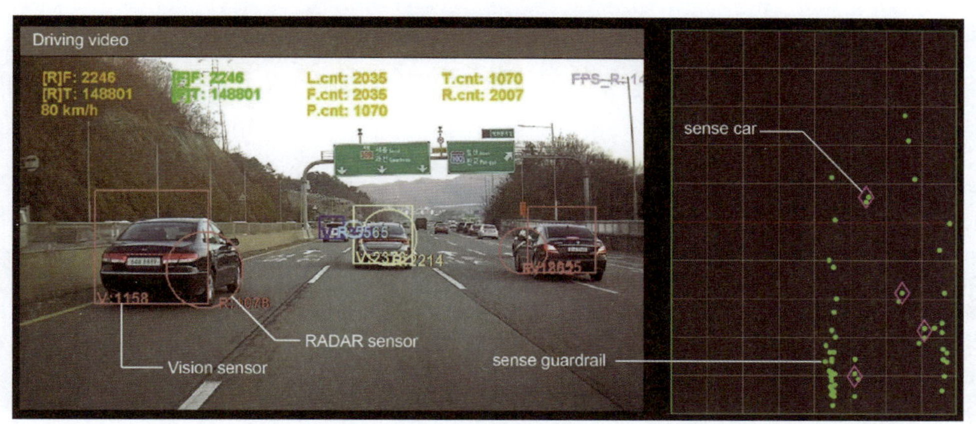

图 12-3 视觉传感器加毫米波雷达融合方案前方目标探测

（5）视觉传感器与毫米波雷达传感器融合标定的原理

视觉传感器与毫米波雷达传感器融合标定主要为空间的融合，目的是要建立精确的毫米波雷达坐标系、三维世界坐标系、视觉感知系统坐标系三者的坐标转换关系。其中视觉感知系统坐标系包括了摄像头坐标系、图像坐标系和像素坐标系。

经过标定，毫米波雷达坐标系下的测量点可通过坐标系转换到视觉传感器对应的像素坐标系下，即实现毫米波雷达与摄像头两者的空间同步。

坐标转换过程可以分为以下三个步骤，如图 12-4 所示：

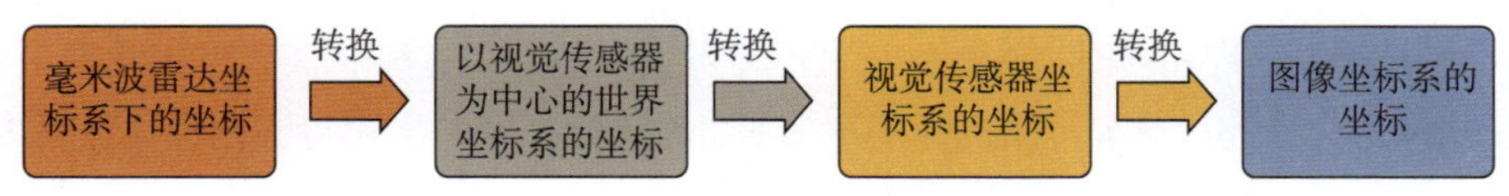

图 12-4 坐标转换过程

1）将毫米波雷达坐标系下的坐标转换到以视觉传感器为中心的世界坐标系中。此处的世界坐标系可简单理解为真实物理世界的三维坐标系，是绝对坐标系，不依托于其他任何物体，在指定后不变且唯一。

2）将世界坐标系的坐标转换到视觉传感器坐标系中。

3）将视觉传感器坐标系的坐标转换到图像坐标系中。

（6）传感器融合标定的方法

视觉传感器与毫米波雷达传感器融合标定主要分为标定准备、检测与设置摄像头内参矩阵、启动毫米波雷达程序、测量与设置传感器位置、验证标定结果五个步骤，如图 12-5 所示。

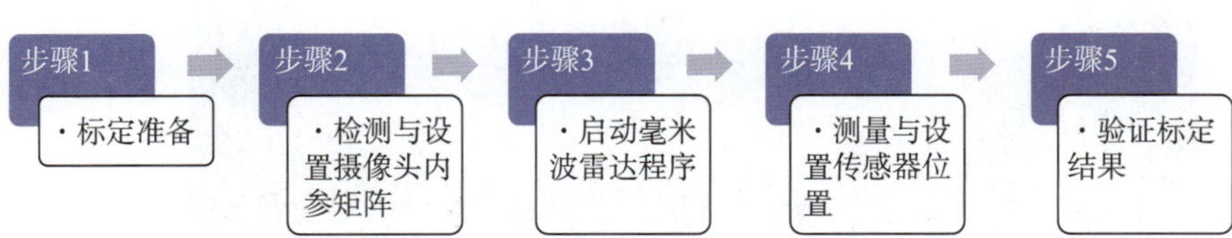

图 12-5 传感器融合标定的工作流程

1）标定准备

场地准备。融合标定场地一般与前视摄像头标定场地相似，场地要求平整、空旷、无建筑障碍物。场地照明要求光线良好，没有反光、阴影，光线均匀、照度适宜。

视觉传感器标定目标准备。准备棋盘格标定板。以下内容采用顶点参数为（9，7）、单格边长为 70 mm 的标定板作为示例。

系统准备。进入视觉传感器与毫米波雷达传感器融合标定界面，如图 12-6 所示。

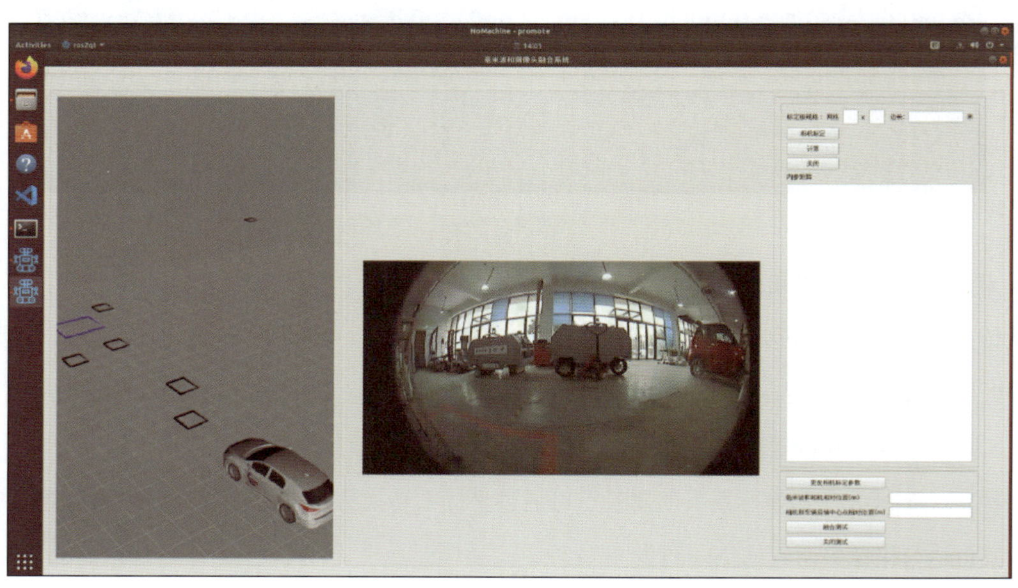

图 12-6　传感器融合标定界面

2）检测与设置摄像头内参矩阵

填写棋盘格标定板参数。单击“相机标定”按钮，两人合作，一人手持标定板站在摄像头前，另外一个人操作标定主机。标定板对准摄像头，前后慢慢移动标定板，直到“CALIBRATE”（标定）标识亮起，代表着系统已有足够的数据进行校准，如图 12-7 所示。

图 12-7　前视摄像头标定

单击“计算”按钮查看标定结果与算出的内参矩阵参数，如图 12-8 所示。

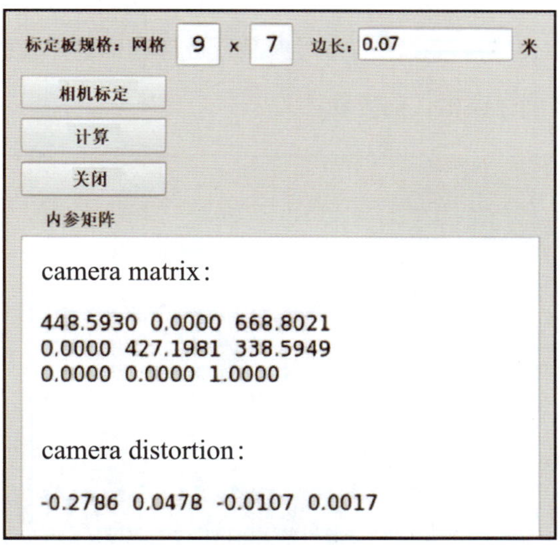

图 12-8　内参矩阵参数

单击“更改相机标定参数”按钮，打开参数设置程序，将计算出的内参矩阵参数填写入程序，如图 12-9 所示。

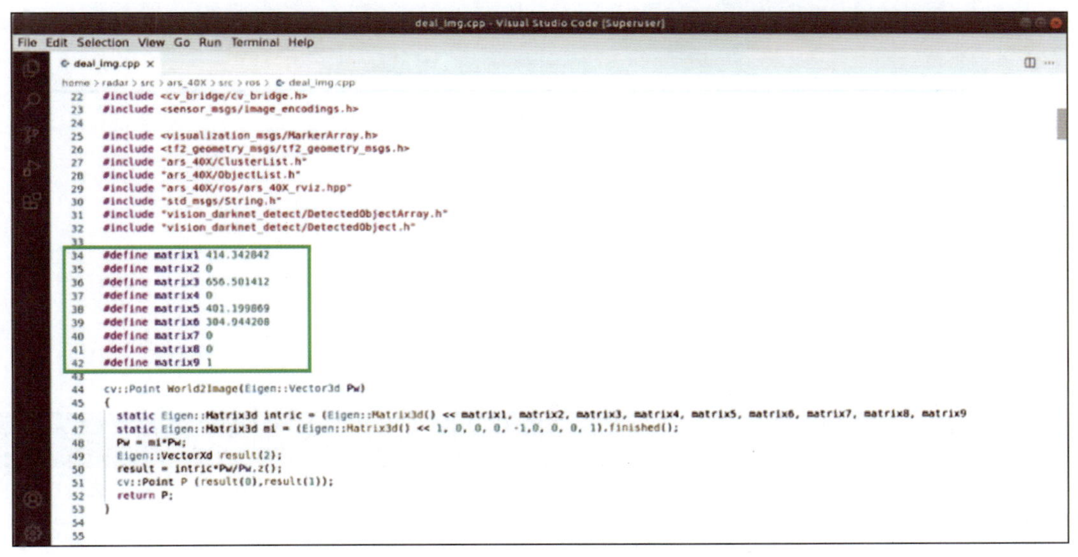

图 12-9　参数设置程序

3）启动毫米波雷达程序

编译毫米波雷达相应程序。

4）测量与设置传感器位置

用直尺、卷尺等工具，规范测量毫米波雷达和摄像头相对距离参数、摄像头和车辆后轴中心的相对距离参数。将测量结果填写入融合标定界面相应位置。填写时需注意长度单位。

5）验证标定结果

单击“融合测试”按钮，开始标定结果验证。观察图 12-10 所示画面，查看视觉传感器与毫米波雷达传感器的融合感知结果，检查项目包括：前方行人是否被框选识别；在线框边是否出现距离参数；距离参数是否准确；线框是否准确完整框住前方物体。

图 12-10 标定结果验证画面

2. 技能操作

（1）操作准备

准备技能操作所需的物料，见表 12-6。

表 12-6 物料准备

类别	所需物料
教学整车／实训平台	智能网联汽车或智能网联传感器装调平台
仪器、设备、工具	安全防护用品、棋盘格标定板、视觉传感器、毫米波雷达、直尺、卷尺等

（2）融合标定工作准备

对视觉传感器和毫米波雷达传感器融合标定工作进行准备，将工作内容记录在表 12-7 中。

表 12-7 融合标定工作准备记录表

序号	类别	内容	结果	备注
1	场地检查	标定场地是否平整	是□　　否□	
2		标定场地是否光线良好	是□　　否□	

续表

序号	类别	内容	结果	备注
3	设备准备	标定主机是否正常上电	是□　否□	
4		标定主机是否正常开机	是□　否□	
5	器材准备	标定板是否准备完毕	是□　否□ 标定板规格：	
6	系统准备	是否正常建立设备与传感器通信	是□　否□	
7		是否可以看到开机画面	是□　否□	
8	分工	是否完成人员分工	是□　否□	

（3）融合标定操作

对视觉传感器和毫米波雷达传感器进行融合标定，将工作内容记录在表 12–8 中。

表 12–8　融合标定操作记录表

序号	类别	内容	结果	备注
1	摄像头标定 / 参数检测	是否填写棋盘格参数	是□　否□ 棋盘格方块数量： 边长：	
2		标定板是否对准摄像头	是□　否□	
3		是否看到“CALIBRATE”（标定）标识亮起	是□　否□	
4		是否完成标定	是□　否□	
5		标定结果记录 – 内参矩阵		
6		标定结果记录 – 畸变系数		
7	内参设置	是否开启设置程序界面		
8		是否写入程序		
9	启动程序	是否启动毫米波雷达程序	是□　否□ 操作方式： 输入指令□　按钮□ 输入代码：	

续表

序号	类别	内容	结果	备注
10	距离参数测量与设置	毫米波雷达与摄像头距离		
11		摄像头与车辆后轴中心距离		
12		是否完成距离参数设置	是□　　否□	

(4)融合标定结果验证

用2个静态目标和1个动态目标，分别对视觉传感器和毫米波雷达传感器融合标定的工作结果进行验证，将工作内容记录在表12–9中。

表12–9　融合标定结果验证记录表

序号	内容	结果	备注
静态目标验证 –1			
1	静态目标物 –1	目标物名称： 目标物与车辆距离：	
2	屏幕是否显示毫米波雷达探测结果	是□　　否□	
3	屏幕是否显示视觉传感器画面	是□　　否□	
4	目标物是否被正确框选	是□　　否□	
5	探测结果：目标物距离	________mm	
6	探测距离是否与实际距离相符	是□　　否□	
静态目标验证 –2			
1	静态目标物 –2	目标物名称： 目标物与车辆距离：	
2	屏幕是否显示毫米波雷达探测结果	是□　　否□	
3	屏幕是否显示视觉传感器画面	是□　　否□	
4	目标物是否被正确框选	是□　　否□	
5	探测结果：目标物距离		
6	探测距离是否与实际距离相符	是□　　否□	

续表

序号	内容	结果	备注
动态目标验证			
1	动态目标物	目标物名称： 目标物移动线路： 点位 1 描述： 点位 2 描述： 点位 3 描述：	示例： 目标物移动线路：车前 2 m 横向运动 点位 1 描述：车辆正前方 2 m 处 点位 2 描述：车辆左前方纵向 2 m、横向 1 m 处 点位 3 描述：车辆右前方纵向 2 m、横向 1 m 处
2	屏幕是否显示毫米波雷达探测结果	是□　否□	
3	屏幕是否显示视觉传感器画面	是□　否□	
4	目标物是否被正确且持续框选	是□　否□	
5	探测结果：目标物点位 1 与车辆距离		
6	探测结果：目标物点位 2 与车辆距离		
7	探测结果：目标物点位 3 与车辆距离		
8	探测距离是否与实际距离相符	点位 1：是□　否□ 点位 2：是□　否□ 点位 3：是□　否□	
9	融合标定是否完成	是□　否□	

检查评估

对本任务的学习情况进行检查，并将相关内容填写在表 12–10 中。

表 12–10　检查表

检查项目	检查结果	结果点评
多传感器配置检查		
是否正确找到车辆视觉传感器位置	是□　否□	

续表

检查项目	检查结果	结果点评
多传感器配置检查		
是否能将视觉传感器与 ADAS 功能对应	是□　否□	
是否正确找到车辆毫米波雷达位置	是□　否□	
是否能将毫米波雷达与 ADAS 功能对应	是□　否□	
传感器融合标定		
标定板规格是否正确	是□　否□	
是否获得摄像头内参矩阵参数	是□　否□	
是否完成静态目标验证	是□　否□	
是否完成动态目标验证	是□　否□	
整理及恢复		
工具、设备是否整理恢复	是□　否□	
实训工位是否打扫干净	是□　否□	
工作页是否填写完整	是□　否□	

任务小结

本任务小结如图 12-11 所示。

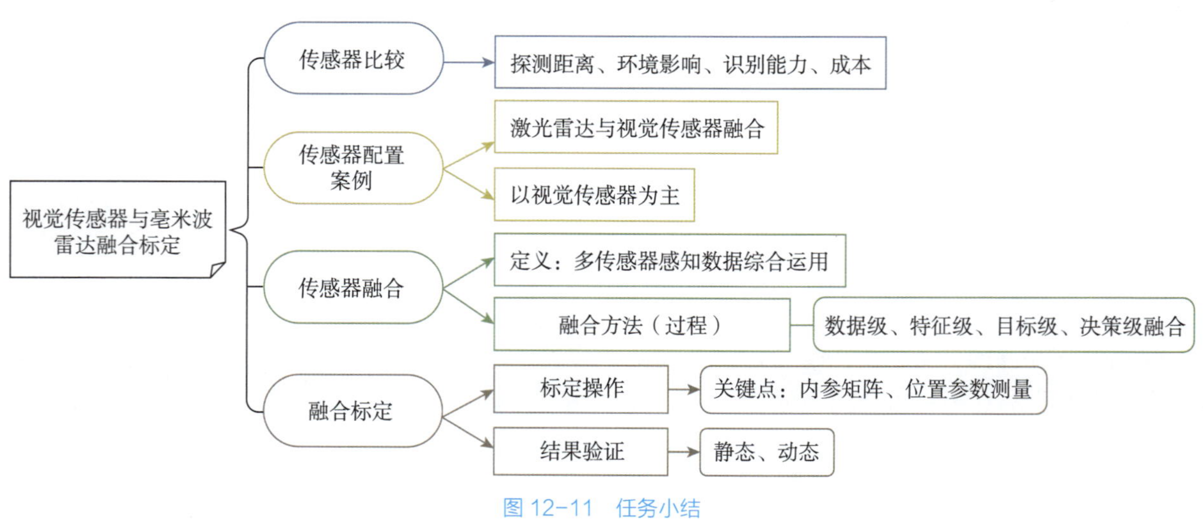

图 12-11　任务小结

情境四
超声波雷达装调与测试

情境介绍

超声波雷达是较早应用于汽车环境感知的传感器。近年来，尽管智能网联汽车安装的环境感知传感器种类日益增加，但是超声波雷达以其结构简单、体积小巧、受环境因素影响小等优点，依然是大多数智能网联汽车的标准配置。不仅如此，随着智能网联汽车自动泊车与盲区检测相关 ADAS 功能的普及，车用超声波雷达也不断出现长距超声波雷达等功能更强大的产品，成为车辆完成自动驾驶不可或缺的关键部件。

本情境包含超声波雷达安装、超声波雷达调试两个任务，包括超声波雷达部件检查、通信数据解析、超声波雷达整车测试等。

情境目标

▸ 能根据图纸和装调手册正确使用工具，完成超声波雷达的安装。

▸ 能根据装调手册正确操作主机系统，完成超声波雷达参数的设置与系统的调试。

▸ 能根据装调手册正确运行车辆相关 ADAS，完成超声波雷达系统的测试。

任务十三
超声波雷达安装

任务导入

场景： 某国产自主品牌汽车试制车间

人物： 车间班组长张师傅、实习试制装调技师小宋

情节： 在本轮试制装车中，实习装调技师小宋的工作是跟随张师傅完成车辆超声波雷达的安装。小宋看到张师傅从零部件库房领取了一组多个小的传感器部件，张师傅告诉他，这次的安装任务是要将车辆四周都安装上这样的超声波传感器。小宋之前听说过汽车的倒车雷达是利用超声波测距这一物理原理工作的，那么为什么要在车辆侧面和前面也装传感器？它们起到什么作用？如何安装这样的传感器？如果你是小宋，你是否有相同的问题？你将如何开始工作？

任务目标

- 能根据图纸和装调手册规范检查超声波雷达传感器部件，确认超声波雷达安装的位置。
- 能根据图纸和装调手册正确使用工具，在图纸规定位置完成超声波雷达的安装工作。

任务实施

一、超声波雷达安装准备

1. 知识学习

（1）超声波雷达的定义与分类

车用超声波雷达又称车用超声波传感器或泊车雷达，是利用超声波进行近距离障碍物探测的车用环

境感知传感器，如图 13-1 所示。

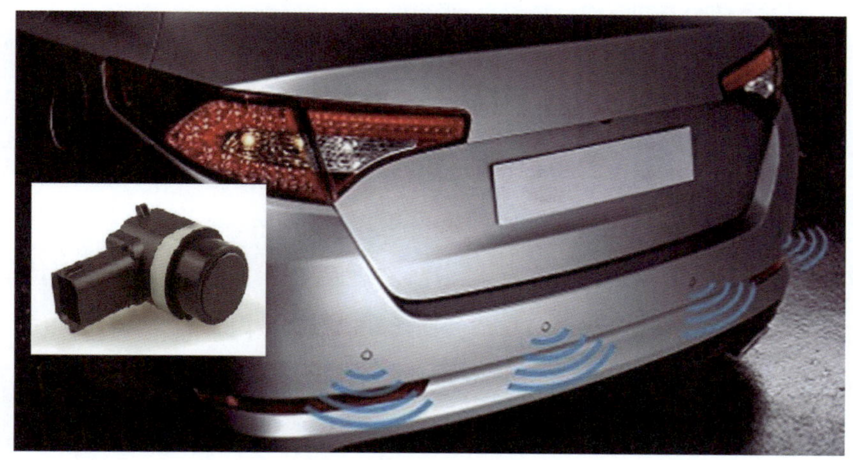

图 13-1 车用超声波雷达

智能网联汽车常用的超声波雷达根据用途和探测距离主要分为短距超声波雷达和长距超声波雷达两类。

短距超声波雷达又称为超声波泊车辅助（ultrasonic parking assistant，UPA）传感器，探测距离一般在 15~250 cm，安装在车辆的前后保险杠处，用于探测车辆在驾驶员的操控下进入停车位或倒车时探测前后障碍物，如图 13-2 所示。

长距超声波雷达又称为自动泊车辅助（automatic parking assistant，APA）传感器，探测距离一般在 15~550 cm，一般安装于车辆左右侧面各 2 个，用于在车辆自动驾驶泊车功能启动下完成对停车过程中侧方障碍物（如墙壁、临车灯、地下停车场立柱）的探测。

在上述两种大的分类下，超声波传感器在探测距离和探测范围上又根据实际用途具有多种型号。APA 传感器因为探测距离远、探测范围大，所以功率消耗大，价格成本更高。

图 13-2 UPA 传感器应用场景

（2）超声波雷达的主要参数

超声波雷达的主要参数为探测距离、探测范围和工作频率。

探测距离：超声波雷达主要有最远探测距离和最近探测距离两个参数。在此范围之外，雷达无法探测到物体。

探测范围：超声波雷达的探测范围主要由水平探测角与垂直探测角两个参数决定。

工作频率：车用超声波雷达常用的工作频率有 40 kHz、48 kHz、58 kHz 三种。工作频率直接影响超声波的扩散和吸收损失、障碍物反射损失、背景噪声，并直接决定雷达的尺寸。频率越高，探头灵敏度越高，雷达对物体的辨识能力也越强，但是相应的在水平和垂直方向上的探测角度也越小。目前主流车型上较为常用的是 40 kHz 的超声波雷达，可有效避开噪声以提高信噪比。

除上述主要参数外，超声波雷达的性能还包括雷达探测精度指标，即传感器测量值与真实值的偏差。

某型号车用长距超声波雷达的性能参数见表 13-1。

表 13-1　车用长距超声波雷达性能参数示例

序号	参数名称	数值
1	最近探测距离	15 cm
2	最远探测距离	5.5 m
3	水平探测角	±70°　@35 dB
4	垂直探测角	±35°　@35 dB
5	工作频率	40 kHz

（3）超声波雷达的优缺点

超声波雷达是汽车最早应用的环境感知传感器，技术非常成熟。超声波的传播速度仅为光波的百万分之一，指向性强，能量消耗缓慢，因此可以直接测量较近目标的距离。目前，在智能网联汽车 ADAS 及自动驾驶功能不断升级，随之激光雷达、先进计算机视觉算法等各种最新先进技术不断应用于汽车上的背景下，超声波雷达并未被替代，依然安装在主流车型上，重要的原因是超声波雷达具有其显著的优点。

超声波雷达的优点主要为：

1）超声波传感器结构简单、体积小、信息处理简单可靠、易于小型化与集成化，并且可以进行实时控制。

2）超声波雷达灵敏度较高，可适用于识别透明、半透明及漫反射差的物体。

3）超声波对外界光线和电磁场不敏感，可用于黑暗、有灰尘或烟雾、电磁干扰强、有毒等恶劣环境中，这点优于激光雷达和视觉传感器。

4）超声波雷达价格低廉，在所有环境感知传感器中具有显著优势。

5）新型号超声波雷达在探测距离、探测范围和精度上可以接近于一些低性能的激光雷达，因此具有高性价比优势。

超声波雷达作为环境感知传感器也具有以下的缺点：

1）超声波雷达不容易探测到低矮、圆锥形、过细的障碍物或沟坎。

2）超声波雷达无法探测高速移动的多个物体，因此仅适用于低速时，如倒车入库时使用。

3）超声波具有一定的扩散角，只能进行距离的测量，方位探测能力弱，因此在车辆车身不同方位安装多个超声波雷达。

4）超声波雷达无法识别物体颜色。

超声波雷达的优点与缺点总结在表 13-2 中。

表 13-2　超声波雷达的优点与缺点

序号	优点	缺点
1	结构简单、体积小	不易探测微小物体
2	灵敏度较高	无法探测高速物体
3	对外界光线和电磁场不敏感	测距能力强但方位探测能力弱
4	价格低廉	无法识别物体颜色
5	性价比高，功能在不断升级	—

（4）超声波雷达的安装准备工作

超声波雷达安装准备主要有超声波雷达部件检查、安装位置确认与检查两个工作。

1）超声波雷达部件检查的工作内容包括零部件号与型号核对、性能参数确认、部件外观检查。超声波雷达的性能参数包括雷达类型、探测距离、水平与垂直探测范围（角度）、工作频率等。

2）超声波雷达安装位置确认与检查的工作内容主要是根据图纸确认安装数量与安装位置、安装位置支架、卡扣等安装点的检查。对于车辆安装有多个型号超声波雷达的情况，装调人员要首先做好型号与位置的对应工作。安装点检查主要查看安装面是否平整、是否存在焊渣或者塑料制品制造缺陷引起的凹凸不平，卡扣是否完好等。

2. 技能操作

（1）操作准备

准备技能操作所需的物料，见表 13-3。

表 13-3　物料准备

类别	所需物料
教学整车 / 实训平台	智能网联汽车或智能网联传感器装调平台
仪器、设备、工具	超声波雷达、笔、纸、工作手套等

（2）零部件号与性能参数核对

根据超声波雷达部件壳体上的信息和装调手册，将零部件的信息记录在表 13-4 中。信息需包含全部不同类型的超声波雷达，需填写完整。

表 13-4　零部件号与性能参数核对记录表

序号	类别	内容	结果	备注
1	安装信息	零件号		
2		零部件型号		
3		零部件安装形式	卡扣连接□　螺栓连接□ 其他□	
4	类型与性能参数	类型与数量	UPA □　APA □ 数量描述：	
5		工作频率		
6		探测距离		
7		探测范围		
8		外形尺寸		
9		重量		
10	电气参数	电源类型与电压		
11		功耗		
12	核对结果	零部件号是否与图纸对应	是□　否□	
13		产品性能参数是否与图纸对应	是□　否□	

（3）部件外观检查

对超声波雷达部件进行外观检查，将部件的信息记录在表 13–5 中。

表 13–5　部件外观检查记录表

序号	类别	内容	结果	备注及处置记录
1	壳体检查	是否存在裂纹	是□　否□	
2		是否有污损	是□　否□	
3	电气接口检查	针脚是否完好	是□　否□	
4		是否有污损	是□　否□	
5	问题记录	是否对检查出的问题进行拍照记录	是□　否□	

（4）安装位置确认与检查

根据装调手册和图纸，将超声波雷达安装位置信息记录在表 13–6 中。

表 13–6　安装位置确认与检查记录表

安装位置标注

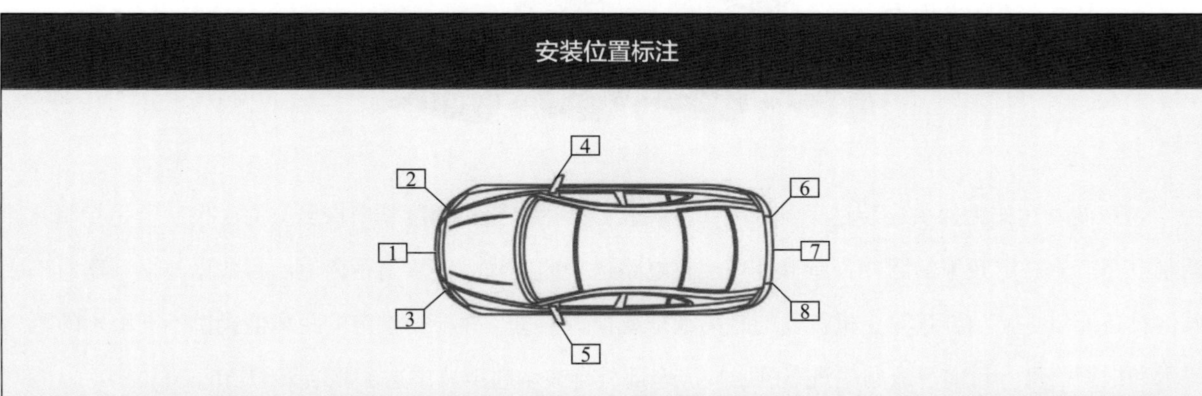

位置编号	部件类型与零件号	安装位置	安装方式与安装位置确认与检查
1			
2			
3			
4			
5			
6			
7			
8			

情境四

二、超声波雷达安装

1. 知识学习

（1）超声波雷达系统的组成

智能网联汽车超声波雷达系统一般由超声波雷达、控制器、显示屏、蜂鸣器、线束与插接头等组成，如图 13–3 所示。

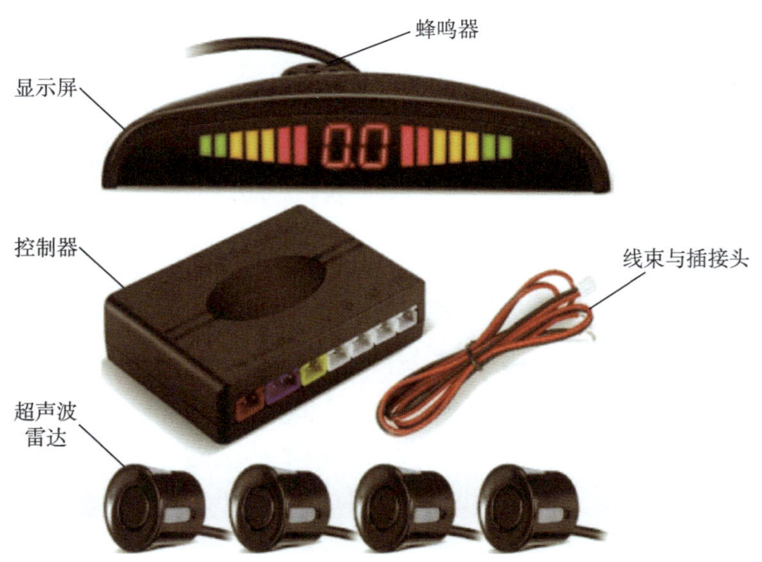

图 13–3 智能网联汽车超声波雷达系统的组成

超声波雷达作为探头安装在车身周围，探头表面外露，探头角度朝向探测方向。控制器是控制脉冲调制电路产生一定频率的脉冲，运算处理接收电路送来的信号，换算出距离值后将数据与显示器通讯或其他设备通讯。显示屏接收主机传输的距离数据或报警信息，并根据设定的距离值提供不同级别的距离提示和报警信息。目前智能网联汽车的中控屏全部具有显示超声波雷达探测结果的功能。

（2）超声波雷达的安装位置

超声波雷达一般在智能网联汽车上的安装位置如图 13–4 所示，超声波雷达安装位置离地高度一般为 30~50 cm，两传感器间距 30 cm 左右。图中 1、2、3、4 号超声波雷达为前向泊车雷达，5、6、7、8 号超声波雷达为后向泊车雷达；9、10、11、12 号超声波雷达为侧向泊车雷达。

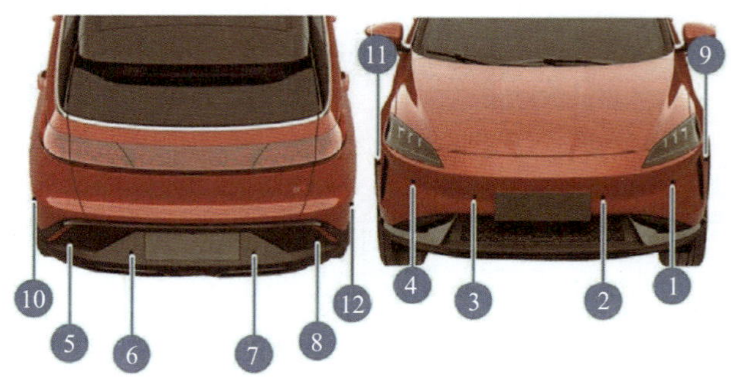

图 13–4 超声波雷达的安装位置

（3）超声波雷达的安装方式

超声波雷达一般采用卡扣方式安装在车辆前后保险杠及车身其他位置，如图 13-5 所示。

图 13-5　超声波雷达卡扣式安装部件

超声波雷达安装基本步骤为分别在车身相应位置安装超声波雷达部件，注意安装时超声波雷达背面“UP”朝上；安装超声波雷达系统控制器；根据车辆安装电路图，连接控制器与超声波雷达，连接控制器与中控屏或雷达系统屏幕。

安装完毕后，从以下方面进行检查：安装位置与型号是否对应，安装后雷达与车身外观是否完好，是否存在因为不当作业雷达与安装座圈没有垂直推入导致卡扣断裂或者部件损坏等问题，电气线束走线是否规整，必要时使用扎带进行整理。

2. 技能操作

（1）操作准备

准备技能操作所需的物料，见表 13-7。

表 13-7　物料准备

类别	所需物料
教学整车 / 实训平台	智能网联汽车或智能网联传感器装调平台
仪器、设备、工具	超声波雷达、工具套装、工作手套等

（2）电路图拆画

根据试制技术文件，在表 13-8 中拆画超声波雷达系统电路图。

表 13-8　超声波雷达系统电路图

电路图

（3）超声波雷达安装

根据超声波雷达装配图纸与装调手册安装部件，将工作内容记录在表 13-9 中。

表 13-9　超声波雷达安装记录表

序号	内容	结果	备注
1			
2			
3			
4			
5			
6			
7			
8			
9			
10			
11			
12			
13			
14			
15			
16			
17			
18			

（4）超声波雷达安装检查

对超声波雷达安装工作进行检查，将工作内容记录在表 13-10 中。

表 13-10　超声波雷达安装检查记录表

序号	内容	结果
1	雷达是否都安装在指定位置	是□　否□
2	雷达的外观和线束是否完好	是□　否□
3	雷达线束是否走线规整，用扎带进行了必要整理	是□　否□
4	按压超声波雷达外围塑料件，雷达是否垂直卡入车身	是□　否□
5	检查雷达系统的蜂鸣器是否正常	是□　否□

检查评估

对本任务的学习情况进行检查，并将相关内容填写在表 13-11 中。

表 13-11 检查表

检查项目	检查结果	结果点评
超声波雷达安装准备		
是否正确完成零件号核对	是□ 否□	
是否完成超声波雷达部件外观检查	是□ 否□	
是否逐一确认超声波雷达安装位置	是□ 否□	
超声波雷达安装		
是否正确拆画电路图	是□ 否□	
雷达安装后车身表面是否平整	是□ 否□	
是否正确连接超声波雷达线路	是□ 否□	
线束是否走线规整	是□ 否□	
整理及恢复		
工具、设备是否整理恢复	是□ 否□	
实训工位是否打扫干净	是□ 否□	
工作页填写是否完整	是□ 否□	

任务小结

本任务小结如图 13-6 所示。

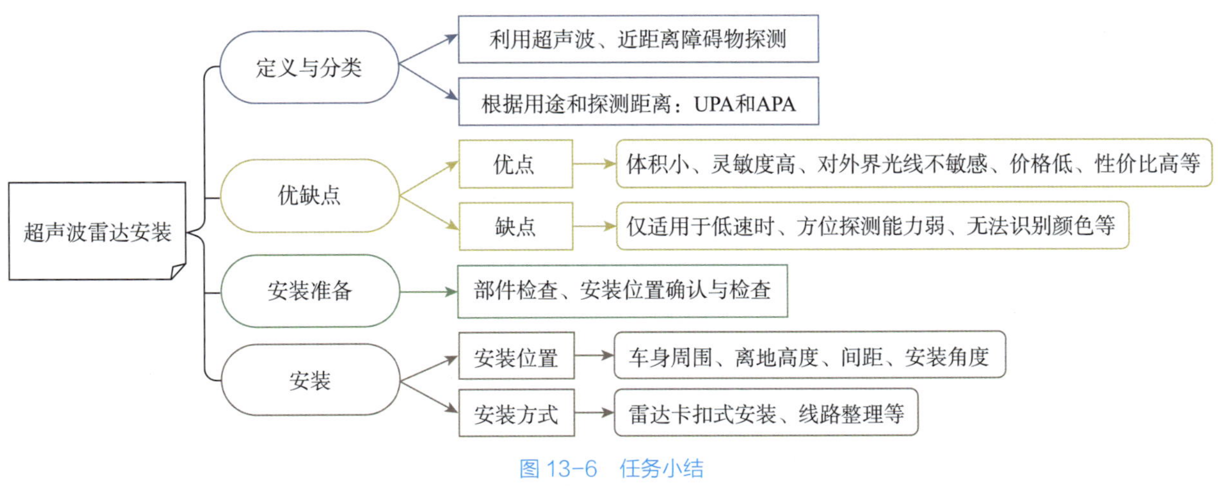

图 13-6 任务小结

任务十四
超声波雷达调试

任务导入

场景： 某国产自主品牌汽车试制车间

人物： 车间班组长张师傅、实习试制装调技师小宋

情节： 小宋在张师傅的指导下为智能网联样车安装了超声波雷达。超声波雷达是否能够正常工作？超声波雷达到底是如何工作的？小宋带着这些疑问跟随张师傅开始了超声波雷达的调试工作。如果你是小宋，你将如何开始自己的工作？

任务目标

▸ 能根据装调手册规范操作超声波雷达调试主机，完成超声波雷达系统的调试工作。

▸ 能根据装调手册按照测试规范，规范完成超声波雷达在车辆 ADAS 功能开启下的功能测试。

任务实施

一、超声波雷达系统调试

1. 知识学习

（1）超声波雷达的内部结构

超声波雷达是利用超声波在超声场中的物理特性和各种效应，将超声能量定向传输，并按预期接收反射波，实现超声测距功能的车用传感器。

超声波雷达主要由发送部分、接收部分、控制电路构成。发送部分由压电换能器作为超声波发生器，通过换能器中的压电晶体的谐振工作。压电晶体由两个压电晶片和一个共振板组成。当压电晶体的

两极外加脉冲信号，其频率等于压电晶片的固有振荡频率时，压电晶片将会发生共振，并带动共振板振动，便产生超声波。传感器专用膜（membrane）接收到被探测物体反射回来的超声波，产生机械振动，换能器可以将机械能转换成电能完成超声波接收。集成电路对产生的电信号进行放大，专用集成电路判断接收到的是不是由本身发射出去的超声波，并识别所接收超声波的强度。超声波雷达的内部结构如图 14–1 所示。

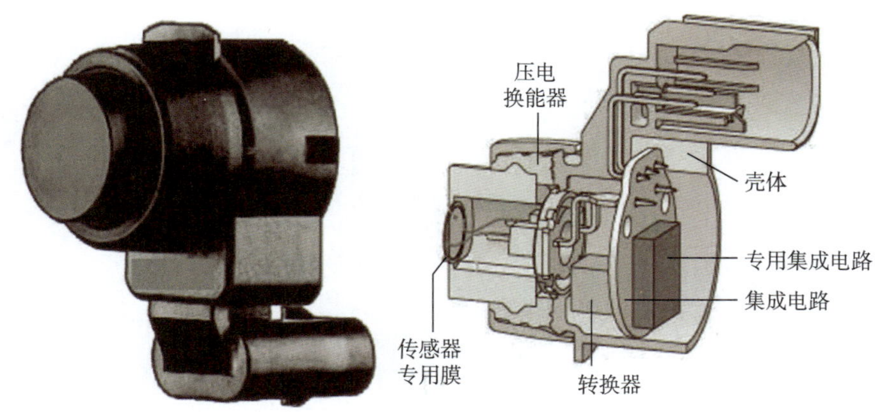

图 14–1 超声波雷达的内部结构

（2）超声波的特性

频率低于 20 Hz 的声波称为次声波。频率为 20 Hz ~ 20 kHz 的声波称为可听波，即人耳能分辨的声波。频率大于 20 kHz 的声波为超声波，是一种波长极短的机械波，在空气中波长一般短于 2 cm。由于超声波指向性强，能量消耗缓慢，在介质中传播的距离较远，因而超声波经常用于距离的测量，如测距仪和物位测量仪等都可以通过超声波来实现。超声波检测往往比较迅速、方便、计算简单、易于做到实时控制，并且在测量精度方面能达到工业实用的要求，因此在智能网联汽车测距方面得到了广泛的应用。利用超声波进行测距的物理原理如图 14–2 所示。

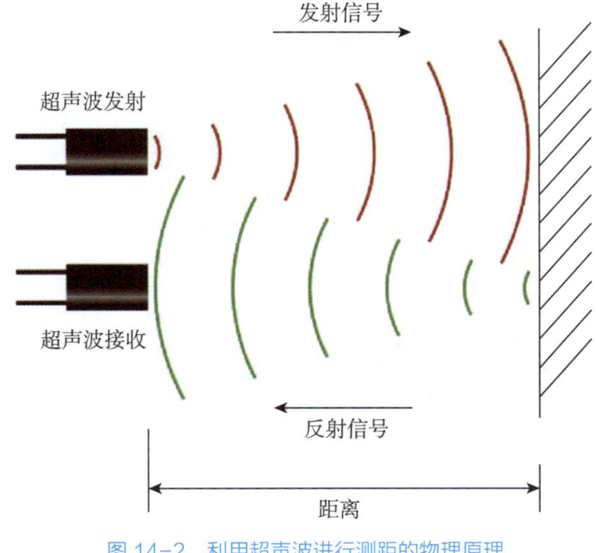

图 14–2 利用超声波进行测距的物理原理

（3）超声波雷达的工作原理

智能网联汽车超声波雷达由控制器控制脉冲调制电路产生一定频率的脉冲，脉冲调制电路驱动超声波传感器向一个方向发射超声波，在发射的同时计数器开始计数，超声波在空中传播遇到障碍物时撞击障碍物表面被反射回来，超声波接收器接收到反射的超声波立即停止发射超声波，接收电路接收到超声波信号后将其转换成电信号送至控制器进行数据处理，整个工作过程的工作原理如图 14–3 所示。

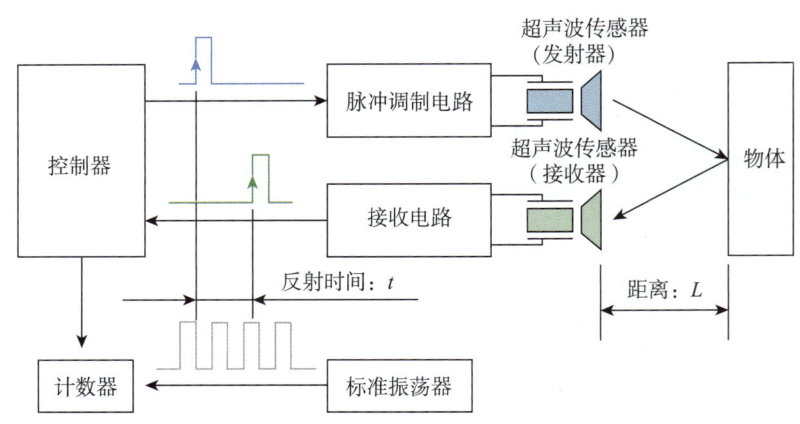

图 14–3　超声波雷达的工作原理

超声波雷达的超声波发射头发出的超声波脉冲，经介质（空气）传到障碍物表面，反射后通过介质（空气）传到接收头，测出超声波脉冲从发射到接收所需的时间，根据介质中的声速，求得从探头到障碍物表面之间的距离 L。设探头到障碍物表面的距离为 L，超声波在空气中的传播速度为 v（约为 340 m/s），从发射到接收超声波脉冲所需的反射时间为 t，当发射头和接收头之间的距离远小于探头到障碍物之间的距离时，则有 $L=\frac{vt}{2}$，即测出反射时间，便可得到探头与被测目标之间的距离。

（4）超声波雷达系统通信机制与数据解析

超声波雷达通过 CAN 总线向主机发送探测数据。通常雷达在初始状态默认数据不输出，当主机（又称终端或者主设备）发送控制指令后，雷达输出探测数据。

超声波雷达只接收 ID 为 0x601 的数据，不接收其他 ID 的数据。例如，某超声波雷达系统中，需要雷达工作时，主机向雷达发送的报文见表 14–1。当主机命令雷达停止工作时，向雷达发送的报文见表 14–2。

表 14–1　雷达工作指令

ID	DLC	Byte0	Byte1	Byte2
0x601	0x03	0xb3	0x10	0xff

表 14-2　雷达停止工作指令

ID	DLC	Byte0	Byte1	Byte2
0x601	0x03	0xb3	0x10	0x00

超声波雷达探测到物体并将信息发送给主机时，采用数据帧格式为 0~8 个字节。以某典型超声波雷达系统为例。

- 当超声波雷达发送的 ID 为 0x0611 时（发送 1~4 号探头数据），每路探头数据有 2 位十进制 BCD 码（先高字节，后低字节，长度单位为 mm）。
- 当超声波雷达发送的 ID 为 0x0612 时（发送 5~8 号探头数据），每路探头数据有 2 位十进制 BCD 码（先高字节，后低字节，长度单位为 mm）
- 当雷达为接线或者线路存在断路时，恒定输出 5 005 mm。
- 当探头探测不到物体时恒定输出 5 000 mm。

例如，当雷达发送 ID 为 0x0611，报文数据为 15 50 17 00 12 00 16 00 时，表示 1 号雷达探测数据为 1 550 mm，2 号雷达探测数据为 1 700 mm，3 号雷达探测数据为 1 200 mm，4 号雷达探测数据为 1 600 mm。

当雷达发送 ID 为 0x0612，报文数据为 18 50 11 00 19 00 16 00 时，表示 5 号雷达探测数据为 1 850 mm，6 号雷达探测数据为 1 100 mm，7 号雷达探测数据为 1 900 mm，8 号雷达探测数据为 1 600 mm。

（5）超声波雷达调试

超声波雷达调试工作主要包括超声波雷达编号设定和超声波雷达系统阈值设置两大部分工作。

1）超声波雷达编号设定

为探测车辆周围 360° 环境，全车四周安装多个超声波雷达进行工作，如图 14-4 所示，因此当主机收到某个雷达的探测信号后，需要对应该结果来自车辆的具体方位。

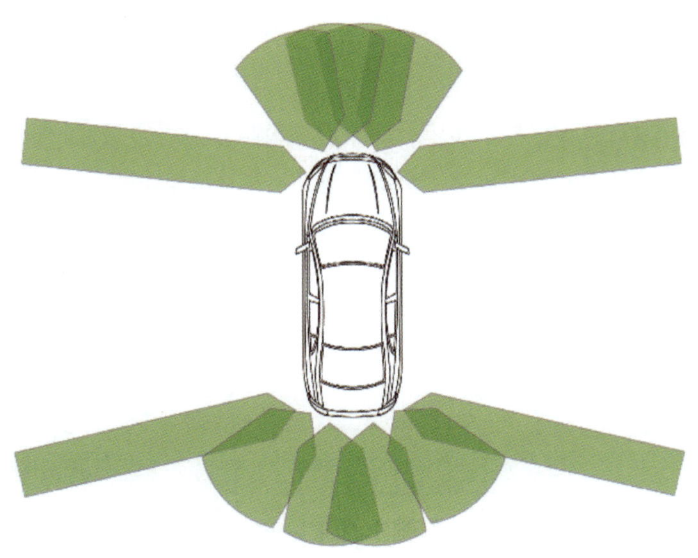

图 14-4　超声波雷达安装位置及探测方位

情境四

超声波雷达编号设定的步骤是为各雷达编号、将雷达编号与安装位置输入主机、对调试结果进行检查，如图 14–5 所示。

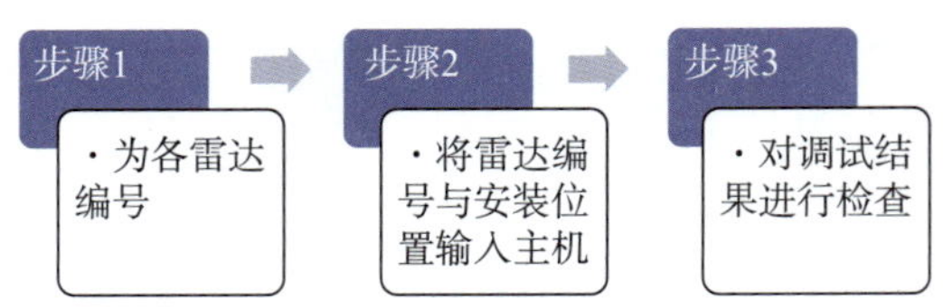

图 14–5　超声波雷达编号设定的步骤

具体调试方法为一般按车辆前部从左向右（驾驶员视角）顺序依次编号为 1~4 号，车辆尾部从左向右（驾驶员视角）顺序依次编号为 5~8 号。对于车辆左右两侧有雷达的情况，编号一般进行顺延；将雷达编号及其位置输入主机系统。

调试结果检查方法为开启主机系统后，调试人员用手或者挡板逐一遮挡某个编号（方位）的超声波雷达，查看系统界面中所显示探测结果是否与实际对应。

2）超声波雷达系统阈值设置

超声波雷达在使用过程中一般有三种状态：雷达探头前方没有障碍物时，系统不报警，中控屏不显示或者显示为绿色；有障碍物但是距离较远时，系统报警声频率较低，中控屏显示为黄色；有障碍物且距离很近时，系统急促声音报警，中控屏显示红色以警告驾驶者。其中，后两种状态中的距离值即为超声波雷达阈值。

第二种状态对应为低报阈值，数值较大，代表一个较远的报警距离。第三种状态对应为高报阈值，数值较小，代表一个较近的报警距离。阈值设置应得当，阈值设置太大会造成系统频繁报警，使驾驶员过度紧张；阈值设置太小，可能造成驾驶员反应不及时导致车辆撞击障碍物。

某超声波雷达系统阈值设置界面如图 14–6 所示，该系统当前阈值设置 1 号雷达高报为 0.36 m，低报为 1.5 m。其他雷达高报为 0.9 m，低报为 1.5 m。

由图可见，1 号雷达探测到障碍物距离为 0.75 m，小于所设定的低报值但大于高报值，表示距离上还不是非常危险，系统给该雷达数据显示黄色，如果有报警装置，将会是低频报警声。

2 号雷达探测到障碍物距离为 0.71 m，小于所设定的高报值 0.9 m，表示与障碍物距离很小，存在较大碰撞危险，系统给该雷达数据显示红色，如果有报警装置，将会是高频报警声。

5~8 号雷达探测结果显示 5 m，表示没有探测物体，即车辆后方此时没有障碍物。探测结果大于低报阈值，系统无需对探测结果进行颜色标注以及其他反应。

2. 技能操作

（1）操作准备

准备技能操作所需的物料，见表 14–3。

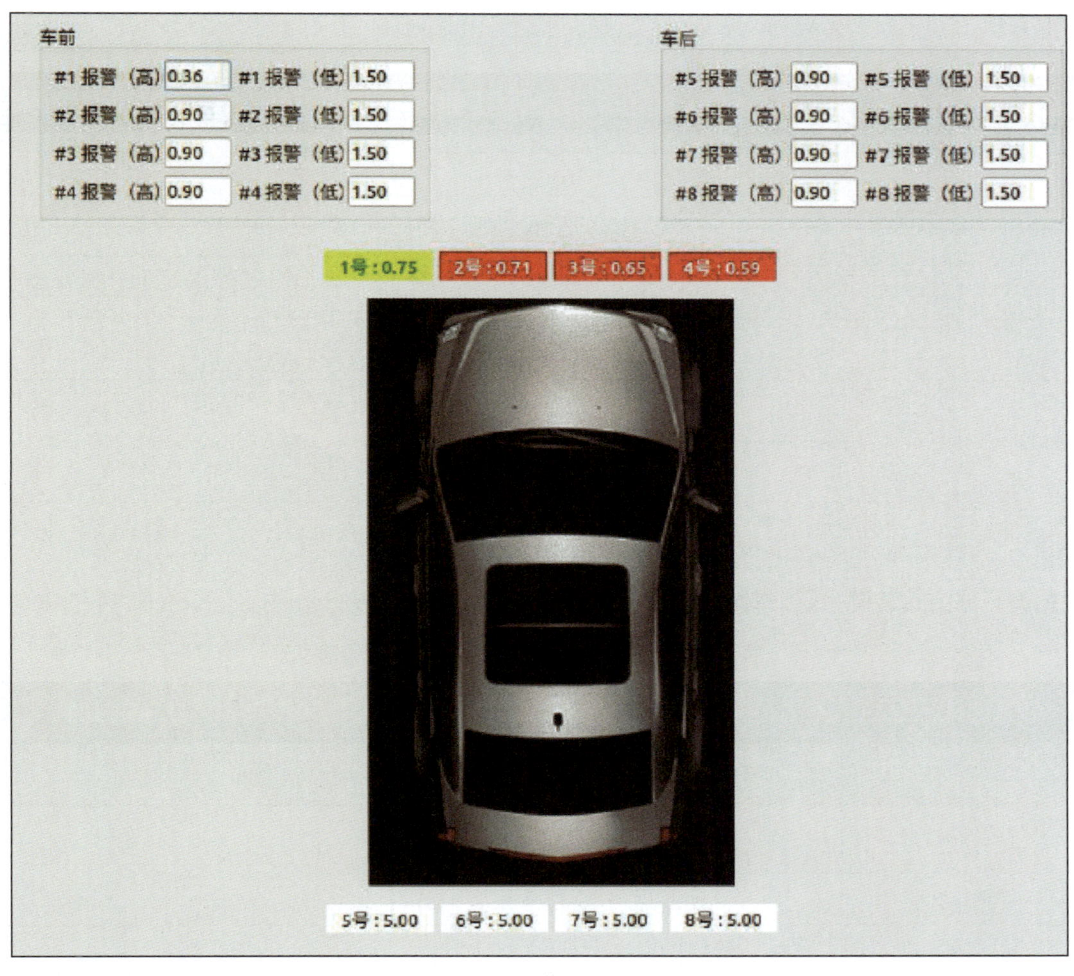

图 14-6　某超声波雷达系统阈值设置界面

表 14-3　物料准备

类别	所需物料
教学整车 / 实训平台	智能网联汽车或智能网联传感器装调平台
设备、仪器、工具	超声波雷达、系统主机等

（2）超声波雷达编号设定

根据超声波雷达装调手册，对超声波雷达进行编号与设定，将工作内容记录在表 14-4 中。

表 14-4　超声波雷达编号设定记录表

雷达编号	安装位置	是否完成系统设定	是否完成设定检查
（示例） 1 号	前保险杠左侧	是□　　否□	是□　　否□
		是□　　否□	是□　　否□
		是□　　否□	是□　　否□

续表

雷达编号	安装位置	是否完成系统设定	是否完成设定检查
		是□　否□	是□　否□
		是□　否□	是□　否□
		是□　否□	是□　否□
		是□　否□	是□　否□
		是□　否□	是□　否□
		是□　否□	是□　否□

（3）超声波雷达系统阈值设置

根据超声波雷达装调手册，对超声波雷达系统阈值进行设置，将工作内容记录在表 14-5 中。

表 14-5　超声波雷达系统阈值设置记录表

雷达编号	安装位置	高报阈值	低报阈值

二、超声波雷达系统整车测试

1. 知识学习

（1）超声波雷达的应用

在智能网联汽车上，超声波雷达主要应用在倒车辅助系统、泊车库位检测系统和自动泊车系统等三个 ADAS 功能中。

1）倒车辅助系统

超声波雷达早期主要用于倒车辅助系统，由于汽车后方是后视镜的盲区，驾驶员向后观望也无法观察到车辆后方情况。倒车雷达全称为倒车防撞雷达又称泊车辅助装置，根据超声波雷达的测距原理检测障碍物的距离，如图 14–7 所示。超声波雷达安装简单、成本较低，适用于短距离目标的探测，可以与视觉传感器融合实现倒车辅助，为系统提供有效的目标检测和视觉辅助。超声波雷达与视觉传感器的融合，不仅可以监控摄像头范围内 0.1~10 m 区域的障碍物距离，还可以通过视觉识别算法计算预选的泊车区域，有效地辅助驾驶员泊车。

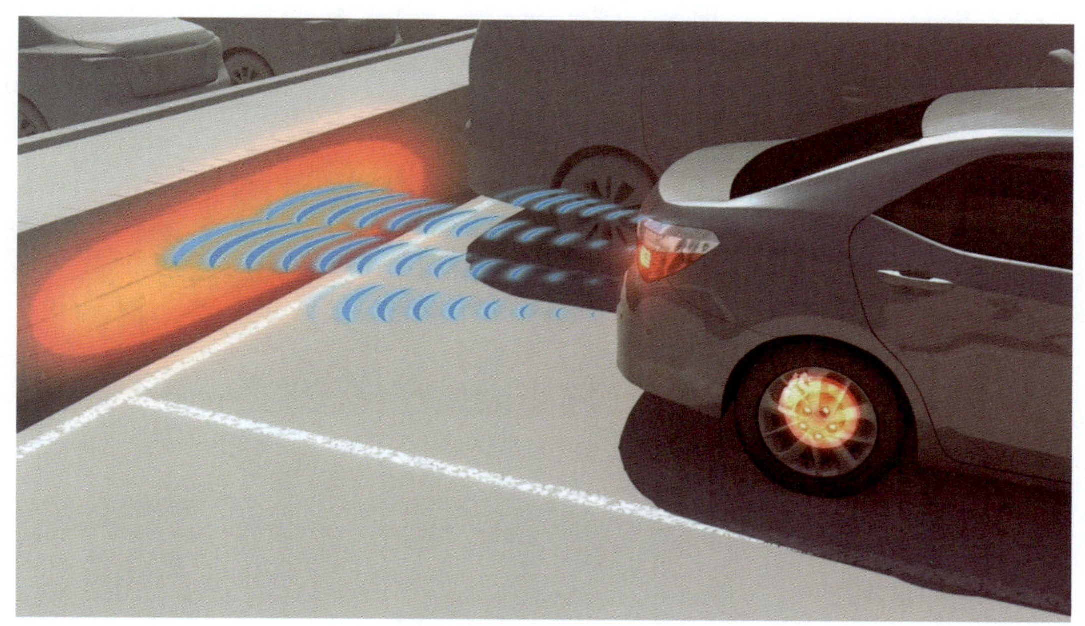

图 14–7　倒车辅助系统

2）泊车库位检测系统

智能网联汽车泊车库位检测系统如图 14–8 所示。超声波传感器安装在汽车前、后保险杠上，一般前部安装 4 个超声波传感器，后部安装 4~6 个超声波传感器。当挂上倒挡或汽车前进速度低于阈值（一般为 15 km/h）时，超声波传感器被激活，泊车系统开始工作。在系统工作时，自检功能保证一直监控系统所有的部件。雷达发射超声波并探测超声波遇到障碍物后反射回来的脉冲的时间间隔，结合声速计算得到汽车与最近一个障碍物的距离。车辆利用两个超声波雷达采集距离数据并对汽车速度进行积分计算。通过距离数据和速度积分数据检测停车位，结合两个超声波雷达的检测结果确定有效停车位，最后根据最小距离数据确定障碍点位置坐标。有摄像头的车辆在显示屏上直接显示出车位与车辆的相对位置。

3）自动泊车系统

智能网联汽车在自动泊车过程中会持续使用超声波传感器检测车位和障碍物，自动操作方向盘和制动器，实现自动泊车，如图 14–9 所示。以侧方位停车为例，在泊车过程中，车辆通过超声波雷达检测的长度超过车辆泊入所需的最短长度时，则认为当前空间有车位，汽车就会持续使用超声波传感器检测车辆与车位间的相对位置关系，同时检测行驶路径上的障碍物，自动操作转向盘和制动器，实现自动泊车。

图 14-8　泊车库位检测

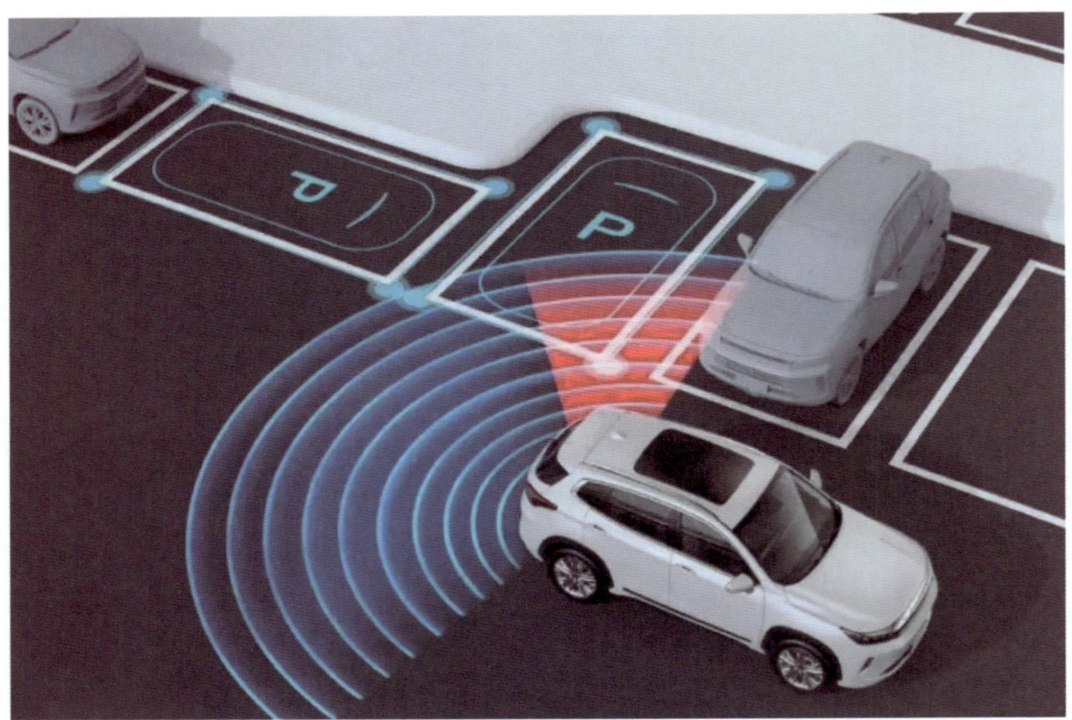

图 14-9　自动泊车过程

(2)雷达探测功能影响因素与测试准备

超声波雷达探测功能不良的表现主要为雷达无法探测到目标、探测延迟或探测错误。引发雷达探测性能下降的原因可分为自身因素、环境因素、被探测目标因素三大类。

自身因素主要是雷达表面被冰雪、积水、尘土等异物附着。

环境因素包括气候条件不良(如大雨、大雪、浓雾等);道路凹凸不平或其他原因造成本车颠簸或晃动;周围有相同频率的声波音源干扰。

被探测目标因素主要有雷达所探测的目标附着吸收声波的物质(如雪花、泡沫、棉质物体等)或者车辆附近有能够导致声波错误反射的物体;目标为高处悬挂的金属物体或路旁的金属物体;被探测物体体积过小等情况。

超声波雷达在进行常规装调测试前以及为客户进行车辆运行维护时,主要工作应为保持雷达清洁,保证雷达表面无冰雪、积水、尘土等异物附着。具体做法为进行目视检查,如果发现雷达表面需要清洁,应采用软布擦拭、低水压清洗这两种方式中的一种进行清洁。

注意:不可以使用高压水枪正对雷达进行冲洗,不可以使用具有磨损性或尖锐的物体清洁雷达。

(3)超声波雷达系统整车测试

通过运行整车或实训平台的超声波雷达相关的 ADAS 功能,测试超声波雷达系统性能并对系统进行检查。测试步骤为首先根据场地条件和车辆功能配置选择所开启的 ADAS 功能。以自动泊车系统为例,通过自动倒车入库、自动侧方位停车两个应用场景的测试,查看超声波雷达系统是否正常开启、雷达系统是否正确探测到车辆周围的物体或车辆、雷达探测画面是否在屏幕正常显示、雷达系统蜂鸣器是否正常工作且声音频率随探测距离变化。

(4)超声波雷达系统常见测试故障排除

超声波雷达测试中,常见装调故障及排故思路如下。

1)ADAS 正常启动,超声波雷达不工作,蜂鸣器无提示声音。

排故思路:雷达系统没有进入工作状态,应先检查蜂鸣器是否正常,再检查电源线、接收器和各传感器的连线是否接触良好并连接正确。如果上述检查均正常,则表明雷达主机损坏。

2)ADAS 正常启动,超声波雷达不工作,蜂鸣器正常。

排故思路:雷达系统能进入工作状态,但可能存在超声波雷达与控制单元之间电路问题、超声波雷达自身故障及超声波雷达控制单元端点故障。

3)ADAS 正常启动,超声波雷达误报警。

排故思路:先确认雷达附近有无障碍物,再检查传感器安装是否正确,尤其是检查传感器固定卡扣是否将传感器压得太紧。若上述检查均正常,则说明传感器有故障,可断开相应连线进行判断。

4)ADAS 正常启动,超声波雷达无法与显示控制单元通信。

排故思路:主机和超声波雷达都正常工作,说明是超声波雷达控制单元与显示控制单元之间总线故障、超声波雷达控制单元针脚问题或显示控制单元自身问题等。

2. 技能操作

（1）操作准备

准备技能操作所需的物料，见表 14–6。

表 14–6　物料准备

类别	所需物料
教学整车 / 实训平台	智能网联汽车或智能网联传感器装调平台
设备、仪器、工具	超声波雷达、纸、笔、直尺、卷尺等

（2）超声波雷达系统整车测试准备

根据超声波雷达装调手册，对超声波雷达系统进行整车测试准备，将工作内容记录在表 14–7 中。

表 14–7　超声波雷达系统整车测试准备记录表

序号	类别	内容	结果	备注
1	雷达系统检查	雷达是否安装到位	是□　否□	
2		是否完成雷达编号的设置	是□　否□	
3		雷达表面是否有污损	是□　否□	
4		是否完成对雷达表面的清洁	是□　否□ 使用方法：	
5		车辆是否正常上电	是□　否□	
6		中控屏是否正常	是□　否□	
7	所使用 ADAS 功能			
8	测试场景平面图（车位、周围车辆相对位置）– 场景 1			
9				
10	测试场景平面图（车位、周围车辆相对位置）– 场景 2			
11				

（3）超声波雷达系统整车测试

根据超声波雷达装调手册，对超声波雷达系统进行整车测试，将工作内容记录在表 14-8 中。

表 14-8　超声波雷达系统整车测试记录表

序号	类别	内容	结果	备注
1	自动倒车入库	系统是否正常开启	是☐　否☐	
2		超声波雷达是否启动	是☐　否☐	
3		超声波雷达是否工作正常	是☐　否☐	
4		屏幕是否显示雷达探测信息	是☐　否☐	
5		蜂鸣器是否正常工作	是☐　否☐	
6		蜂鸣器频率是否变化	是☐　否☐	
7	自动侧方位停车	系统是否正常开启	是☐　否☐	
8		超声波雷达是否启动	是☐　否☐	
9		超声波雷达是否正常工作	是☐　否☐	
10		屏幕是否显示雷达探测信息	是☐　否☐	
11		蜂鸣器是否正常工作	是☐　否☐	
12		蜂鸣器频率是否变化	是☐　否☐	
13	检查与排故	无法正常工作故障现象描述：		
14		排故措施：		
15		是否完成排故	是☐　否☐	

检查评估

对本任务的学习情况进行检查，并将相关内容填写在表 14-9 中。

表 14-9 检查表

检查项目	检查结果	结果点评
超声波雷达系统调试		
是否完成超声波雷达编号设定	是□ 否□	
是否完成超声波雷达阈值设置	是□ 否□	
是否能够解读超声波雷达信号	是□ 否□	
超声波雷达系统整车测试		
是否正确选择 ADAS 进行测试	是□ 否□	
是否全面对超声波雷达系统进行测试	是□ 否□	
是否正确处理测试发现的故障	是□ 否□	
整理及恢复		
工具、设备是否整理恢复	是□ 否□	
实训工位是否打扫干净	是□ 否□	
工作页是否填写完整	是□ 否□	

任务小结

本任务小结如图 14-10 所示。

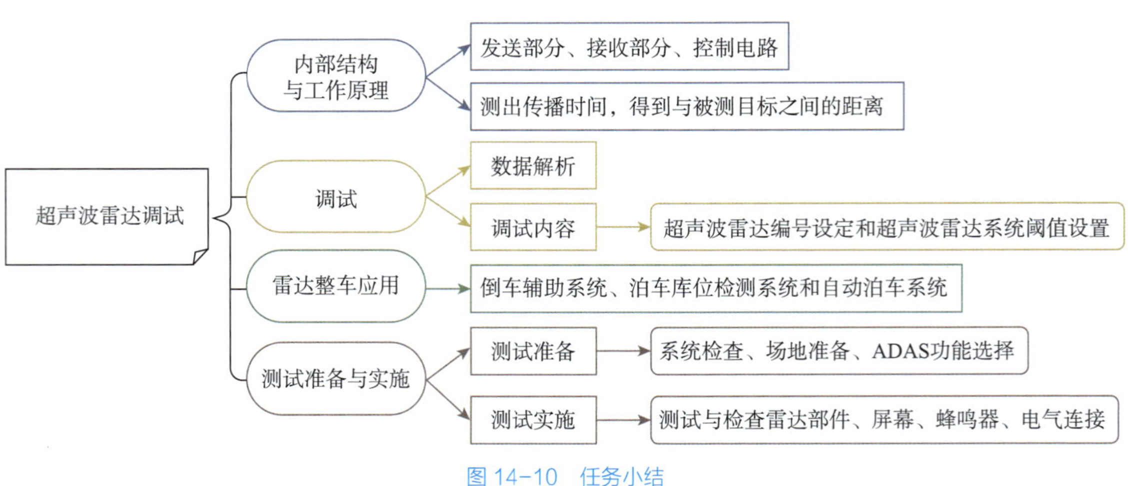

图 14-10 任务小结

情境五
导航定位系统装调与测试

情境介绍

智能网联汽车运行的每一时刻都需要获得车辆自身位置、姿态和周边道路环境信息。以车载组合导航定位系统为主要技术手段，配合高精地图导航、路侧单元导航等辅助技术，新一代汽车实现精准导航定位。汽车的车载计算平台根据获取的导航定位信息执行 ADAS 功能以及帮助驾驶员规划最优行驶路线。

本情境包含导航定位系统安装、导航定位系统调试与测试两个任务，具体内容包括 GNSS 卫星天线安装、组合导航主机安装、导航定位系统搜星能力测试等。

情境目标

▶ 能根据图纸和装调手册准确制定安装方案和工艺流程，完成安装的准备工作。

▶ 能根据图纸和装调手册正确使用工具，规范完成组合导航定位系统的安装工作。

▶ 能根据图纸和装调手册规范完成组合导航定位系统设置与测试的工作。

任务十五 导航定位系统安装

任务导入

场景：某国产自主品牌汽车试制车间

人物：车间班组长王师傅、实习试制装调技师小刘

情节：根据装车计划，目前车间班组需要加紧完成车辆导航定位系统的装调工作。车间班组长王师傅将工作交给小刘。小刘目前只是了解到智能网联汽车的导航和定位是汽车同时采用多个技术协同完成的，如果你是小刘，你将如何开始工作？

任务目标

▸能根据图纸和装调手册准确制定安装方案和工艺流程，完成安装的准备工作。

▸能根据图纸和装调手册正确使用工具，规范完成组合导航定位系统 GNSS 天线的安装工作。

▸能根据图纸和装调手册正确使用工具，规范完成组合导航定位系统主机的安装工作。

任务实施

一、车载导航定位系统安装准备

1. 知识学习

（1）导航定位系统的定义与技术类型

智能网联汽车导航定位系统是专门用于为驾驶员、车辆 ADAS 或者自动驾驶系统提供准确可靠的汽车位置和姿态（简称位姿）等定位信息，并在预先设置的地图上利用算法为车辆规划路线，引导

驾驶员或者车辆自动驾驶系统快速安全到达目的地的汽车智能系统，如图 15–1 所示。普遍用于引导驾驶员行驶的导航定位系统精度为米级到十米级。导航定位系统是智能网联汽车实现高级别自动驾驶的前提和基础，为安全地实现车辆自动驾驶，系统的精度要求达到厘米级，同时对系统的可靠性和安全性也有很高的要求。目前智能网联汽车采用多种感知技术与定位技术融合定位的方式实现上述功能要求。

图 15–1　中控屏的导航定位信息

智能网联汽车综合采用自主惯性导航、卫星导航、高精地图导航、路侧单元导航四种技术完成车辆的导航定位。

汽车最普遍采用的方式为组合导航，即同时融合自主惯性导航与卫星导航的感知信息完成工作。由于组合导航车辆位姿测量的主要部件安装于车上，因此组合导航技术又被称为汽车自定位技术。

高精地图导航是车辆通过摄像头的图像数据、激光雷达收集的三维点云数据等来查找高精地图地标，从而确定自身位姿的技术。该技术主要由载有车辆环境和道路信息的数字地图和车载环境感知传感器组成，因此该技术属于环境定位技术。路侧单元导航是通过车辆与交通道路两侧的信号装置利用无线通信的方式交换信息以多点定位的方式实现导航定位的。该技术多用于卫星信号不良的区域作为补充技术，该技术一般归类于汽车辅助定位技术。

（2）组合导航定位系统及其组成

组合导航定位系统包含卫星导航定位系统和自主惯性导航系统两大部分。全球卫星导航定位系统通过与车辆上的接收机与太空中距离地面 35 000 km 左右的人造地球卫星进行双向通信来确定自车位置与姿态。自主惯性导航系统是一种不依赖外部信息，利用陀螺仪和加速度计等惯性敏感部件实现车辆位移、速度和姿态测量的系统。

组合导航定位系统主要由组合导航主机、卫星天线、车载计算平台、中控屏和导航软件系统组成，如图 15–2 所示。

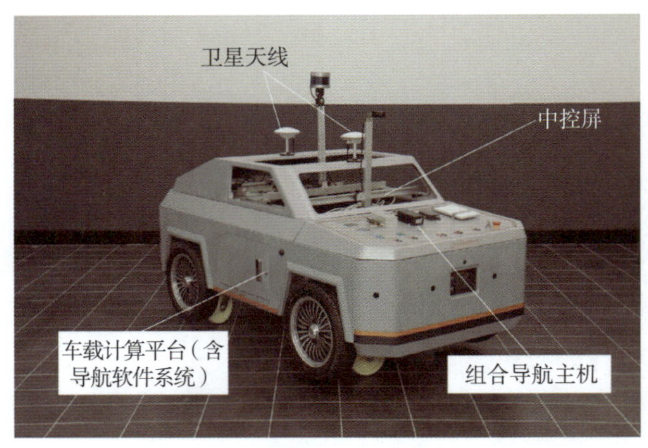

图 15–2　组合导航定位系统的组成

（3）组合导航主机

组合导航主机又称组合导航接收器，是利用卫星导航信息解算车辆定位信息，并可以使用惯性导航功能进行车辆自定位的专用设备。组合导航主机在卫星信号强度高的时候，通过卫星数据与惯性导航数据融合获得车辆的位姿信息和速度信息；在卫星信号较弱或者没有信号时，例如车辆在高楼之间的城市道路（一般称为“城市峡谷”）行驶或者行驶到地下车库时，主要依赖惯性导航保证系统的导航定位精度。

典型的组合导航主机如图 15–3 所示，部件壳体的上面有坐标系标识。部件采用一体封装技术，即壳体内部集成有卫星导航信息处理系统、陀螺仪、加速度计等部件。

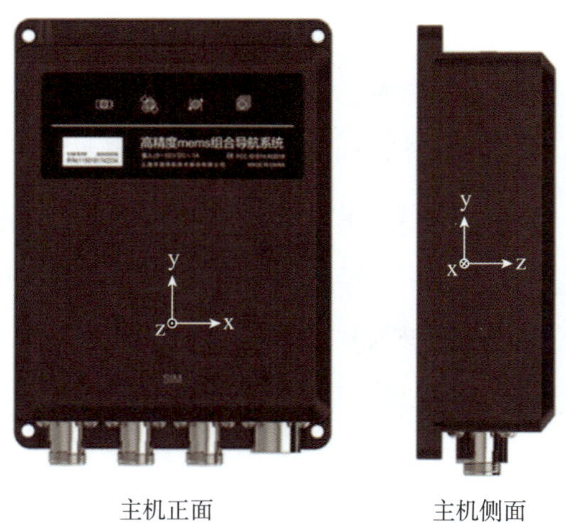

图 15–3　典型的组合导航主机

（4）卫星天线

卫星天线是车载导航定位系统专门用于与卫星双向通信的装置，当接收到卫星传递的数据后，为组合导航主机中的卫星导航信息处理系统提供数据，供系统进行车辆位姿的解算。作为卫星信号的接收、感知源，卫星天线性能是确保接收高质量卫星原始观测数据的必要条件。

汽车上使用的卫星天线有单体天线和多合一集成式天线两大类。从放置方式上天线分为内置天线和外置天线。从供电方式上分为有源天线和无源天线。

多合一集成式天线一般采用 AM/FM、4G/5G、GNSS、Wi-Fi 及 V2X 的多种组合方案。如图 15-4 所示为一款典型的多合一集成式天线，其外形为鲨鱼鳍式，外置于车顶的后部，内部集成了 Wi-Fi、4G、5G、卫星导航等八种天线。

图 15-4　多合一集成式天线

单体天线一般有陶瓷内置天线和碟形（蘑菇）外置天线两个类型。单体天线具有卫星信号接收质量高和便于灵活布置的优点。

车载陶瓷内置天线以陶瓷材料作为外壳，如图 15-5 所示，使用高温将整块陶瓷体一次烧结完成后再将天线的金属部分印在陶瓷块的表面上。车载陶瓷内置天线具有体积小、重量轻、耐用、精度高、灵敏度高等优点。碟形外置天线，具有蘑菇一样的外形，如图 15-6 所示，是目前自动驾驶汽车标配的一种测量天线，可以同时接收多套卫星系统不同频段的信号，具有定位精度高、低仰角接收等特点，碟形外置天线具有防水和防紫外线外罩，一般安装于车辆顶部。

图 15-5　陶瓷内置天线

图 15-6　碟形外置天线

（5）安装准备工作

车载导航定位系统安装准备工作的步骤如图 15-7 所示。首先根据图纸、三维数模和零部件明细表（bill of material，BOM）或者通过参考对标样车明确工作对象，包括导航定位系统的类型、导航定位系统的零部件名称和数量、各零部件安装位置，然后根据零件号领取部件，准确识别组合导航主机、卫星天线等部件并进行外观检查，之后根据图纸、三维数模将组合导航主机、卫星天线安装在规定的位置，并按照力矩要求拧紧固定螺栓，最后连接导航定位系统各部件之间或与外界的线束。

图 15-7　车载导航定位系统安装准备工作的步骤

2. 技能操作

（1）操作准备

准备技能操作所需的物料，见表 15-1。

表 15-1　物料准备

类别	所需物料
教学整车 / 实训平台	智能网联汽车或智能网联传感器装调平台
仪器、设备、工具	技术资料（图纸、三维数模、BOM 表）或样车、纸、笔等

（2）基本信息识读

根据技术资料或者参考样车，对系统的基本信息进行识读，将工作内容记录在表 15-2 与表 15-3 中。

表 15-2　基本信息记录表

序号	项目	内容	
1	导航定位系统类别	自主惯性导航 □	卫星导航 □
		高精地图导航 □	路侧单元导航 □

表 15-3　主要零部件信息记录表

序号	零部件号	零部件名称	数量	类别
1				
2				
3				
4				
5				
6				

（3）安装位置标注

根据技术资料，将导航定位系统各部件的安装位置标注在表 15-4 中。

表 15-4　安装位置标注

序号	简图	备注
1	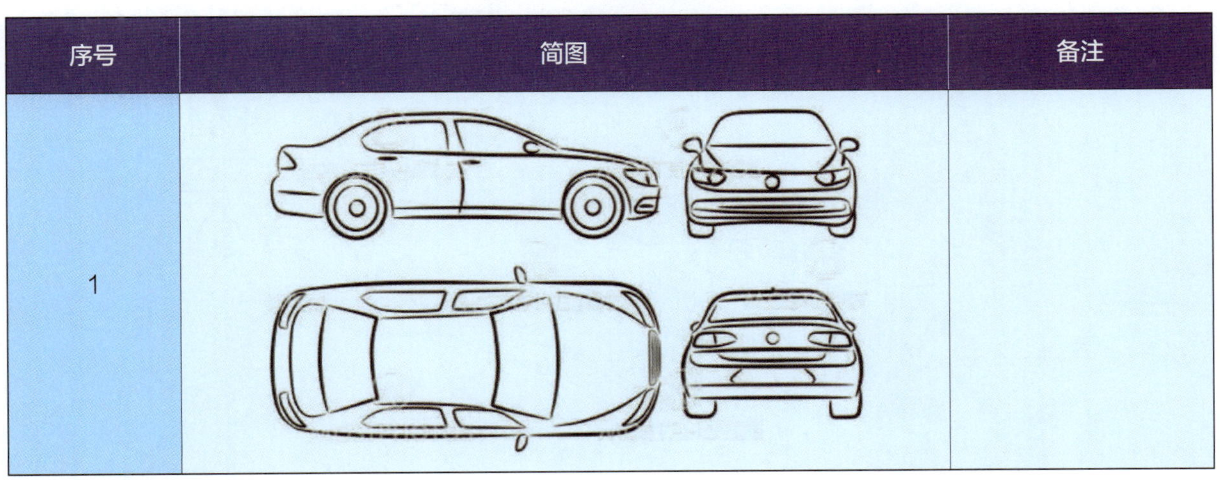	

二、组合导航定位系统安装

1. 知识学习

（1）组合导航定位系统卫星天线安装

1）内置天线安装

导航定位天线的安装位置关键因素为“看天视野”，要求天线上方与天空之间最大程度不受阻挡。因此内置天线一般安装于车内仪表板靠前的位置，接近车辆 A 柱的位置。如果仪表板附近没有空间，卫星天线也可以安装在后窗附近，如图 15-8 所示。

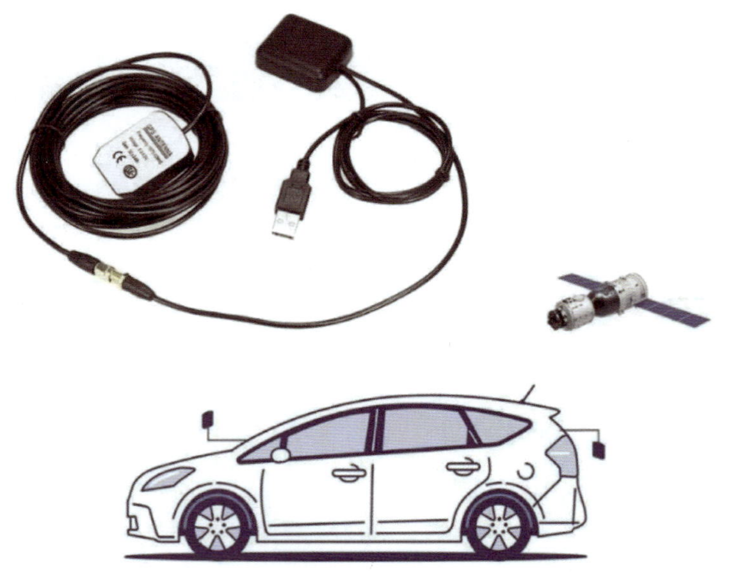

图 15-8　内置天线常见的安装位置

内置天线一般的安装方法如图 15-9 所示：

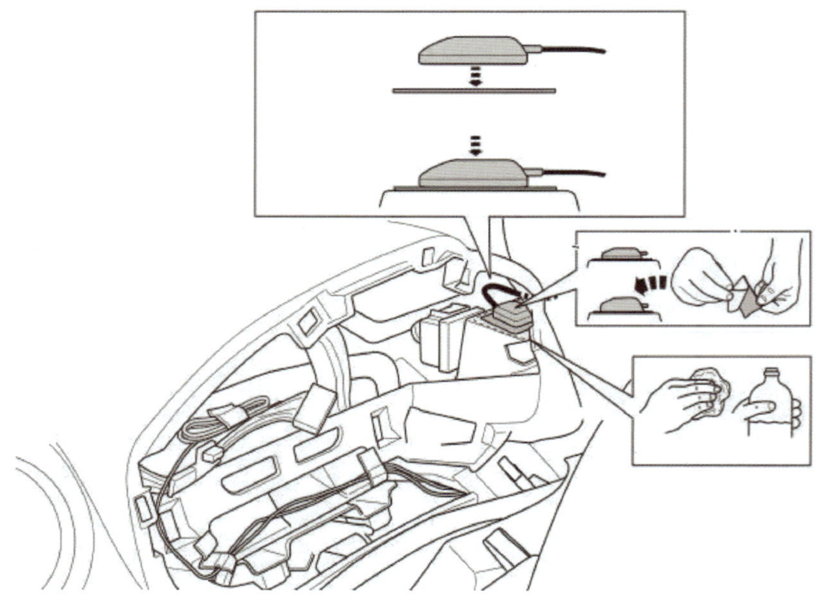

图 15-9　内置天线一般的安装方法

① 根据图纸找准天线安装位置，仔细查看天线安装平面是否水平，如发现有倾斜角度，需查看图纸确认其为设计角度还是安装平面制造缺陷。

② 用清洁剂和抹布对天线安装平面的灰尘、水分、油脂进行清洁。

③ 撕下天线底部背胶纸。

④ 将天线根据图纸设计方向粘贴到安装平面。

⑤ 将天线线束理顺并将插接头布置在导航主机附近。

注意：安装时不得佩戴手表、工服中不得装带磁卡。

2）外置天线安装

智能网联汽车具有较高级别自动驾驶功能，对导航定位性能要求高的主流车型采用双外置天线的设计方案，如图 15-10 所示。

图 15-10　双外置天线

双外置天线较单天线的优点为可以有效提高航向角测量精度。双天线系统由于有两个点的位置信息，通过两点连成的直线很方便地就可以确认方向，获取车辆行驶的方向信息。不需要系统有任何的运动，在静止状态下也可以获得准确的航向角，使系统获取静止时车头方向信息。

为了达到良好的效果，双外置天线之间的距离一般被设计得尽量远。根据不同车型的布置方案，双天线常见的布置类型为沿车身纵向布置（即前后布置）和沿车身横向布置（即左右布置）两种方案。

碟形外置天线安装方式一般为磁吸。安装时应保证吸盘与安装部位的清洁；安装后两个天线的中心连线应与被测车辆的轴线平行，例如前后布置的车辆，两个天线的连线应该与车体中心轴线一致或平行。

（2）组合导航主机安装

组合导航主机一般安装在车内仪表板内部，根据车型不同具体安装位置不同。组合导航主机应尽量安装在水平面，根据 BOM 表和图纸选用合适的螺栓将主机与车身支架紧固安装。

组合导航主机安装要点为观察部件外壳坐标标识，将 y 轴指向车辆前方，如图 15-11 所示。

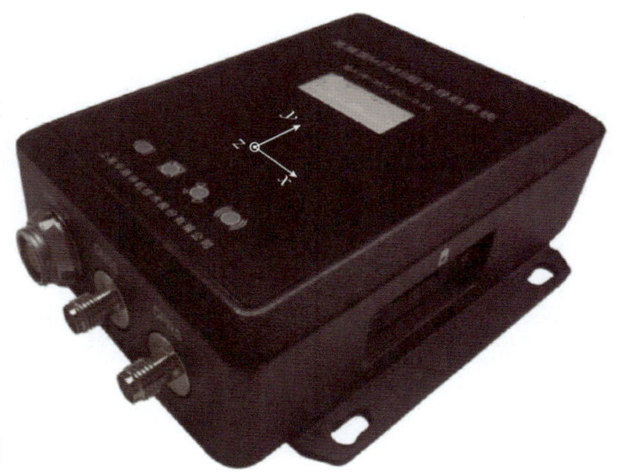

图 15-11　组合导航主机安装方向

组合导航主机具体安装步骤如下：

1）确认主机安装位置

根据图纸确认主机安装位置。

2）安装主机 SIM 卡

安装时区分 SIM 卡的类型，一般采用 Micro SIM 卡。安装时注意不得野蛮操作造成 SIM 卡槽损坏。

情境五

3）安装主机

根据主机铭牌或壳体上的坐标标识，将 y 轴指向车辆前方。将主机与车身之间进行连接和紧固。

4）连接线束

组合导航主机与卫星天线的典型连接方式如图 15-12 所示。

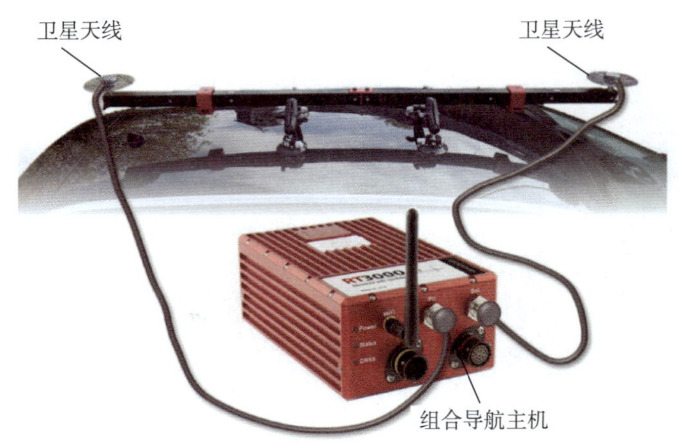

图 15-12　组合导航主机与卫星天线的典型连接方式

5）检查

检查电气接头是否牢固；检查线束是否理顺，必要时进行捆扎；检查主机是否安装牢固。

注意：组合导航定位系统通断电时间间隔不小于 30 s，否则容易引起惯性器件损坏，在搬运、安装过程中，应轻拿轻放，避免磕碰、摔落和撞击等对精密器件造成损坏。

2. 技能操作

（1）操作准备

准备技能操作所需的物料，见表 15-5。

表 15-5　物料准备

类别	所需物料
教学整车 / 实训平台	智能网联汽车或智能网联传感器装调平台
仪器、设备、工具	技术资料（图纸、三维数模、BOM 表）、卫星天线、组合导航主机等

（2）卫星天线安装（内置天线设计）

根据技术资料或者参考样车安装卫星天线，将工作内容记录在表 15-6 中。

表 15-6　卫星天线安装（内置天线设计）记录表

序号	内容	结果
1	设计方式	内置天线 □　　外置天线 □
2	天线类型	
3	天线安装位置	

续表

序号	内容	结果
4	天线安装平面是否水平	是□　否□
5	天线表面是否清洁	是□　否□
6	天线粘贴是否牢靠	是□　否□
7	天线线束是否整理平顺	是□　否□

（3）卫星天线安装（外置天线设计）

根据技术资料或者参考样车安装卫星天线，将工作内容记录在表 15–7 中。

表 15–7　卫星天线安装（外置天线设计）记录表

序号	内容	结果
1	设计方式	内置天线 □　外置天线 □
2	天线类型	
3	天线安装位置	
4	天线布置方式	前后□　左右□
5	天线安装平面是否水平	是□　否□
6	天线表面是否清洁	是□　否□
7	天线磁吸是否牢靠	是□　否□
8	天线线束是否整理平顺	是□　否□

（4）组合导航主机安装

根据技术资料或者参考样车安装组合导航主机，将工作内容记录在表 15–8 中。

表 15–8　组合导航主机安装记录表

序号	内容	结果
1	主机安装位置	
2	主机 y 轴是否与车辆行驶方向一致	是□　否□
3	主机固定方式	
4	主机固定螺栓	
5	主机是否安装牢固	是□　否□
6	主机与主天线是否连接	是□　否□
7	主机与副天线是否连接	是□　否□
8	主机供电线是否连接	是□　否□
9	主机数据输出线是否与车辆控制连接	是□　否□

检查评估

对本任务的学习情况进行检查，并将相关内容填写在表 15-9 中。

表 15-9　检查表

检查项目	检查结果	结果点评
车载导航定位系统安装准备		
是否正确识读出导航定位系统类型	是□　否□	
是否正确绘制导航定位系统安装简图	是□　否□	
是否检查零部件	是□　否□	
组合导航定位系统安装		
是否完成天线安装	是□　否□	
主机 y 轴是否正对车辆行驶方向	是□　否□	
整理与恢复		
工具、设备是否整理恢复	是□　否□	
实训工位是否打扫干净	是□　否□	
工作页是否填写完整	是□　否□	

任务小结

本任务小结如图 15-13 所示。

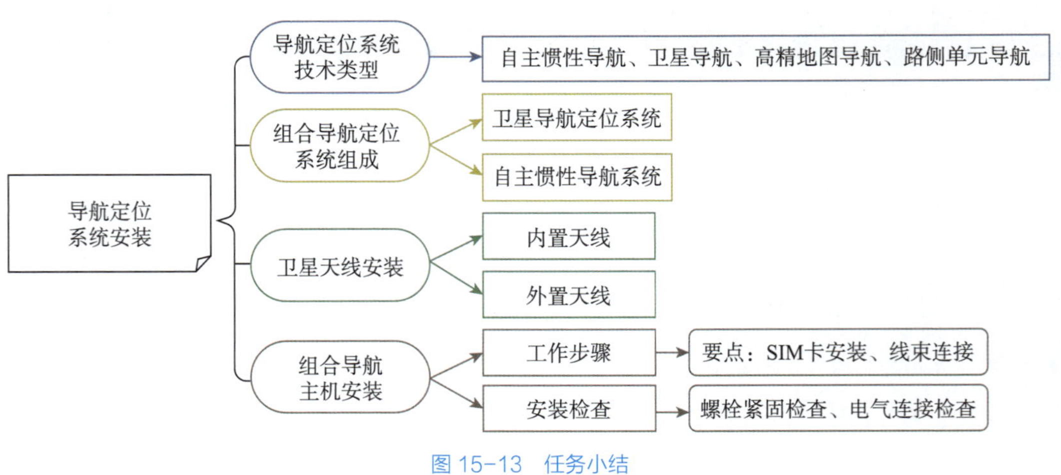

图 15-13　任务小结

任务十六 导航定位系统调试与测试

任务导入

场景：某国产自主品牌汽车试制车间

人物：车间班组长王师傅、实习试制装调技师小刘

情节：实习试制装调技师小刘在王师傅的指导下完成了车辆导航定位系统的安装工作。系统初次运行前需要进行一定的设置，并且在运行后对系统工作性能进行测试和记录，必要时对系统进行安装调整。小刘接下来将完成上述工作。小刘很想知道自己安装的这套系统性能怎么样，你是不是也一样好奇？

任务目标

- 能根据图纸和装调手册规范操作组合导航定位系统，完整准确地进行系统设定。
- 能根据图纸和装调手册规范操作组合导航定位系统，查看系统各项参数并测试系统性能。
- 能根据装调手册准备及时发现系统测试中暴露的问题，完整记录问题现象并进行相应处置。

任务实施

一、导航定位系统调试

1. 知识学习

（1）车载卫星导航定位系统

智能网联汽车导航定位系统中的卫星导航功能依赖车辆与数十枚人造地球卫星共同组成的卫星定位

系统之间的双向通信来实现。

1）全球卫星导航系统及其类型

全球卫星导航系统（global navigation satellite system，GNSS）是能在地球表面或近地空间的任何地点为用户提供全天候的三维坐标以及时间信息的空基无线电导航定位系统。目前，全球有四大卫星导航系统正在运行，分别为中国的北斗卫星导航系统（BDS）、美国的全球定位系统（GPS）、俄罗斯的格洛纳斯卫星导航系统（GLONASS）和欧盟的伽利略卫星导航系统（GALILEO），如图 16-1 所示。

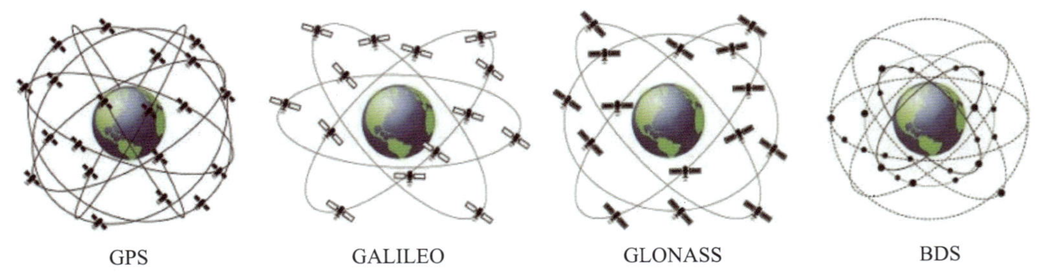

图 16-1　全球卫星导航系统

GPS 是世界上第一个全球卫星导航系统，BDS 是我国自主建设运行的全球卫星导航系统。BDS 是我国科学技术发展水平的重要代表。除了上述四个全球导航系统，还有日本的准天顶卫星系统（QZSS）等区域卫星导航系统作为 GPS 的补充和增强。

一个完整的全球卫星导航系统由空间星座、地面控制和用户终端三大部分组成。在依托于地球轨道的卫星以外，为了保证卫星导航系统的定位精度和完好性，导航系统还包括地基增强系统（GBAS），通过若干建设在地面的基准站增强定位精度、扩大服务覆盖范围。用户终端主要包括天线和接收单元，也就是安装在汽车上的内置或外置卫星天线和组合导航主机。

车载卫星导航系统一般可同时搜索多个不同的卫星导航系统所属卫星，也就是支持全星座信号（BDS/GPS/GLONASS/GALILEO），可以单系统定位，也可以多系统联合定位，保证了系统运行的可靠性。具体车载卫星导航机型所支持的系统，一般是主机最主要的性能指标，可以通过查看产品资料获取相关信息。某 GNSS 测试软件的一次测试画面如图 16-2 所示，由出现在左图中的图示符号可知，该系统一个时刻可同时搜索到多个系统的卫星信号，黄色的三颗卫星信号强度最大；经过过滤后，北斗卫星显示于右图，可以看到该设备接收到了多颗北斗卫星信号。

2）全球卫星导航系统的定位原理

GNSS 定位的工作原理是以空间内的人造卫星作为参照点，以三球定位原理确定一个物体的空间位置，即只要测得太空中三颗卫星与物体的距离，就可精确得出物体的坐标点参数，如图 16-3 所示。

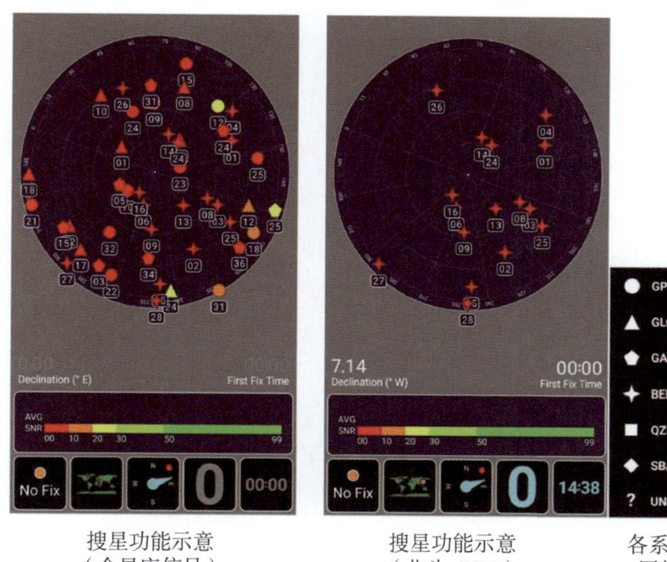

搜星功能示意（全星座信号）　搜星功能示意（北斗-BDS）　各系统图例

图 16-2　全球卫星导航系统测试画面

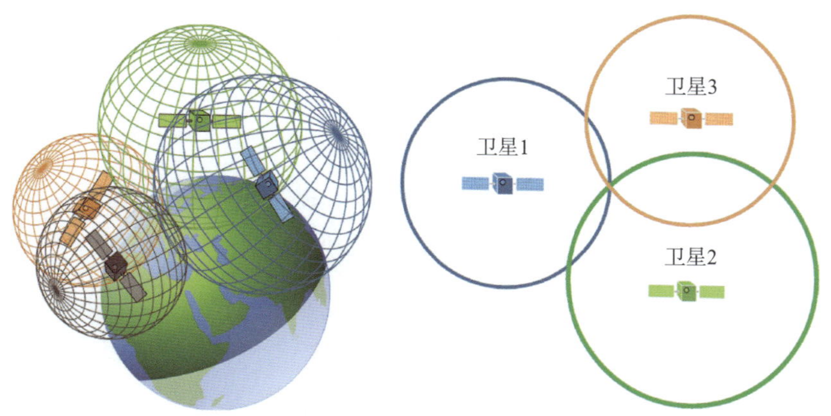

图 16-3　GNSS 三球定位原理

（2）卫星与主机的几何关系

卫星在太空中的特定轨道平面飞行，相对于地面接收装置的空间位置通过高度角和方位角表示，如图 16-4 所示。

方位角（azimuth angle）又称地平经度，从测量点的指北方向线起，依顺时针方向到卫星方向线之间的水平夹角。方位角在水平面呈 0~360° 之间，正北为 0°，正东为 90°，正南为 180°。方位角可以一般性地理解为我们“观察”物体时身体转动的角度。

高度角（elevation angle）为主机与卫星连线相对于主机所在位置地平面的角度。天顶位置为 90°，高度角的范围在 0~90° 之间。高度角可以一般性地理解为我们“观察”物体时抬头仰视的角度。

（3）RTK 系统

卫星导航系统在工作过程中存在四个方面的误差来源，分别为与信号传播有关的误差、与卫星相关的误差、与接收机（组合导航主机）有关的误差、地球转动所引起的误差。各方面误差都对系统的定位精度、可靠性等产生不良影响。

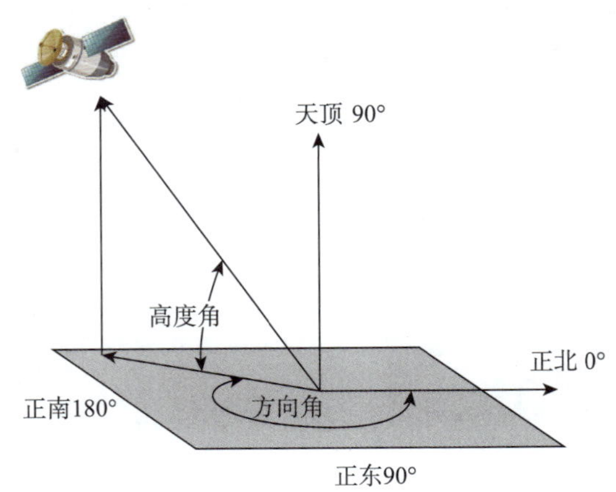

图 16-4　卫星空间位置的高度角和方位角

为最大程度减小甚至消除各种误差源的影响，提高系统定位精度，差分卫星导航系统或简称为差分 GNSS 被广泛应用。

根据差分校正的目标参量不同，差分 GNSS 主要分为位置差分、伪距差分和载波相位差分，其中载波相位差分因为导航精度更高，被应用于智能网联汽车的 ADAS 及高级别自动驾驶。

动态实时（real time kinematic，RTK）技术是一种实时观测载波相位的 GNSS 技术。该技术结合了数据通信与卫星导航技术，可以实现车辆极短时间内的高精度定位。

RTK 定位技术分为常规 RTK 和网络 RTK。RTK 系统基本形式包含导航卫星、基准站、数据链路、流动站四个部分。常规 RTK 工作过程如下：

1）在一定地域范围内设置一台或多台接收机，将一台已知精密坐标的接收机作为差分基准站，基准站连续接受 GNSS 信号。

2）基准站向服务范围内的流动站发送 GNSS 测量原值及站坐标。

3）流动站接到基准站的数据后，与自身观测到的数据组成相位差分观测值，利用组合后的观测值求出基线向量完成相对定位，推算自身瞬时绝对位置。

常规 RTK 可以达到分米级的定位精度。

网络 RTK（network RTK）又称多基站 RTK，是将一定区域内的若干固定、连续运行的 GNSS 基准站组成一个基准站网络对区域进行覆盖。

网络 RTK 主要包括固定的基准站网、控制中心 / 数据播发中心、数据链路和车辆（用户站），其中基准站网由若干个基准站组成，如图 16-5 所示。每个基准站都配备双频全波长 GNSS 接收机、数据通信设备和气象仪器等设备，控制中心负责数据处理。由网络中的一个或几个基准站作为基准，向区域内用户提供实时、高精度的 GNSS 误差校正信息。网络 RTK 定位可达到厘米级的定位精度。因此，网络 RTK

更适用于汽车自动驾驶。此外，网络 RTK 相对于常规 RTK 具有覆盖范围广、作业成本低、定位精度高、用户定位初始化时间短等优点。

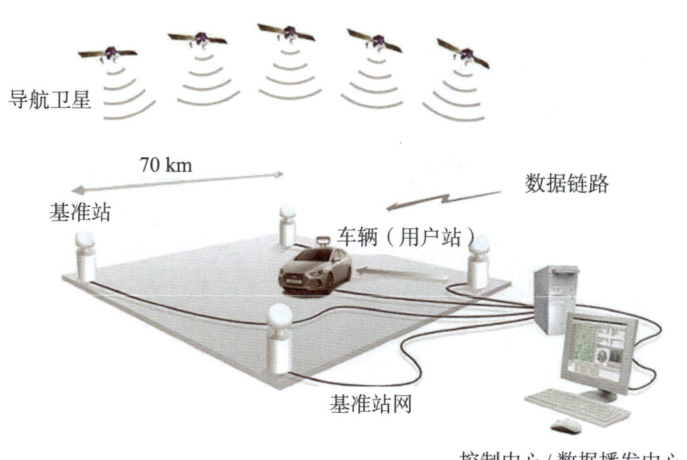

图 16-5　网络 RTK 的组成

（4）惯性导航系统

惯性导航系统（inertial navigation system，INS）是一种不依赖于外部信息，也不向外部释放能量的独立自主式导航系统。INS 利用陀螺仪、加速度计等惯性敏感器件能够实现车辆的瞬时速度、位资信息的连续实时解算。INS 的工作原理是以牛顿力学为基础，实时测量物体的加速度和角加速度数值，然后通过一次积分运算获得物体的速度和角速度，通过两次积分运算获得汽车位移信息。

INS 主要由惯性测量模块、信号预处理模块和机械力学编排模块组成。其中，惯性测量模块包含三个相互正交的单轴加速度计（accelerometer）和三个相互正交的单轴陀螺仪（gyroscopes）。

传统陀螺仪主要由一个位于轴心且可以旋转的转子构成。转子一旦开始旋转，由于转子的角动量惯性，陀螺仪有抗拒方向改变的特性。加速度计是利用惯性原理，测量具有一定质量物体的加速度。陀螺仪和加速度计的原理用机械模型可简单展示，如图 16-6 所示。

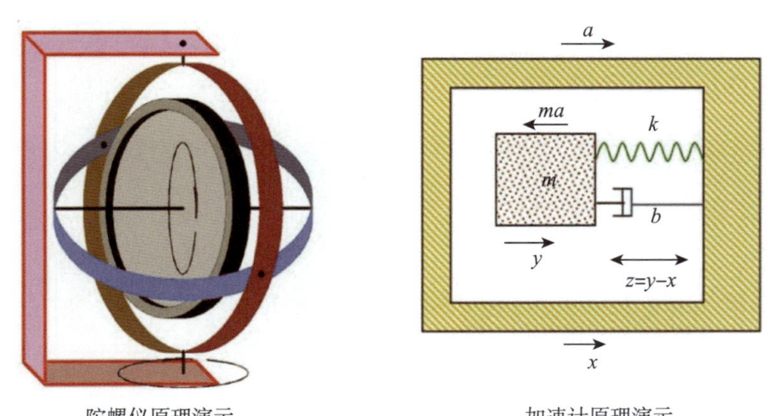

图 16-6　陀螺仪和加速度计原理的机械模型

随着电子技术迅速发展，组合导航主机广泛采用微机械（MEMS）陀螺仪和加速度计，使得惯性导航系统器件（IMU）的体积已经大幅度缩小，20 世纪美国航天飞机所用惯性导航系统器件与目前器件的对比如图 16–7 所示。

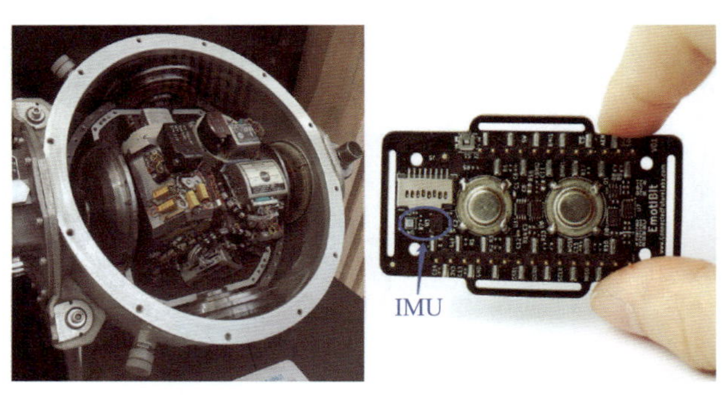

图 16–7　惯性导航系统器件的发展历史

（5）组合导航定位系统的工作原理

惯性导航系统（INS）由三个加速度计和三个陀螺仪组成，负责测量载体的加速度和角速度，并将这些信息发送给信息处理电路，信息处理电路利用惯性测量单元测得的加速度和角速度进行导航结算，同时以外部 GNSS 接收机输出的卫星导航信息作为基准，进行组合导航，对惯性导航的导航误差进行修正，通过信息接口电路输出导航信息，如图 16–8 所示。

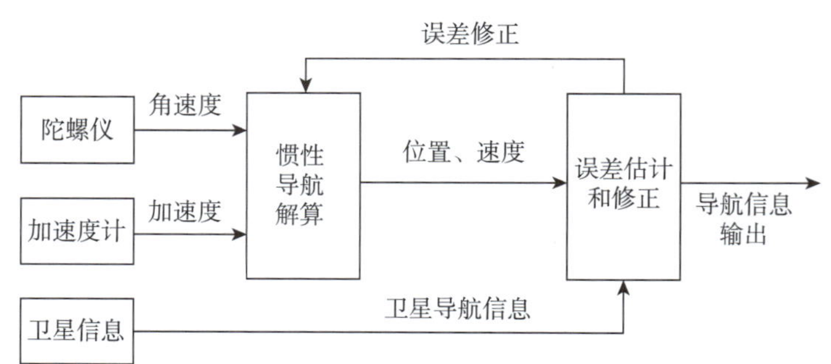

图 16–8　组合导航定位系统的基本工作原理

（6）组合导航定位系统耦合

惯性导航系统的导航误差随时间积累，单独工作时导航定位精度会逐渐降低，因此需要与全球卫星导航系统（GNSS）进行耦合，GNSS 与 INS 两个子系统的优势互补，以提高导航系统的精度和冗余度，共同形成组合导航定位系统。

1）系统耦合

耦合（coupling）作为专用物理名词，表示两个系统在工作中彼此相互作用。GNSS/INS 系统耦合主要有松耦合、紧耦合和深耦合三种组合工作类型。在工程实践中最常用扩展卡尔曼滤波来实现 GNSS 和 IMU 的数据融合解算。

GNSS/INS 松耦合是在位置、速度这一信息层面的组合，组合形式简单。在松耦合系统里，硬件上

GNSS 与 INS 相互独立且可随时断开连接。GNSS 给 INS 提供位置信息，二者分别输出定位信息与速度信息到融合滤波器，融合滤波器进行优化处理后将结果反馈给惯性导航系统（INS），对其修正后进行输出。

GNSS/INS 紧耦合中，GNSS 与 INS 不直接给融合滤波器位置和速度信号，而是利用 GNSS 的信号计算出的伪距和伪距差，与惯性导航信号计算出的伪距和伪距差进行对比，将对比值作为融合滤波器的输入，融合滤波器对 INS 进行修正后输出，获得位置与速度的最优估计值。

GNSS/INS 深耦合系统相对于紧耦合系统增加了 INS 单元对 GNSS 接收机的辅助作用。INS 利用自身的计算结果辅助 GNSS 接收机的捕获和跟踪环路，从而有效地提高 GNSS 接收机跟踪环路的动态性与灵敏度。

2）杆臂向量测量

在 GNSS 与 INS 耦合工作时，由于 GNSS 与 INS 的测量点具有不重合性，因此需要对上述两个测量点进行测量并将参数通过系统设置界面或者相应代码进行系统写入。

GNSS 定位解算结果为天线中心的位置坐标，INS 输出的是以 IMU 为测量中心的导航结果，二者在物理上不重合，因此在数据融合的时候需要进行杆臂效应修正。特别是进行 RTK 操作时，任何杆臂测量误差将直接进入到组合导航定位系统输出的位置误差中。杆臂向量如图 16-9 所示。

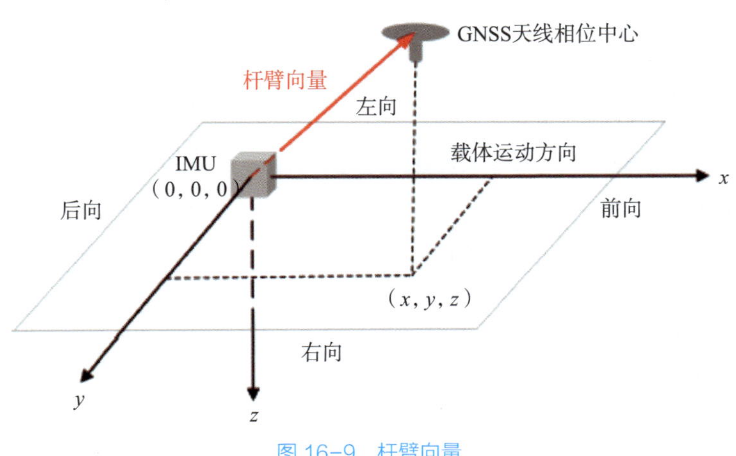

图 16-9　杆臂向量

（7）导航定位系统设置

完成导航定位系统安装后，需进行系统设置工作。导航定位系统设置主要包含 GNSS 天线杆臂向量测量、惯性导航设置、天线安装方位信息写入、RTK 设置、系统初始化与标定。

1）GNSS 天线杆臂向量测量

在对导航定位系统进行设定时，需完成测量和写入系统两个步骤。

首先使用直尺或者软尺测量组合导航定位系统与天线之间的杆臂值，请注意测量单位，当使用 RTK 时一般精确到毫米，具体单位要求需参看设计文档；注意测量对象为一个向量值，即有方向和长度两个要素，需根据设计文档规定符号为测量数值标注方向。一般 x 轴正方向朝向车辆的前进方向，负方向朝后；y 轴正方向朝车辆右侧，负方向朝左；z 轴正方向朝上，负方向朝下，如图 16–10 所示。

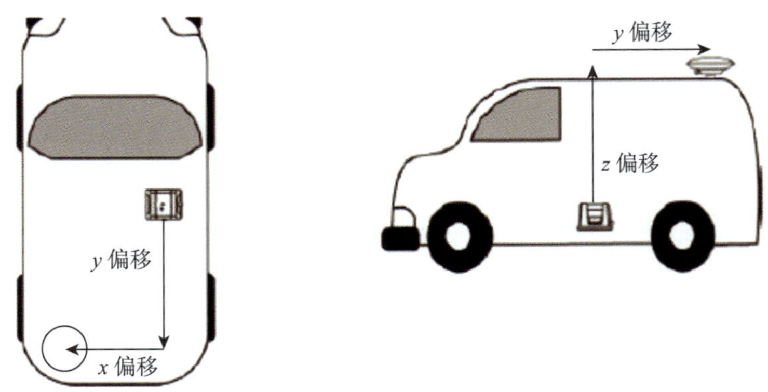

图 16–10　杆臂向量测量

将测量结果写入系统。根据系统不同，写入方法一般有通过代码或者在惯性导航设定界面写入两种方式，具体方法需参见设计文档。某典型通过代码写入系统的方式为分别输入代码类似于“setimutoantoffset armX armY armZ”的主天线配置和副天线配置指令。其中“imu”代表惯性导航系统，“ant”代表天线。在惯性导航设定界面写入示例如图 16–11 所示。

车辆参数设置

参数			
输出参考点位：	天线		
惯导到车辆后轮中心夹角：	0	0	0
惯导到车辆后轮中心夹角-配置偏差：	10	10	10
惯导到车辆后轮中心矢量：	0	0	0
惯导到车辆后轮中心矢量-配置偏差：	1	1	1
惯导到GNSS定位主天线夹角：	0	0	0
惯导到GNSS定位主天线夹角-配置偏差：	10	10	10
惯导到GNSS定位主天线矢量：	0	0.7	1
惯导到GNSS定位主天线矢量-配置偏差：	1	1	1
里程计轮速系数：	1	1	
里程计轮转角系数：	1		
轮距：	1.6	2.6	

图 16–11　在惯性导航设定界面写入示例

2）惯性导航设置

对惯性导航进行设置，分别根据设计文件或者实车测量填写惯导设置参数。惯性导航设置的参数包括输出参考点位、惯导到车辆后轮中心夹角、惯导到车辆后轮中心矢量、轮距等。其中，“输出参考点位”一般有天线（定位天线）、后轴中心、IMU 三种选择，默认为天线。

3）天线安装方位信息写入

双天线设计有利于车辆姿态的卫星感知，两个天线在车顶的安装位置需在系统中写入。系统一般默认双天线为前后布置，如果改为车体左右安装，需通过串口或 USB 接口设置相应指令。一般系统中，车顶右手边的天线连接设备的副天线接口，左手边的天线连接设备的主天线接口。

4）RTK 设置

如果采用 RTK 定位技术，需完成 RTK 基站连接。根据设计文档，设置 RTK 基站地址、RTK 基站端口、RTK 基站用户名，RTK 基站挂载点。

5）系统初始化与标定

完成参数设定后，对系统进行 5~10 min 的跑车标定。标定后，车辆每次启动后自动完成系统初始化。系统是否完成初始化一般可通过两种方式查看：可通过查看 INS 状态完成，INS 模式“初始化”代表正在初始化中，“组合模式”代表初始化完成；可通过查看设备正面状态灯常亮即代表初始化完成。

2. 技能操作

（1）操作准备

准备技能操作所需的物料，见表 16–1。

表 16–1　物料准备

类别	所需物料
教学整车 / 实训平台	智能网联汽车或智能网联传感器装调平台
仪器、设备、工具	技术资料（图纸、三维数模、BOM 表）、卫星天线、组合导航主机、直尺、笔、纸等

（2）GNSS 天线杆臂向量测量

测量 GNSS 天线与组合导航主机之间的杆臂向量，将工作内容记录在表 16–2 中。

表 16–2　GNSS 天线杆臂向量测量记录表

序号	类别	项目	数值 / 内容
1	主天线	安装位置	
2		x	
3		y	
4		z	
5	副天线	安装位置	
6		x	

情境五

续表

序号	类别	项目	数值 / 内容
7	副天线	y	
8		z	
9	写入方式	代码写入□　界面输入□	

（3）惯性导航设置

根据车辆参数表与设计文档对惯导进行设置，将工作内容记录在表 16–3 中。

表 16–3　惯导设置记录表

序号	项目	数值 / 内容
1	输入参考点位	天线□　后轴中心□　IMU □
2	惯导到车辆后轮中心夹角	
3	惯导到车辆后轮中心矢量	
4	轮距	

（4）天线信息写入与 RTK 设置

根据设计文档对系统进行设置，将工作内容记录在表 16–4 中。

表 16–4　天线信息写入与 PTK 设置记录表

序号	类别	项目	数值 / 内容
1	天线信息写入	天线设计位置	前后□　左右□　其他□
2		主天线位置	
3		副天线位置	
4		主天线设定指令	
5		副天线设定指令	
6	RTK 设置	RTK 基站地址	
7		RTK 基站端口	
8		RTK 基站用户名	
9		RTK 基站挂载点	

（5）系统初始化与标定

根据设计文档对系统进行初始化和标定，将工作内容记录在表 16–5 中。

表 16-5　系统初始化与标定记录表

序号	类别	项目	数值 / 内容
1	初始化	初始化用时	
2		初始化查看方法	通过界面查看□　通过指示灯查看□
3	系统标定	标定用时	
4		系统是否正常工作	是□　否□

二、导航定位系统测试

1. 知识学习

（1）组合导航主机状态查看

通过系统界面查看组合导航主机状态。组合导航主机状态包括当前使用的卫星、跟踪到的卫星和时间状态、主机时钟、DOP 等信息，如图 16-12 所示。DOP（dilution of precision）值的中文名称为几何精度因子（又称为精度衰减因子），是表示测量结果受人造卫星和主机之间的空间几何因素影响程度的参数。DOP 是搜星情况的重要指示参数。由于一个主机在同一时间得到许多颗卫星定位信息，而精密定位根据所采用的技术不同，只需要三到四颗卫星的信号，因此主机需要进行选星，挑选可靠的卫星信号进行计算。如果两个卫星之间距离太近，卫星信号会有重叠区域，该区域过大会影响定位精度。如果卫星之间有一定距离，信号相交不重叠，对主机定位的精度影响小。

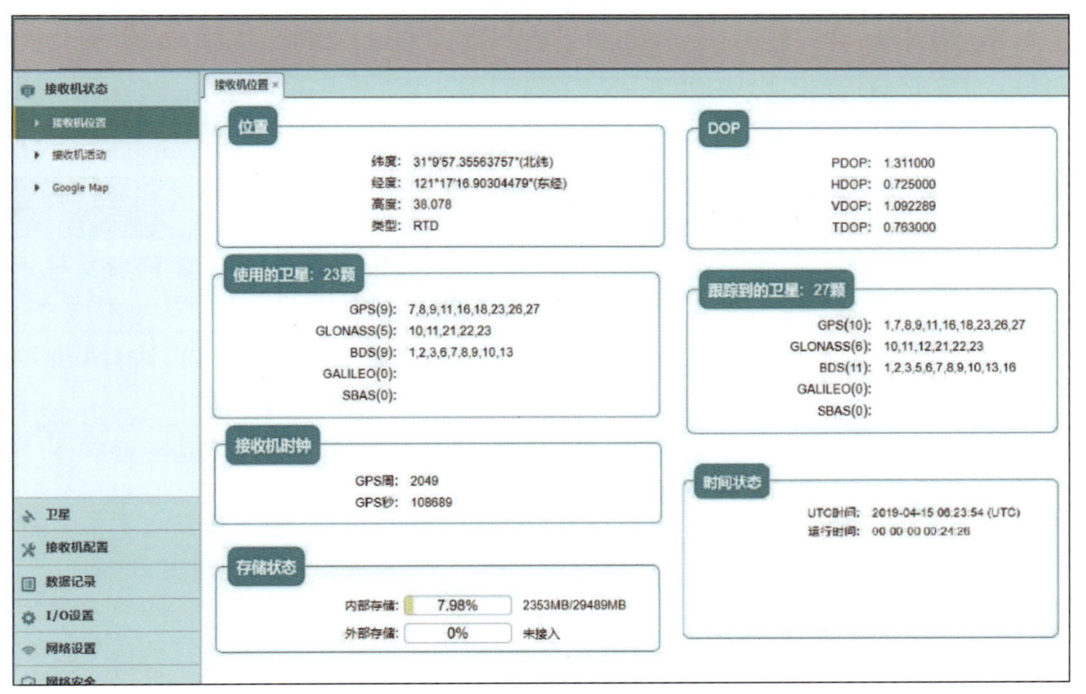

图 16-12　组合导航主机状态界面

情境五

（2）搜星能力测试

通过系统界面查看卫星信息。打开系统卫星信息界面，可以通过卫星跟踪表、卫星跟踪柱状图和星空图三个界面，查看卫星编号、卫星类型、高度角、方位角、L1 信噪比、L2 信噪比、L5 信噪比和是否使用等信息，以测试导航定位系统当前的搜星能力。卫星跟踪表和星空图界面如图 16–13 所示。

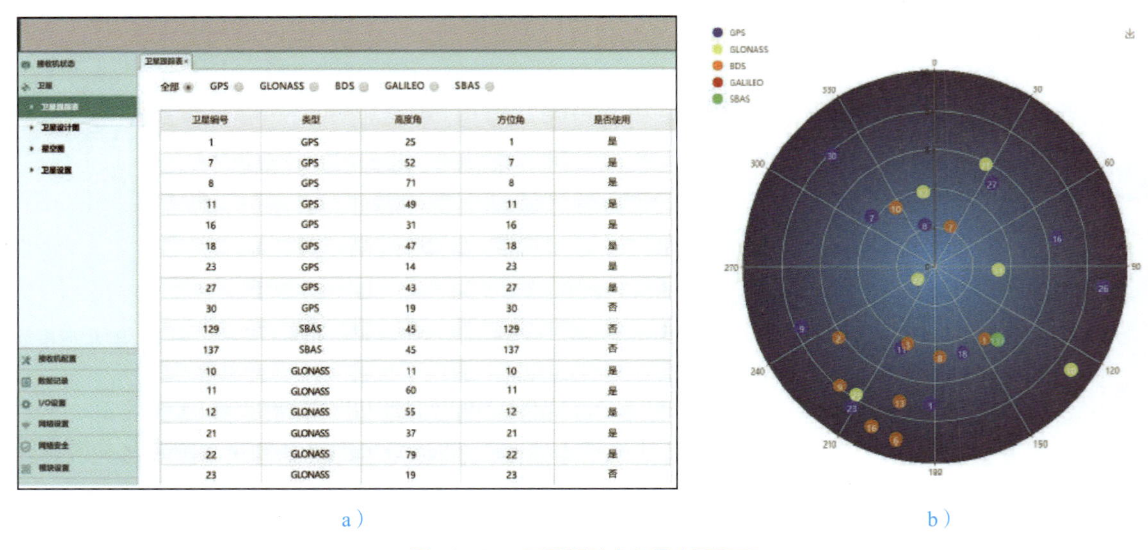

a） b）

图 16–13 卫星跟踪表和星空图界面

a）卫星跟踪表 b）星空图

（3）测试问题处置

智能网联汽车导航定位系统测试常见问题一般有输出数据乱码、设备不搜星、系统定位不定向和数据轨迹偏差过大等问题。装调与测试人员需认真记录故障现象和出现时间，并进行装调方面的检查。测试常见问题及处置方法见表 16–6。

表 16–6 测试常见问题及处置方法

序号	测试问题现象	可能问题原因	解决方法
1	输出数据乱码	I/O 系统设置不当	在系统 I/O 设置界面查看串口波特率，然后跟工控机或者计算机接收程序设置波特率一致
2	系统不搜星	主机 GNSS1 天线没有搜星	检查主机 GNSS1 接口是否接好天线，天线是否放在空旷环境且没有干扰源
3	系统能定位但是无法定向	主机 GNSS2 天线没有搜星或者搜星数量少	检查主机 GNSS1 接口是否接好天线，天线是否放在空旷环境且没有干扰源
4	数据轨迹偏差过大	没有参数设置成功或者初始化成功	重新配置惯导参数并进行初始化

2. 技能操作

（1）操作准备

准备技能操作所需的物料，见表 16–7。

表 16-7　物料准备

类别	所需物料
教学整车 / 实训平台	智能网联汽车或智能网联传感器装调平台
仪器、设备、工具	技术资料、卫星天线、组合导航主机等

（2）主机状态查看

在系统界面查看主机状态信息，将工作内容记录在表 16-8 中。

表 16-8　主机状态查看记录表

序号	类别	项目	数值 / 内容
1	主机当前位置	纬度	
2		经度	
3		高度	
4	使用卫星	总数	
5		GPS	
6		GLONASS	
7		BDS	
8		GALILEO	
9		其他	
10	存储状态	内部存储	
11		外部存储	
12	时间状态	UTC 时间	

（3）搜星能力测试

在系统界面查看卫星信息，记录卫星跟踪表前 5 个卫星的数据并在星空图中标记，将工作内容记录在表 16-9 中。

表 16-9　搜星能力测试记录表

卫星编号	类型	高度角	方位角	是否使用

续表

卫星编号	类型	高度角	方位角	是否使用

图例 GPS: GLONASS: GALLEO: BDS: 其他：

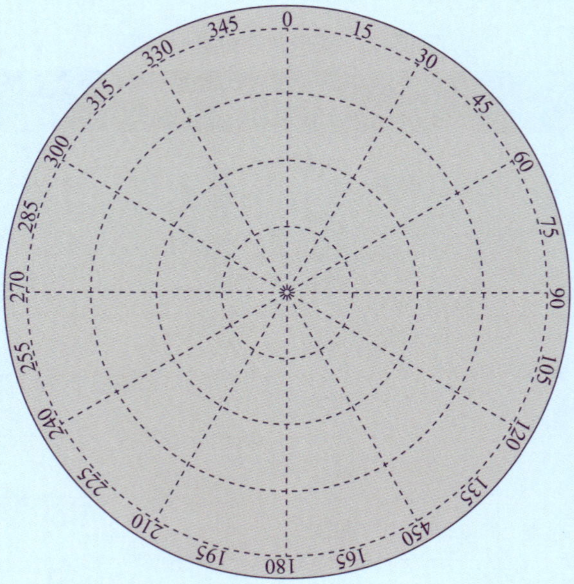

0 15 30 45 60 75 90 105 120 135 150 165 180 195 210 225 240 255 270 285 300 315 330 345

（4）测试问题记录及处置

记录测试出现的问题，根据设计文件进行相应处理，将工作内容记录在表 16-10 中。

表 16-10　测试问题及处置记录表

序号	问题编号	项目	内容
1	测试问题 1	问题现象	
2		处置方法	
3		问题是否解决	是□　否□
4	测试问题 2	问题现象	

续表

序号	问题编号	项目	内容
5	测试问题 2	处置方法	
6		问题是否解决	是□　　否□
7	测试问题 3	问题现象	
8		处置方法	
9		问题是否解决	是□　　否□

检查评估

对本任务的学习情况进行检查，并将相关内容填写在表 16-11 中。

表 16-11　检查表

检查项目	检查结果	结果点评
导航定位系统调试		
是否正确测量天线杆臂向量	是□　否□	
是否完成惯性导航设置	是□　否□	
是否写入天线安装信息	是□　否□	
导航定位系统测试		
是否查看主机状态	是□　否□	
是否记录搜星能力	是□　否□	
整理与恢复		
工具、设备是否整理恢复	是□　否□	
实训工位是否打扫干净	是□　否□	
工作页是否填写完整	是□　否□	

任务小结

本任务小结如图 16–14 所示。

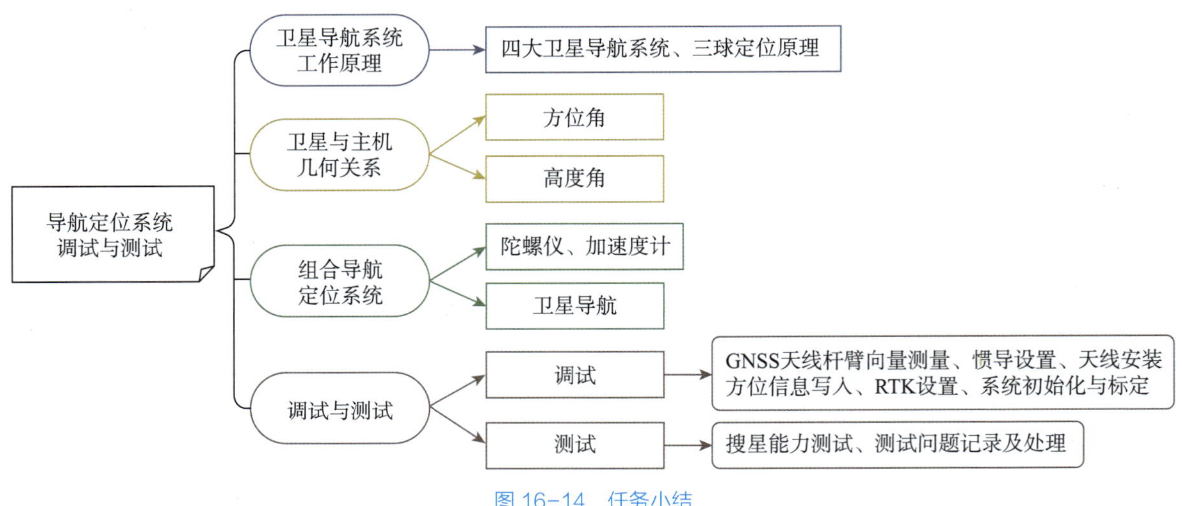

图 16–14 任务小结